Diabetes Koch- und Backbuch

Diabetes

Natalie Zumbrunn-Loosli
Sabine Ferreira-Haller

Koch- und Backbuch

Mit großem Dessertkapitel

Weltbild

Der vorliegende Sammelband beruht auf den drei beim AT Verlag
erschienen Ausgaben „Diabetes Kochbuch", „Diabetes Desserts" und
„Diabetes Backbuch" von Natalie Zumbrunn-Loosli und Sabine
Ferreira-Haller.

Genehmigte Lizenzausgabe für Verlagsgruppe Weltbild GmbH,
Steinerne Furt, 86167 Augsburg

Copyright „Diabetes Kochbuch" © 1998 by AT Verlag, Aarau und
München
Copyright „Diabetes Desserts" © 2001 by AT Verlag, Aarau und
München
Copyright „Diabetes Backbuch" © 2003 by AT Verlag, Aarau und
München

Umschlaggestaltung: Atelier Seidel, Teising
Umschlagmotiv: Stockfood
Gesamtherstellung: Offizin Andersen Nexö Leipzig GmbH, Zwenkau
Printed in the EU

ISBN 978-3-8289-5206-5

2009   2008
Die letzte Jahreszahl gibt die aktuelle Lizenzausgabe an.

Einkaufen im Internet: *www.weltbild.de*

Inhaltsverzeichnis

Vorwort

Das vorliegende Buch ist nicht einfach ein weiteres klassisches Diabetes-Koch-und-Backbuch. Entstanden aus der täglichen Beratungstätigkeit von zwei engagierten Ernährungsberaterinnen, befasst es sich mit Ernährungssituationen, wie sie Diabetikerinnen und Diabetiker bei uns von Tag zu Tag antreffen. Eine Ernährungsberatung kann noch so gut sein, steht man aber vor dem Kochherd, sind theoretische Kenntnisse oft nur schwer in die Praxis umzusetzen. Das Anliegen der Autorinnen ist es deshalb, Rezepte zu vermitteln, die eine rasche und unkomplizierte Zubereitung von abwechslungsreichen und schmackhaften diabetesgerechten Gerichten ermöglichen. Die Rezeptsammlung eignet sich vor allem für:

- berufstätige Diabetiker und Diabetikerinnen, die nach der Arbeit nicht noch lange in der Küche stehen wollen, um eine Mahlzeit zuzubereiten, sondern auch einmal auf Fertigprodukte zurückgreifen möchten
- Diabetikerinnen und Diabetiker, die plötzlich alleinstehend sind und vor der Situation stehen, selbst kochen zu müssen
- junge Leute, die an Parties teilnehmen oder selbst Parties mit vielen Gästen organisieren möchten – mit Ideen für Aperitif, Dessertbuffet usw.
- für sportlich Aktive, die kleinere und größere Snacks benötigen
- für die Alltagsküche von Diabetikerinnen und Diabetikern, mit einfachen Gerichten wie Aufläufen, süßen und pikanten Kuchen usw.

Alle Rezepte sind diabetesgerecht zusammengestellt und fettarm sowohl bezüglich Zubereitungsart als auch in Bezug auf Nahrungsmittelauswahl, beruhen also auf modernsten ernährungswissenschaftlichen Grundlagen. Der theoretische Vorspann vermittelt in knapper praxisrelevanter Form nützliches Wissen zur Diabetesernährung einschließlich zahlreicher Tipps, die den täglichen Umgang mit der »Diät« erleichtern.

Dank seiner Praxisrelevanz und der direkten Umsetzbarkeit stellt das Diabetes-Koch-und-Backbuch von Ferreira/Zumbrunn sowohl für Patienten und Patientinnen, deren Angehörige als auch für die betreuenden Ärztinnen und Ärzte eine unverzichtbare Hilfe im täglichen Umgang mit der Diabetesernährung dar.

Prof. Giatgen A. Spinas
Leiter Abteilung Endokrinologie und Diabetologie,
Universitätsspital Zürich
Schweiz

Vorwort

Diabetes als chronische Krankheit stellt besonders hohe Anforderungen an die Betroffenen. Sie müssen täglich daran denken, sich ständig mit dem Essen, dem Testen, der Bewegung und anderem mehr auseinander setzen, um gut eingestellt zu sein und damit Wohlbefinden und Lebensfreude zu erreichen.

In unserer Arbeit als diplomierte Ernährungsberaterinnen merken wir, dass es vielen schwer fällt, diese ständige Aufmerksamkeit im Alltag aufzubringen, aufs Essen zu achten, Gemüse und Salat zuzubereiten, auch wenn man nach der Arbeit müde ist. Gerade da ist es unser Ziel, Ihnen mit diesem Buch neue Ideen zu vermitteln, damit Ihre Diabetesernährung nicht langweilig und einseitig wird. Wir sind überzeugt davon, dass eine moderne Diabetesernährung ausgewogen und gleichzeitig schmackhaft und genussreich sein kann.

Besonderen Wert legten wir auch auf eine breite Auswahl an feinen Kuchen, Torten, Gebäck und Kleingebäck. Da Zucker und Fett beim Backen als Volumen- und Geschmacksträger dienen, geht es hier immer um eine schmale Gratwanderung zwischen Ersetzen und Belassen, damit sowohl das Volumen wie auch der Geschmack nicht zu kurz kommen. Sämtliche Rezepte sind gründlich erprobt, sie gelingen sicher und schmecken ausgezeichnet.

Es ist uns ein besonderes Anliegen, Ihnen praxisnahe Rezepte zu bieten, die mit Tipps zur Vereinfachung ergänzt und einfach nachzukochen und -zubacken sind. Wir zeigen Ihnen auf, wie Sie Fertigprodukte sinnvoll einbauen können, wenn die Zeit einmal knapp ist.

Im einleitenden Teil finden Sie neben einer kurzen Übersicht über die moderne Diabetesernährung ausführlichere Kapitel über Zucker und Fett, die Ihnen insbesondere auch den Umgang mit Süßem erleichtern werden.

An dieser Stelle möchten wir auch all jenen danken, die uns bei der Entstehung dieses Kochbuches unterstützt und weitergeholfen haben. Einen ganz besondern Dank an:
– Bayer (Schweiz) AG, Zürich
– Hermes Süssstoff AG, Zürich
– Prof. Dr. med. Giatgen A. Spinas, Leiter Abteilung Endokrinologie, Diabetologie, Universitätsspital Zürich, für sein Vorwort;
– unsere Rezepttester und -testerinnen, die uns wertvolle Rückmeldungen gaben;
– Roger Capt, Heim- und Spitalkoch mit Fachausweis, Steckborn, der uns als Rezepttester und als Koch für unsere fotografierten Gerichte half;
– Lotti Bebie für ihre Arbeit als Fotografin;
– Dr. med. Regula Honegger, Diabetologin und Endokrinologin in Zürich, für ihre fachliche Unterstützung.

Nun wünschen wir Ihnen, lieber Leser, liebe Leserin, viel Vergnügen und Genuss beim Durchblättern des Buches und beim Nachkochen und Backen!

Sabine Ferreira-Haller
und Natalie Zumbrunn-Loosli

Die moderne Diabetesernährung

Die moderne Diabetesernährung verfolgt verschiedene Ziele. Zum einen will sie dazu beitragen, Ihren Blutzuckerspiegel vor und nach den Mahlzeiten im normalen Bereich zu halten. Damit wird erreicht, dass Sie sich als Diabetiker oder Diabetikerin wohl fühlen, dass Sie leistungsfähig sind und sich die Spätkomplikationen des Diabetes hinauszögern lassen. Andererseits hat die Diabetesernährung auch zum Ziel, für eine ausgewogene Ernährung zu sorgen, die in jedem Lebensabschnitt bedarfsdeckend (Vitamine, Mineralstoffe usw.) ist. In diesem Zusammenhang spielt auch das Gewicht eine Rolle. Mit einer ausgewogenen Ernährung können Sie Übergewicht vermeiden oder solches abbauen. Beides sind entscheidende Faktoren in der Diabetestherapie.

> **Das Wichtigste in Kürze**
> - Angepasste, aber bedarfsdeckende (Vitamine, Mineralstoffe usw.) Energiezufuhr wählen.
> - Falls notwendig Gewicht senken.
> - Kohlenhydratmenge und -qualität beachten.
> - Kohlenhydrate gleichmäßig über den Tag verteilen (3 bis 6 Mahlzeiten).
> - Nahrungsfaserreich essen.
> - Fettmenge und Qualität des Fetts beachten.
> - 1½ bis 2 Liter ungezuckerte Flüssigkeit pro Tag trinken.

Energiebedarf

Der Energiebedarf von Diabetikern ist grundsätzlich nicht anders als derjenige von Nicht-Diabetikern. Er wird durch folgende Faktoren beeinflusst: Alter, Geschlecht, Größe, körperliche Aktivität, Schwangerschaft und Krankheit. Er ist individuell verschieden und soll für jeden Menschen individuell bestimmt werden.

Der Energiebedarf setzt sich aus Grundumsatz und Leistungsumsatz zusammen:

Der Grundumsatz (GU)

Als Faustregel für die Berechnung des täglichen Grundumsatzes gilt: Pro Kilogramm Körpergewicht (kg KG) und pro Stunde (h) beträgt der Grundumsatz 1 Kilokalorie (kcal) oder 4,2 Kilojoules (kJ).

Beim Körpergewicht geht man vom Normalgewicht (= Größe in Zentimeter minus 100) aus:

Beispiel: Ein Mann, der 1,70 m groß ist, hat ein Normalgewicht von 70 kg. 70 x 24 h x 1 kcal = 1680 kcal. Sein Grundumsatz beträgt 1680 kcal oder 7056 kJ pro Tag.

> Mein Normalgewicht
> (Größe in cm minus 100) _____ kg
>
> Mein Grundumsatz
> (Normalgewicht x 24 h x 1 kcal) _____ kcal
>
> oder (Normalgewicht x 24 h x 4,2 kJ) _____ kJ

Der Leistungsumsatz (LU)

Als einfache Faustregel für die Berechnung des täglichen Leistungsumsatzes gilt:
- für leichte Arbeit, wie alle sitzenden Tätigkeiten (z. B. Büroarbeit, Chauffeur, Laborant): $\frac{1}{3}$ des GU
- für mittelschwere Arbeit (z. B. Verkäufer, Hausfrau, Schreiner): $\frac{2}{3}$ des GU
- für schwere Arbeit (z. B. Gärtner, Maurer, Dachdecker, Leistungssportler): $\frac{3}{3}$ des GU

Beispiel: Der Mann in unserem Beispiel arbeitet als Verkäufer, hat also eine mittelschwere Arbeit.

⅔ des GU = 1120 kcal. Sein Leistungsumsatz beträgt 1120 kcal oder 4704 kJ pro Tag.

Wenn wir nun unseren Grundumsatz und unseren Leistungsumsatz kennen, können wir sie zusammenzählen und erhalten so unseren individuellen Energiebedarf pro Tag.

Beispiel: Der Mann in unserem Beispiel hat einen Grundumsatz von 1680 kcal oder 7056 kJ und einen Leistungsumsatz von 1120 kcal oder 4704 kJ. Wenn wir Grund- und Leistungsumsatz zusammenzählen, ergibt dies einen Energiebedarf von 2800 kcal oder 11 760 kJ pro Tag.

Energiebilanz

Wenn Sie Ihr Gewicht stabil halten wollen, sollten Sie pro Tag die oben berechnete Energiemenge zu sich zu nehmen.

Wenn Sie abnehmen wollen, ist es wichtig, die oben berechnete Energiemenge zu unterschreiten. Um 1 Kilogramm Körperfett zu verlieren, müssen Sie 7000 kcal oder 27 000 kJ einsparen. Es ist sinnvoll, Ihren Energiebedarf pro Tag um 500 kcal oder 2100 kJ zu unterschreiten, so nehmen Sie pro Woche etwa ein halbes Kilogramm Fett ab. Eine langsame Gewichtsabnahme ist einer Crash-Diät vorzuziehen, da die Belastung für den Körper kleiner ist und Sie gleichzeitig Ihre Essgewohnheiten ändern können. Zudem wird es Ihnen so langfristig leichter fallen, Ihr Gewicht stabil zu halten.

Wenn Sie zunehmen wollen, ist es wichtig, die oben berechnete Energiemenge zu überschreiten. Einen individuellen Ernährungsplan können Sie mit einer Ernährungsberaterin zusammen erarbeiten.

Kohlenhydrate

Mit Hilfe eines Blutzuckermessgeräts können Sie den Einfluss der Kohlenhydrate auf Ihren Blutzucker selber beobachten; dies kann Ihnen beim Kennenlernen Ihres Diabetes helfen.

Kohlenhydrate werden in vier Gruppen eingeteilt:

Für den menschlichen Körper verwertbare Kohlenhydrate			Für den menschlichen Körper nicht verwertbare Kohlenhydrate
Einfachzucker Monosaccharide	Zweifachzucker Disaccharide	Mehrfachzucker Polysaccharide	Nahrungsfasern/Ballaststoffe
Beispiel: Traubenzucker (Glukose) Fruchtzucker	Beispiel: Zucker Malzzucker Milchzucker	Beispiel: Stärke (Glykogen)	Beispiel: Pektin im Apfel Guar in Hülsenfrüchten Zellulose in Gemüsen

Kohlenhydrathaltige Nahrungsmittel

Einfachzucker (Monosaccharide)

Glukose

Glukose hat in der praktischen Diabetesernährung eine sehr kleine Bedeutung, da sie nur in wenigen Nahrungsmitteln vorkommt. Enthalten ist sie in Honig oder in Früchten.

Reine Glukose bewirkt einen sehr raschen Blutzuckeranstieg und ist daher vor allem bei einer Unterzuckerung (Hypoglykämie) sinnvoll.

Fruchtzucker (Fruktose)

Ist süßer als alle anderen Zuckerarten. Enthalten ist er vor allem in Früchten.

Fruchtzucker hat eine schwächere Wirkung auf den Blutzucker als Glukose, da er im ersten Schritt insulinunabhängig verarbeitet wird. In der Leber wird Fruchtzucker in Glukose umgebaut, die wiederum insulinpflichtig weiterverwendet wird.

Fruchtzucker wird sinnvollerweise in kleinen Mengen verzehrt, etwa als Süßungsmittel in Fertigprodukten (z. B. Light-Joghurt) oder in Form von frischen Früchten. 10 g Fruchtzucker enthalten 10 g verwertbare Kohlenhydrate. In größeren Mengen konsumiert, erzeugt er Durchfall.

Zweifachzucker (Disaccharide)

Zucker (Haushaltszucker)

Die Diabetesernährung ist im Einsatz von Zucker liberaler geworden. Zucker ist nicht schädlich für Diabetiker. Eine kleine Menge lässt den Blutzuckerspiegel wenig, eine größere Menge hingegen höher ansteigen. Deshalb sind ca. 30 g Zucker pro Tag (z. B. in Form von Kuchen, Schokolade, Sahneeis) erlaubt, wenn

– Ihr Diabetes gut eingestellt ist
– Sie den Zucker in den Kohlenhydratanteil der Mahlzeit einbauen und nicht zusätzlich essen
– Ihre Ernährung sonst nahrungsfaserreich ist
– Sie den Zucker bevorzugt nach einer Mahlzeit essen.
– Sie vorsichtig mit der zusätzlichen Energiemenge umgehen. Eine Gewichtszunahme ist nicht wünschenswert!

Zu beachten ist:
– Süßigkeiten sind oft fetthaltig (Vorsicht, wer am Abnehmen ist!).
– Wenn der Zucker mit Fett, Eiweiß oder Nahrungsfasern kombiniert ist (z. B. Sahneeis), ergibt dies eine flachere Blutzuckerkurve nach dem Essen, als wenn der Zucker alleine (z. B. in Sorbet) gegessen wird.
– Die Menge der Süßigkeit wirkt sich entscheidend auf die Blutzuckerkurve nach dem Essen aus.

– Wer sicher gehen will, misst seinen Blutzucker vor der Mahlzeit und 3 bis 4 Stunden nach dem Essen von Süßem, um abzuklären, welche Wirkung der Zucker auf den individuellen Blutzucker hat. Nach 3 bis 4 Stunden sollte der Blutzucker wieder auf dem Ausgangswert sein. Wenn Sie dies nicht erreichen, ist es sinnvoll, die Menge oder die Art der Süßigkeit noch einmal zu überdenken.
– Vorsicht ist geboten bei allen gesüßten Getränken, Sorbet und Ähnlichem, da diese gelösten Kohlenhydratgemische den Blutzucker blitzartig hoch ansteigen lassen.
– Zucker liefert »leere« Kalorien, d. h. keine Vitamine und Mineralstoffe.
– Zucker fördert Karies.

Malzzucker (Maltose)
kommt in keimendem Getreide (z. B. der keimenden Gerste) vor; er ist das Ausgangsprodukt für Bier. Malzzucker geht sehr schnell ins Blut über.

Was heißt 30 g Zucker pro Tag, in Nahrungsmitteln ausgedrückt?

Nahrungsmittel	30 g Zucker/Kohlenhydrate sind enthalten in:
Zucker	30 g = 2 leicht gehäufte Esslöffel
gezuckerter Fruchtjoghurt	180 g = 1 Becher
Engadiner Nusstorte	55 g = 1 kleines Stück
Honig	40 g = 2 Esslöffel
gezuckerte Konfitüre	45 g = 2 Esslöffel
Milchschokolade	50 g = 1/2 Tafel
Vanilleeis	110 g = 2 Kugeln

Mehrfachzucker (Polysaccharide)

Stärke

Typische Stärkeprodukte sind Reis, Kartoffeln, Mais, Hirse, Getreideerzeugnisse wie Brot, Teigwaren usw. Besonders empfehlenswert sind Stärkeprodukte, die viel Nahrungsfasern enthalten und dadurch nach dem Essen einen langsameren Blutzuckeranstieg bewirken als Stärkeprodukte mit wenig Nahrungsfasern.

☺	☹
Vollreis	polierter, weißer Reis
Vollkornbrot	Weißbrot, dunkles Brot
Haferflocken	Cornflakes
Hülsenfrüchte,	
z.B. Linsen	Kartoffelpüree
Vollkornmehl	Weißmehl
Knäckebrot	Zwieback

Falls Sie ein Nahrungsmittel aus der ☹-Gruppe (nahrungsfaserarm) wählen, ist es wichtig, die Nahrungsfasern aus einer anderen Quelle zu beziehen, z. B. einem gemischten Salat, Gemüse oder frischem Obst, damit die Aufnahme der Stärke etwas abgebremst wird und diese langsamer ins Blut fließt.

Einfluss der Stärke auf den Blutzucker

Im Allgemeinen wird davon ausgegangen, dass Stärke sehr gut verdaulich ist. Dies hängt jedoch von folgenden Faktoren ab:
- Art des Nahrungsmittels (Getreide, Kartoffel, Hülsenfrüchte usw.)
- Gehalt an Nahrungsfasern
- Raffinierungsgrad und Zubereitung (roh oder gekocht)
- Menge verzehrter Stärke (wie viel wird gegessen)
- Intensität des Kauens (langsam kauen oder verschlingen)
- Transportzeit des Verdauungsbreis im Dünndarm

Diese Faktoren wirken verstärkt, wenn Kohlenhydrate alleine, ohne Protein, Fett oder Nahrungsfasern, gegessen werden.

Durch eigene Blutzuckermessungen können Sie den Einfluss auf Ihren Blutzucker gut beobachten.

> **Merke:**
> **Für Diabetiker mit Tabletten oder Insulin**
> Es ist wichtig, dass Sie verwertbare Kohlenhydrate bei einer Mahlzeit nicht einfach weglassen, da Ihre butzuckersenkenden Tabletten oder das Insulin auf die Kohlenhydrate abgestimmt sind. Gefährliche Unterzuckerungen (Hypoglykämien) können so verhindert werden.

Glykämischer Index

Eine kanadische Forschergruppe entwickelte in den achtziger Jahren ein System, das die je nach Nahrungsmittel unterschiedliche Wirkung der gleichen Kohlenhydratemenge auf den Blutzucker erfasst. Dabei wird der Blutzucker z. B. 3 Stunden nach dem Verzehr eines beliebigen kohlenhydrathaltigen Nahrungsmittels mit dem Blutzucker 3 Stunden nach der Aufnahme von Weißbrot verglichen.

Die Wirkung von Weißbrot wird also als Referenz angenommen und mit 100 % angegeben. Jedes Nahrungsmittel, das den Blutzucker schneller als Weißbrot ansteigen lässt, hat einen Blutzuckerindex über 100 %. Jedes Nahrungsmittel, das den Blutzucker langsamer als Weißbrot ansteigen lässt,

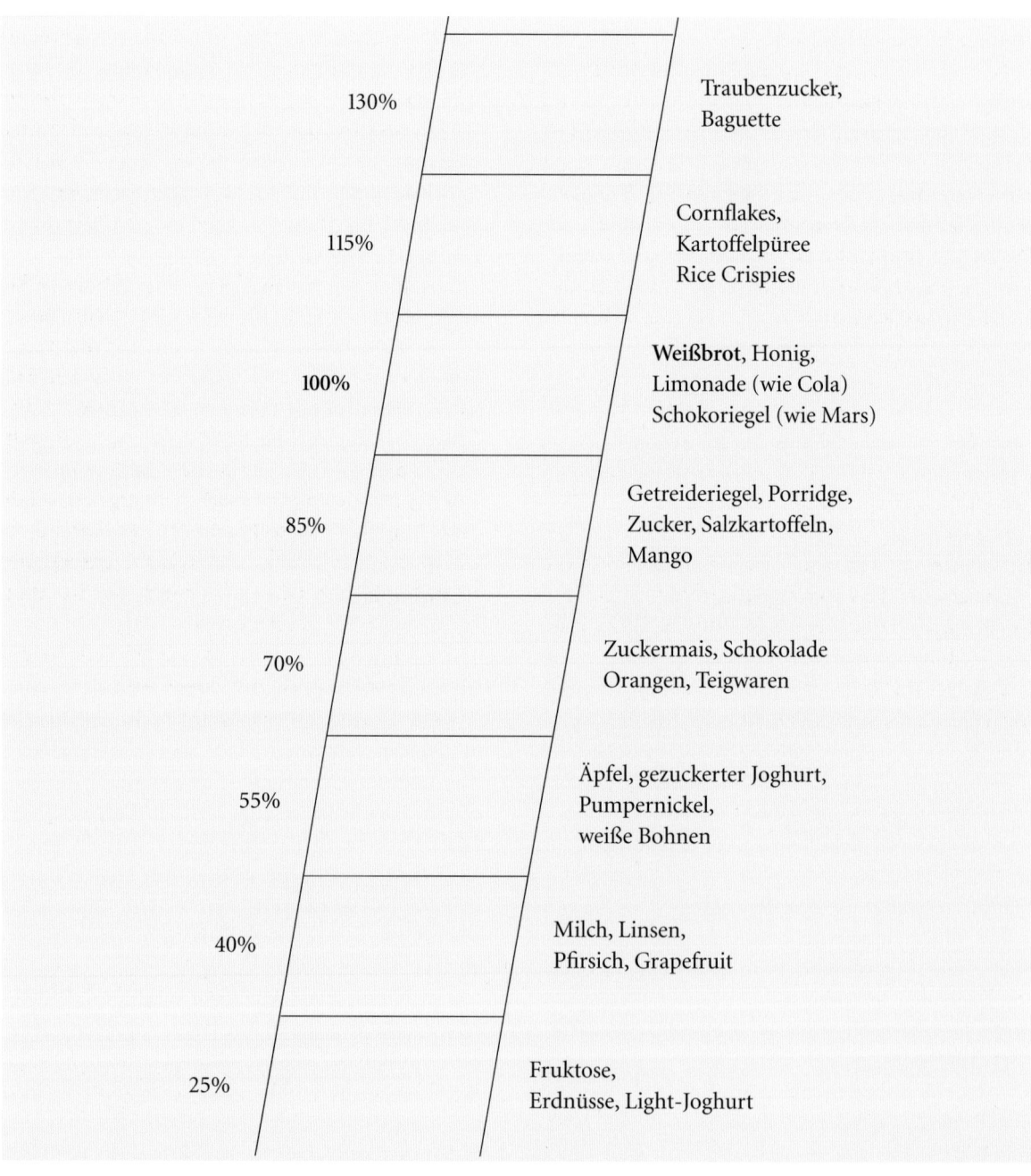

130% — Traubenzucker, Baguette

115% — Cornflakes, Kartoffelpüree Rice Crispies

100% — **Weißbrot**, Honig, Limonade (wie Cola) Schokoriegel (wie Mars)

85% — Getreideriegel, Porridge, Zucker, Salzkartoffeln, Mango

70% — Zuckermais, Schokolade Orangen, Teigwaren

55% — Äpfel, gezuckerter Joghurt, Pumpernickel, weiße Bohnen

40% — Milch, Linsen, Pfirsich, Grapefruit

25% — Fruktose, Erdnüsse, Light-Joghurt

hat einen Blutzuckerindex unter 100 %. In der Diabetesernährung sollten Sie Nahrungsmittel mit einem tiefen glykämischen Index bevorzugen, da diese eine stabilere Blutzuckerkurve über den Tag ergeben.

In den verschiedenen Nahrungsmittelgruppen haben Sie meistens die Auswahl zwischen einem Produkt, das den Blutzucker langsam, und einem, das den Blutzucker schnell erhöht.

Da alle Kohlenhydrate Insulin benötigen, um im Körper verarbeitet zu werden, besteht ein direkter Zusammenhang zwischen der Menge eingenommener Kohlenhydrate und der von Ihnen benötigten Menge Insulin. Bei Diabetes mellitus Typ 1 wird die zu spritzende Insulinmenge an die benötigte Kohlenhydratmenge angepasst. Bei Diabetes mellitus Typ 2 ist zwar körpereigenes Insulin vorhanden, es ist aber von schlechter Qualität. Dies bedeutet, dass das Insulin verzögert wirkt – ein hoher Blutzucker ist die Folge. Wichtig für Sie ist, dass die Kohlenhydratzufuhr Ihrem Bedarf entspricht, aber gleichmäßig über den Tag verteilt gegessen wird. Je nach den gewählten blutzuckersenkenden Medikamenten bedeutet dies 3 bis 6 Mahlzeiten pro Tag. Genügend große Zeitabstände zwischen den Mahlzeiten sind notwendig, damit Ihr Insulin wirken und Ihr Blutzucker im Normbereich bleiben kann. Es lohnt sich also für Sie als Diabetiker oder Diabetikerin, genau über den jeweiligen Gehalt von Kohlenhydraten in den verschiedenen Nahrungsmitteln Bescheid zu wissen.

Die Qualität der Kohlenhydrate (glykämischer Index) beeinflusst also vor allem Ihren Blutzuckerspiegel nach den Mahlzeiten und ist laut neuen Studienergebnissen auch einer der wichtigen Faktoren, um Herz-Kreislauf-Erkrankungen vorzubeugen! »Schnelle« (das heißt schnell verstoffwechselte) Kohlenhydrate lassen Ihren Blutzucker nach einer Mahlzeit emporschnellen, »langsame« (das heißt langsam verstoffwechselte) Kohlenhydrate bewirken einen langsamen, flachen Blutzuckeranstieg, Ihr Insulin wirkt effizienter und Ihr Blutzucker bleibt im Normbereich.

Um dies zu erreichen, sollte Ihre Ernährung reich an Nahrungsfasern sein. Vor allem die wasserlöslichen Faserstoffe, enthalten in Salat, Gemüse,

»Langsame« Kohlenhydrate ohne Fett ☺	»Langsame« Kohlenhydrate mit Fett kombiniert ☺	»Schnelle« Kohlenhydrate ☹
Vollkornbrot	Dunkles Brot mit Butter	Hefezopf, Semmel, in Kaffee eingeweicht
Gemüserisotto (al dente)	Gemüserisotto mit viel Käse	Milchreis mit Zimt und Zucker
Teigwaren (al dente), Fleisch, Gemüse	Spaghetti carbonara	Weich gekochte Nudeln mit Apfelmus
Apfel, Apfelquark	Sahneeis Apfelkompott mit Rahm	Sorbet, Baiser, Basler Leckerli, Lebkuchen, Magenbrot

Obst, Vollkornprodukten und Hülsenfrüchten, gehören ernährungsmedizinisch zu den natürlichen Bremsen des Blutzuckerspiegels. Die Wirkung erfolgt durch eine Verminderung der Kohlenhydratkonzentration und eine verzögerte Verdauung.

Aufgrund ihrer langsamen Magenpassage wirken auch eiweißreiche und/oder fetthaltige Nahrungsmittel dämpfend auf den Blutzuckerverlauf. Einen ähnlichen Einfluss auf die Magenbewegung haben kohlenhydrathaltige Nahrungsmittel mit körniger und fester Konsistenz. Einige praktische Beispiele dazu siehe Seite 15.

Nahrungsfasern (Ballaststoffe)

Nahrungsfasern sind in pflanzlichen Nahrungsmitteln enthalten. Der Mensch kann daraus keine Energie gewinnen und scheidet sie wieder aus. Nahrungsfasern verbessern Ihren Blutzuckerspiegel nach den Mahlzeiten, sie senken die Energiedichte (wichtig beim Abnehmen!), erhöhen aber gleichzeitig das Volumen auf dem Teller (ebenfalls wichtig beim Abnehmen!), verhelfen zu einem regelmäßigen Stuhlgang und liefern gleichzeitig wichtige Vitamine, Mineralstoffe, sekundäre Pflanzenstoffe und Antioxidantien.

Nahrungsfasern sind, wie erwähnt, in Salat, Gemüse, Obst, Vollkornprodukten und Hülsenfrüchten enthalten. 30 bis 40 g pro Tag sind das Ziel in der Diabetesernährung. Um dies zu erreichen, heißt es, konsequent auf Vollkornbrot (auch fein gemahlenes) umzustellen, regelmäßig Vollkornstärkeprodukte wie Vollkornreis, Wildreis, Vollkorn-Cracker (Darvida), Knäckebrot oder Getreide in den Speiseplan einzubauen, beim Mittag- und beim Abendessen Gemüse und Salat zu essen und als Dessert ungeschälte Früchte zu bevorzugen.

Damit die Nahrungsfasern ihre Vorteile ausspielen können, brauchen sie genügend Flüssigkeit, um aufquellen zu können. »Genügend« bedeutet 1½ bis 2 Liter ungezuckerte Getränke pro Tag.

Fett

Die Empfehlung für die tägliche Fettzufuhr liegt bei ca. 30 bis 35 % der Gesamtenergie. Heute liegt die durchschnittliche Fettzufuhr pro Person in den westlichen Industrieländern wesentlich höher. Um einem erhöhten Risiko, an einem Herz-Kreislauf-Leiden zu erkranken, entgegenzuwirken, ist es sinnvoll, die tägliche Fettzufuhr zu drosseln.

Wir unterscheiden zwischen versteckten und sichtbaren Fettquellen (siehe folgende Tabelle).

Fetthaltige Nahrungsmittel

Versteckte Fette	Tipps
Fleisch, Wurstwaren	– Fettarmes Fleisch, wie mageren Schinken, Bündnerfleisch, Hobelfleisch, Bresaola bevorzugen. – Braten Sie Fleisch ohne Fett und ohne Öl in einer beschichteten Pfanne von guter Qualität an. – Falls das Fleisch trotzdem festklebt, decken Sie die Pfanne kurz mit dem Deckel zu. Durch das Kondensationswasser löst es sich problemlos. – Schneiden Sie das sichtbare Fett weg. – Kontrollieren Sie die Menge (ca. 100 g rohes Fleisch pro Person und Mahlzeit).
Fertigprodukte	– Zusammensetzung beachten.
Salatsauce	– Strecken Sie Ihre Salatsauce mit Bouillon, Blanc battu (fettarmer Frischkäse) oder Magerquark.
Saucen	– Strecken Sie Ihre Sauce mit Gemüse (z. B. Champignons) oder pürierten Gemüseresten vom Vortag. – Verwenden Sie statt Vollrahm Halbrahm, Kaffeerahm oder fettreduzierte Milch. Messen Sie den Rahm mit einem Teelöffel ab.
Milchprodukte, Käse	– Fettstufe beachten, fettarme Produkte bevorzugen. – Kontrollieren Sie die Menge.
Süßigkeiten, Diätprodukte	– Süßigkeiten maßvoll genießen.

Sichtbare Fette	Tipps
Streichfett (Butter, Margarine)	– Kleine Mengen konsumieren.
Öle	– Pflanzliches Öl bevorzugen, z. B. Raps-, Olivenöl. – Zum Kochen raffiniertes Olivenöl oder Butter verwenden. **Wichtig: Öl sparsam verwenden!** Die Menge mit einem Teelöffel abmessen.
Fettarme Zubereitungsart wählen	– Grillen – Dämpfen mit Siebeinsatz – Dampfkochtopf – Steamer, Vapeur – Römertopf oder Bratbeutel – Teflon- oder Titanpfanne – Mikrowelle

Fett wirkt wie Nahrungsfasern und Eiweiß bremsend auf den Blutzuckeranstieg nach dem Essen.

Für Sie als Diabetikerin oder Diabetiker geht es darum, die **Menge** wie die **Qualität** der Fette zu beachten. Die Menge beeinflusst Ihr Gewicht, die Qualität Ihre Herz-Kreislauf-Situation.

Empfohlen wird 1 g Fett pro Kilogramm Normgewicht, das bedeutet bei einem 70 kg schweren Menschen 70 g Fett pro Tag – sichtbares und verstecktes. In den westlichen Industrieländern werden durchschnittlich 120 bis 130 g Fett pro Tag gegessen.

Die Qualität richtet sich nach der Auswahl der Fette. In diesem Zusammenhang spielen die Fettsäuren (Grundbausteine der Fette) eine wichtige Rolle. Siehe dazu die folgende Tabelle.

Fettsäuren	Enthalten in	Empfehlung	Einfluss bei großer Zufuhr
Gesättigte Fettsäuren	tierischen Fetten wie Butter, Fleisch, Käse, Rahm, Süßigkeiten	Weniger als 10 % der Gesamtenergiemenge pro Tag, d. h. äußerst sparsam einsetzen (siehe dazu die Tipps auf Seite 21/22).	Negative Beeinflussung der Herz-Kreislauf-Situation
Einfach ungesättigte Fettsäuren	Olivenöl, Rapsöl	Mindestens 10 % der Gesamtenergiemenge pro Tag, d. h. sparsam für die Zubereitung in der warmen oder kalten Küche verwenden.	Neutrale bis positive Beeinflussung der Herz-Kreislauf-Situation
Mehrfach ungesättigte Fettsäuren	fetthaltigen Fischen, Nüssen, grünem Gemüse (ein sehr kleiner, aber sehr günstiger Fettanteil)	Weniger als 10 % der Gesamtenergiemenge pro Tag, d. h. mindestens 1-mal pro Woche eine Fischmahlzeit sowie ein hoher Gemüseanteil.	Positive Beeinflussung der Herz-Kreislauf-Situation
	Sonnenblumen-, Distel-, Maiskeimöl	1–2 TL Öl für die kalte Küche, z. B. Salatsaucen Tipp: durch Öle mit einfach ungesättigten Fettsäuren wie Oliven- oder Rapsöl ersetzen (siehe oben).	Negative Beeinflussung der Herz-Kreislauf-Situation

Praktische Tipps zum Einsatz von Kohlenhydraten und Fett

Für Sie als Diabetiker oder Diabetikerin geht es darum, Ihren Blutzucker und Ihr Gewicht in Grenzen zu halten. Insbesondere Kuchen und Gebäcke enthalten oft viel Zucker und Fett. In der folgenden Tabelle (Seite 20) finden Sie die Analyse einer kleinen Auswahl an fertig gekauften Gebäcken. Zu beachten gilt es, dass gekaufte Kuchen und Cakes oft etwas trockener und daher leichter sind als selbst gemachte.

Beim Selberbacken haben Sie die Möglichkeit, dort, wo er nicht unbedingt nötig ist, Zucker bewusst durch Süßstoff zu ersetzen oder fettreduzierte Produkte einzubeziehen. Dadurch können Sie den Kohlenhydrat- und/oder Fettgehalt senken.

Alle Rezepte in diesem Buch sind genau berechnet. Vergleichen lohnt sich!

Kohlenhydrate

Eine durchschnittliche Dessertportion enthält ungefähr 15 g Kohlenhydrate. Möchten Sie gerne ein Stück Kuchen essen, das mehr als 15 g Kohlenhydrate beinhaltet, haben Sie, je nachdem wie Ihr Diabetes therapiert wird, folgende Möglichkeiten:
• Bestimmen Sie, wie viel Gramm Kohlenhydrate Sie dadurch mehr zu sich nehmen. Essen Sie die entsprechende Menge weniger Stärkebeilagen in derselben Mahlzeit.
• Spritzen Sie entsprechend mehr schnell wirksames Insulin (Ihr Arzt hilft Ihnen beim Dosieren).
• Machen Sie einen flotten Marsch von einer ½ bis 1 Stunde.

Egal welche Maßnahme oder welches Maßnahmenpaket Sie wählen, es geht immer wieder darum, Ihren Blutzucker im Normbereich zu halten.

Fett

Die meisten Kuchen, Torten und Cakes enthalten Fett. Wenn Sie statt einer Frucht zum Dessert eine Portion Kuchen essen, bedeutet dies automatisch mehr Fett als erwünscht oder eingeplant. Bei regelmäßigem Austausch von Früchten durch Gebäck werden Sie höchstwahrscheinlich an Gewicht zunehmen. Welche Möglichkeiten haben Sie?
• Bestimmen Sie die dadurch bewirkte zusätzliche Fettmenge – dadurch wird Ihnen schon einiges klarer.
• Gestalten Sie den Rest der Mahlzeit fettarm, das heißt, wählen Sie fettarme Nahrungsmittel und Zubereitungsarten.
• Sparen Sie bei anderen Mahlzeiten bewusst Fett ein.
• Machen Sie einen flotten Marsch von einer ½ bis 1 Stunde.

Wenn Sie trotz angestrebter Gewichtsabnahme Gebäck oder Süßes essen möchten, müssen Sie insbesondere auf den Fett- und somit Energiegehalt (Kilokalorien) in Ihrer Ernährung achten!

Analyse von gekauften Gebäcken

Stück	Gebäck	Gramm	kcal	Gramm Eiweiß	Gramm Kohlen-hydrate	Gramm Fett	Größe
⅛	Quarktorte*	46	78	1	12	2	18 cm Ø
⅛	Linzertorte*	83	351	6	48	7	18 cm Ø
⅛	Bündner Nusstorte*	56	274	3	30	15	18 cm Ø
⅛	Kokos-Torte**	35	158	2	21	7	18 cm Ø
1 Stück à 2 cm	Himbeerroulade*	26	80	2	12	3	
1 Stück à 2 cm	Sachercake**	25	100	1	12	6	
1 Stück à 2 cm	Kirschcake**	25	93	1	9	5	
1 Stück à 2 cm	Großmutters Schokoladecake**	40	184	3	17	12	
1 Stück à 2 cm	Zitronencake**	35	144	2	17	8	
1 Stück à 2 cm	Buttercake*	27	122	2	14	7	
1 kleine	Hefeschnecke*	45	170	3	28	5	6 cm Ø
3	Prussiens*	22	116	2	14	6	
4	Sablés*	20	100	2	13	5	
3	Amaretti**	28	111	2	16	5	
1/12	Zuger Kirschtorte***		346	7	50	11	26 cm Ø
⅛	Mokkarahmtorte***		368	4	41	20	26 cm Ø
⅛	Lemon Pie***		339	8	41	16	24 cm Ø
⅛	Gefüllte Grenoblertorte***		594	12	55	37	22 cm Ø
1/12	Truffetorte***		456	8	50	25	24 cm Ø
1	Nussecke***		137	2	12	9	

* Migros-Analysen
** Coop-Analysen
*** Eigenberechnungen mit Betty-Bossi- und Dr.-Oetker-Rezepten

Pro Tag können Sie 60 bis 80 g Fett zu sich nehmen (= 540–720 kcal). Diese können Sie wie folgt einteilen:

⅓ 20–25 g	als Brotaufstrich	Butter, Margarine, Nutella
⅓ 20–25 g	für Zubereitung: • für Salatsauce • zum Kochen	 Olivenöl extra vergine, Rapsöl Olivenöl, Butter, Bratbutter
⅓ 20–25 g	versteckte Fette in Nahrungs-mitteln	Käse, Fleisch, Wurstwaren, Eier, Milch, Milchprodukte, Süßigkeiten, Chips, Fertigprodukte (Beachten Sie die Analyse auf der Packung!)

Fett sparen können Sie mit verschiedenen Maßnahmen, wählen Sie diejenigen, die Ihnen am leichtesten fallen und auch wirklich etwas bringen!

Sparsamer Umgang mit sichtbarem Fett/Öl

10–15 g Öl für Salatsauce = 1–1½ Esslöffel Öl pro Tag
10–15 g Öl/Fett für Zubereitung = 1–1½ Esslöffel Öl/Fett pro Tag

Diese Fettmenge ist schnell überschritten, deshalb achten Sie wachsam darauf und benützen Sie immer ein Hilfsmittel, um die verwendete Menge Öl oder Fett zu kontrollieren. Zum Beispiel:

• Öl mit einem Esslöffel oder Teelöffel abmessen.
1 Esslöffel Öl = 10 g Fett, 1 Teelöffel Öl = 5 g Fett.
• Öl mit einem Pinsel oder mit Haushaltspapier in der Pfanne verteilen.

Geeignetes Kochgeschirr verwenden

Mit geeignetem Kochgeschirr können Sie mit etwas Aufmerksamkeit sehr viel Fett einsparen, ohne Ihren Genuss zu schmälern.

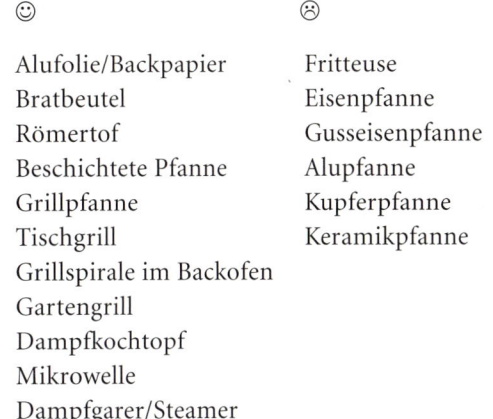

☺	☹
Alufolie/Backpapier	Fritteuse
Bratbeutel	Eisenpfanne
Römertof	Gusseisenpfanne
Beschichtete Pfanne	Alupfanne
Grillpfanne	Kupferpfanne
Tischgrill	Keramikpfanne
Grillspirale im Backofen	
Gartengrill	
Dampfkochtopf	
Mikrowelle	
Dampfgarer/Steamer	

Fettarme Nahrungsmittel wählen

Das Fetteinsparen beginnt bereits beim Einkaufen. Achten Sie dabei auf die Analyse auf der Packung. Dies bedeuten die Bezeichnungen konkret:

0 bis 5 g Fett auf 100 g = fettarm
6 bis 15 g Fett auf 100 g = mittelmäßig fetthaltig
16 bis 25 g Fett auf 100 g = fettreich
mehr als 25 g Fett auf 100 g = sehr fettig

(Quelle: Gesund abnehmen, SVE, Bern/Schweiz)

Fettarme Zubereitungsarten wählen

Zubereitungsart	Geeignet für	Praktische Tipps
Dünsten in der Pfanne	Gemüse, Fisch, Geflügel, kleine Fleischstücke, z. B. Geschnetzeltes	Gut schließenden Deckel verwenden. Ohne Fettstoff andünsten, mit Wasser, Gemüsebouillon oder etwas Wein ablöschen.
Dünsten in der Folie	Gemüse, Fisch, Geflügel, Fleisch	Alufolie oder Bratbeutel gut verschließen.
Dämpfen	Kartoffeln, Gemüse, Fisch, Geflügel, Fleisch, Früchte	Siebeinsatz oder Dampfkochtopf verwenden. Als Flüssigkeit Wasser oder Gemüsebouillon wählen.
Pochieren	Gemüse, Fisch, Geflügel, Fleisch, Früchte, Eier	Flüssigkeit unter dem Siedepunkt halten (ca. 80 Grad). Als Flüssigkeit Gemüsebouillon; Frischkäse wie fettreduzierten Cantadou verwenden.
Grillen	Gemüse, Fisch, Geflügel, Fleisch, Früchte	Grillpfanne stark erhitzen, Kochgut hineinlegen, Hitze etwas reduzieren, auf beiden Seiten langsam grillen.
Braten im Backofen	Größere Fleischstücke	Öl der Marinade mit abstreifen.
Kurzbraten in der Pfanne	Gemüse, Fisch, Geflügel, kleinere Fleischstücke	Pfanne (Titan, Teflon) erhitzen, Kochgut hineinlegen, Kochgut kurz wenden, Hitze reduzieren und kurz weiterbraten.
Schmoren	Gemüse, Fleisch	Gemüsegarnitur und Kräutersträußchen für einen intensiveren Geschmack beilegen.

Zusammenfassend sei nochmals festgehalten: Beim Genuss von Kuchen und Gebäcken den Kohlenhydrat- und den Fettgehalt einberechnen. So bleiben Ihr Blutzucker und Ihr Gewicht konstant.

Eiweiß (Protein)

Die Empfehlung für die tägliche Eiweißzufuhr liegt bei 15 bis 20% der benötigten Gesamtenergiemenge. Eine zu hohe tägliche Eiweißzufuhr hat für den Diabetiker eine unnötige Belastung der Nieren wie auch erhöhte Blutfettwerte (z. B. Cholesterin) zur Folge, da mit einem hohen Proteinkonsum ebenfalls der Fettkonsum steigt.

Das heißt:

- Bevorzugen Sie fettarme, proteinhaltige Lebensmittel, z. B. mageres Fleisch.
- Essen Sie nur 2- bis 3-mal pro Woche ca. 100 g Fleisch.
- Setzen Sie Tofu, Quorn, Hülsenfrüchte (Kohlenhydrate berechnen) ein.
- Essen Sie 2-mal pro Woche ca. 100 g Fisch.
- Essen Sie maximal 2–3 Eier pro Woche.
- Essen oder trinken Sie 2–3 Milchportionen pro Tag (Fettstufe und Kohlenhydratgehalt beachten).

Proteine bremsen wie Fett und Nahrungsfasern den Blutzuckeranstieg nach dem Essen ab und sollten deshalb ihren festen Platz in Ihrer Menüplanung haben.

Eiweißreiche Nahrungsmittel sind Fleisch, Fisch, Käse, Quark, Tofu.

Eiweißreiche Nahrungsmittel

Flüssigkeit

Ohne Wasser gibt es kein Leben. Dies lässt erahnen, wie wichtig Wasser auch in der Ernährung ist. Wenn wir Durst empfinden, ist dies bereits ein Alarmzeichen des Körpers. Und trotzdem trinkt ein Großteil der Bevölkerung zu wenig.

Das Blut und andere Flüssigkeiten des Körpers transportieren Nährstoffe in alle Teile des Körpers, wo sie gebraucht werden. Beim Rücktransport werden Abfallprodukte mitgenommen. Um diesen anspruchsvollen Hol-und-Bring-Dienst aufrechtzuerhalten, benötigt der Körper mindestens 2½ Liter Flüssigkeit pro Tag. Einen Drittel davon beziehen wir über die feste Nahrung (Gemüse, Salat, Früchte), die verbleibenden 1½ bis 2 Liter müssen in Form von Getränken aufgenommen werden.

Ist Trinken für Sie ein Problem?
Hier einige Tipps dazu:
- Sorgen Sie für ein größeres Angebot. Bereitstehende Flaschen und Gläser können eine Gedankenstütze darstellen.
- Kochen Sie am Morgen 1 bis 2 Liter Tee, den Sie dann im Laufe des Tages trinken.
- Nehmen Sie eine Flasche Mineralwasser an Ihren Arbeitsplatz mit.
- Trinken Sie vor jedem Essen ein großes Glas Wasser.
- Wenn Sie eine Pause machen, benutzen Sie diese, um zu trinken.
- Kontrollieren Sie Ihre tägliche Trinkmenge, indem Sie sich an ein, zwei Tagen alles notieren, was Sie trinken. 2 Liter sind das Ziel.
- Wählen Sie ein Getränk, das Sie gerne trinken. Was man mag, konsumiert man lieber.
- Vielleicht fällt es Ihnen leichter, wenn Sie mit einem Strohhalm oder aus einem größeren Glas trinken.

Welche Getränke sind für Diabetiker sinnvoll, welche nicht?

Getränk	☺	☹	Empfehlung
Leitungswasser	✓		
Ungezuckertes Mineralwasser	✓		
Tee ohne Zucker	✓		
Kaffee ohne Zucker	✓		
Gemüsesaft	✓		Maßvoll genießen, bis 200 ml pro Tag ohne Berechnung der Kohlenhydrate. Wenn Sie mehr davon trinken, Kohlenhydrate einberechnen.
Light-Getränke (bis 12–15 g Kohlenhydrate pro Liter), Cola light usw.	✓		Maßvoll genießen; Analyse beachten.
Light-Getränke (über 15 g Kohlenhydrate pro Liter), Grapefruit light mit Fruchtanteil usw.		✗	Enthalten zu viele Kohenhydrate; Analyse beachten.
Ungezuckerte Fruchtsäfte		✗	Enthalten gelöste Kohlenhydrate und erhöhen daher den Blutzucker blitzschnell.
Gezuckerte Fruchtsäfte		✗	Enthalten gelöste Kohlenhydrate und erhöhen daher den Blutzucker blitzschnell.
Süßgetränke wie Cola, Zitronenlimonade, Sirup		✗	Enthalten gelöste Kohlenhydrate und erhöhen daher den Blutzucker blitzschnell.
Milch, Joghurt-Drink, Ovomaltine, Schoko-ladengetränke		✗	Nahrungsmittel und Getränk in einem. Den Kohlenhydratgehalt beachten.

Alkohol

Alkohol ist ebenfalls ein Energielieferant. Er enthält 7 kcal pro Gramm und kann ein Grund für Übergewicht sein. Eine Standardgetränkemenge von 10 bis 12 g Alkohol entspricht rund 70 bis 100 kcal. Der Standardgetränkemenge entsprechen 100 bis 150 ml Wein, 20 ml (2 cl) Schnaps, 100 ml trockener Sekt, 300 ml Bier oder Alkopops. Die beiden Letztgenannten enthalten auch Kohlenhydrate in gelöster Form, die den Blutzucker blitzschnell ansteigen lassen.

Als Diabetiker oder Diabetikerin können Sie Alkohol trinken, am besten zu einer kohlenhydrathaltigen Mahlzeit. Bei Männern liegt die Menge bei etwa 200 bis 300 ml Wein pro Tag, bei Frauen bei rund 100 bis 200 ml. Bier, Alkopops, Aperitifgetränke oder Cocktails enthalten zum Teil große Zuckermengen und sind daher ungünstig, da der Blutzucker dadurch sehr schnell ansteigen kann.

Beim Abnehmen sollten Sie auf Alkohol verzichten. Alkohol hemmt die Fettverbrennung, das Abnehmen geht dadurch nur zäh voran und wird so zur Qual.

Fertigprodukte

In Lebensmittelgeschäften gibt es unzählige Fertigprodukte, die uns das Kochen abnehmen oder erleichtern. Sie sind für Diabetiker nicht grundsätzlich ungeeignet, aber gewisse Punkte sind zu berücksichtigen.

– Beachten Sie den Kohlenhydratgehalt, und rechnen Sie aus, was Ihrer normalen Portion entspricht.
– Beachten Sie den Fettgehalt. Fertigprodukte können fettreich sein.
– Fertigprodukte sind tendenziell salzreicher als Selbstgekochtes.
– Kombinieren Sie Fertigprodukte mit frischen Nahrungsmitteln, wie Salaten oder Früchten.

Geeignete Fertigprodukte	
Gemüse	Tiefgekühltes Gemüse, Gemüse in Dosen (Bohnen, Spargeln, Pilze usw.), getrocknete Pilze oder Suppengemüse, fertige Tomatensaucen, Tomatenpüree, Essiggemüse (Essiggurken, Perlzwiebeln), Salate in Glas (Analyse beachten), Beutel oder Dose (Fett beachten), Sauerkraut, Dörrbohnen, fettfreie Bouillonpulver oder -würfel
Früchte	Fruchtkonserven ohne Zuckerzusatz, tiefgekühlte Früchte ohne Zuckerzusatz, Light-Konfitüre (Kohlenhydrate einberechnen!)
Stärkeprodukte	Gekochte Hülsenfrüchte in Dosen oder Gläsern, Maisschnitten, Rösti in Dosen (Fett beachten), vakuumisierte Spätzle, tiefgekühlte Spätzle oder Gnocchi, Suppen, Frischback-Vollkornbrötchen, Knäckebrot, Zwieback, ungezuckerte Vollkorn-Cracker, Schwedenbrötchen, Reiswaffeln, ungezuckerte Getreidestengel, fettreduzierte Pommes chips (Kohlenhydrate einberechnen!)
Eiweiss	Thunfisch nature, tiefgekühlter frischer Fisch oder Fleisch, Crevetten im Glas oder tiefgekühlt, Muscheln im Glas, Tofu (ohne Paniermehl), Quick-Tofu, Quorn (Kohlenhydrate einberechnen!)

Verschiedene Süßungsmittel

Die Geschmacksqualität Süß hat beim Menschen einen besonderen Stellenwert. Bereits Babys bevorzugen diese Geschmacksrichtung. Auch Menschen, die in ihrer Kultur süße Speisen nicht kennen (wie etwa Eskimos), wählen spontan süße Lebensmittel, wenn sie mit ihnen in Kontakt kommen.

Süße Nahrungsmittel lösen bei vielen Menschen jedoch ambivalente Gefühle aus: Einerseits werden sie mit positiven Gefühlen wie Wärme, Liebe und Belohnung gleichgesetzt, andererseits gilt ihr Konsum als ungesund und Karies verursachend. Gerade auch in der Diabetesernährung war der Zuckerkonsum jahrelang verboten. In den heutigen Empfehlungen zeigt sich ein Umdenken. Ein moderater Einsatz von Zucker ist auch im Speiseplan von Diabetikerinnen und Diabetikern gut möglich, allerdings sollte die Menge 10 % der Gesamtenergiemenge nicht überschreiten.

Unter den Begriff »Zucker« fallen folgende gängige Süßungsmittel:

Haushaltszucker (Saccharose)

Zucker stammt entweder aus der Raffination von Zuckerrohr oder von Zuckerrüben.

Haushaltszucker ist ein Zweifachzucker oder Disaccharid, bestehend aus Traubenzucker (Glukose) und Fruchtzucker (Fruktose). Er gehört somit zu den Kohlenhydraten. Synonyme Bezeichnungen sind Kristallzucker, Würfelzucker, Puderzucker.

Eigenschaften: 100 g Haushaltszucker liefern Ihrem Körper 400 kcal und 100 g verwertbare Kohlenhydrate. Haushaltszucker süßt. Er stellt beim Backen Masse dar. Lässt man den Zucker weg, muss sein Volumen daher anderweitig ersetzt werden. Haushaltszucker hat in konzentrierten Lösungen eine konservierende Wirkung; er entzieht den Bakterien Wasser und hemmt dadurch ihre Tätigkeit (z. B. Konservieren wie beim Konfitüreeinkochen).

Der Konsum von Zucker oder zuckerhaltigen Nahrungsmitteln kann Karies verursachen und eine ungünstige Wirkung auf den Fettstoffwechsel ausüben (höhere Nüchtern-VLDL- und Insulinspiegel, höhere Triglyceridwerte nach dem Essen). Allein eingenommen, erhöht Haushaltszucker den Blutzucker äußerst schnell.

> Der Einsatz von Haushaltszucker ist sinnvoll, wenn Sie ein besseres geschmackliches Resultat erzielen wollen, wenn es keine befriedigende »Light«-Variante auf dem Markt gibt oder wenn Ihnen der Einsatz von Süßstoffen keinen Nutzen (z. B. mehr Volumen) bringt. Ebenso wichtig ist es, sich durch den Verzicht auf Zucker nicht selbst sozial auszugrenzen (bei einem Geburtstagsfest können Sie daher ruhig z. B. ein Stück Kuchen essen). Das erwünschte Resultat: Ein gutes Blutzuckerprofil, kein schlechtes Gewissen und viel Genuss!

Süßstoffe

Süßstoffe werden chemisch hergestellt und enthalten weder Energie (Kilokalorien) noch Kohlenhydrate. Sie haben somit keinen Einfluss auf Ihren Blutzucker oder auf Ihr Gewicht. Sie können sie daher ohne jegliche Berechnung verwenden.

Eigenschaften: Süßstoffe süßen intensiv, sie schmecken um ein Vielfaches süßer als Haushaltszucker. Bei einer Überdosierung können sie im Gaumen bitter schmecken. Süßstoffe verursachen keine Karies, haben jedoch auch keine konservierende Wirkung. Flüssiger Süßstoff nimmt aufgrund seiner ausgeprägten Süßkraft (ein paar Tropfen genügen oft bereits) praktisch kein Volumen ein.

Süßkraft und Hitzebeständigkeit		
	Süßkraft x-mal süßer als Zucker	Hitzebeständigkeit
Cyclamat	30 bis 50	ja
Saccharin	300 bis 500	ja
Aspartam/Nutrasweet®	ca. 200	nein
Acesulfam-K	130 bis 200	ja
Thaumatin	2000 bis 3000	nein
Neohesperidin DC	400 bis 600 (in praxisüblicher Konzentration)	ja (in Küchenpraxis)

Süßstoffe sind in flüssiger, in Tabletten- oder Pulverform erhältlich.

In Deutschland und in der Schweiz sind folgende Süßstoffe zugelassen: Cyclamat, Saccharin, Aspartam/Nutrasweet®, Acesulfam-K, Thaumatin, Neohesperidin DC.

Der Einsatz von Süßstoffen ist sinnvoll, wenn Sie damit im Vergleich zum Normalprodukt eindeutig größeres Volumen zur Verfügung haben (z. B. Light-Joghurt im Vergleich zu gezuckertem Fruchtjoghurt) oder wenn es geschmacklich keinen Unterschied ausmacht (z. B. viele Fruchtdesserts). Ebenfalls macht es Sinn, Lebensmittel mit gelöstem Zucker wie etwa gezuckerte Getränke durch Light-Getränke zu ersetzen, um damit einen starken Anstieg des Blutzuckers zu vermeiden.

Fruchtzucker (Fruktose)

Fruchtzucker ist ein Einfachzucker (Monosaccharid) und zählt zu den Kohlenhydraten. Er ist vor allem in Früchten wie auch (zusammen mit Traubenzucker) im Haushaltszucker enthalten. Fruchtzucker ist auch als isoliertes Pulver erhältlich.

Eigenschaften: 100 g Fruchtzucker enthalten 400 kcal und 100 g Kohlenhydrate. Fruchtzucker wird langsamer aufgenommen und beeinflusst den Blutzucker weniger als Traubenzucker. Fruchtzucker süßt intensiver als Haushaltszucker. Dies bedeutet, dass Sie die Gesamtmenge senken können, um dieselbe Süßintensität wie mit Haushaltszucker zu erreichen. Sie sparen so Energie und Kohlenhydrate ein. Fruchtzucker hat ebenfalls eine konservierende Wirkung, kann jedoch – wie Haushaltszucker – Karies begünstigen und eine ungünstige Wirkung auf den Fettstoffwechsel ausüben (höhere Nüchtern-VLDL- und Insulinspiegel und höhere Triglyceridwerte nach dem Essen).

Pro Mahlzeit sollten Sie nicht mehr als 25 g und auf den ganzen Tag verteilt nicht mehr als 60 g Fruktose einnehmen. Sonst kann Fruchtzucker Verdauungsbeschwerden verursachen.

Die Verwendung von Fruchtzucker in kleinen Mengen zur Unterstützung des Geschmacks in Gebäcken kann sinnvoll sein.

Zuckeralkohole oder Zuckeraustauschstoffe

Zuckeralkohole werden meist durch Hydrierung von Einfach- oder Zweifachzucker hergestellt.

In Deutschland und der Schweiz sind folgende Zuckeralkohole zugelassen: Sorbit, Xylit, Mannit, Palatinit/Isomaltit, Maltit/Malbit, Lactit/Lactyl, Lycasin (hydriertes Stärkederivat).

Eigenschaften: 100 g Zuckeralkohole liefern Ihrem Körper 240 kcal und 60 g verwertbare Kohlenhydrate. Sie sind im Allgemeinen hitzebeständig und können konservierend wirken. Sie haben keinen Einfluss auf die Entstehung von Karies. Zuckeralkohole können abführend wirken und eine ungünstige Wirkung auf den Fettstoffwechsel ausüben (höhere Nüchtern-VLDL- und Insulinspiegel und höhere Triglyceridwerte nach dem Essen). Sie werden vor allem von der Industrie zum Süßen von Diabetiker-Spezialprodukten wie Dia-betesschokolade oder -gebäck verwendet. Diese Spezialprodukte sind oft fetthaltig und werden deshalb nicht mehr empfohlen. Zuckeralkohole bewirken einen langsamen Blutzuckeranstieg. Sie enthalten Energie, die einberechnet werden muss.

Lycasin oder hydriertes Stärkederivat wird im Darm in Traubenzucker (Glukose) und Sorbit aufgespalten. Es kann daher einen schnellen Blutzuckeranstieg bewirken. Produkte, die Lycasin enthalten, können den Blutzucker schnell erhöhen und gelten als ungeeignet.

> Zuckeralkohole werden wegen ihres fraglichen Nutzens nicht mehr empfohlen.

Gegenüberstellung von Haushaltszucker, Süßstoffen, Zuckeralkoholen und Fruchtzucker				
	Haushaltszucker	Süßstoffe	Zuckeralkohole	Fruchtzucker
Energie/100 g	400 kcal	keine	240 kcal	400 kcal
Energie/10 g verwertbare Kohlenhydrate	40 kcal	keine	41 kcal	40 kcal
Kohlenhydrat-gehalt/100 g	100 g	keine	60 g	100 g
10 g Kohlenhydrate enthalten in	10 g	ohne Berechnung konsumierbar	17 g	10 g
Begünstigt Karies	ja	nein	nein	ja
Wirkt abführend	nein	nein	ja	bei kleinen Mengen: nein, bei grösseren Mengen: ja
Wirkt konservierend	ja	nein	ja	bedingt ja
Süßkraft	1	30–3000	0,4–0,9	1,4
Bitterer Geschmack bei Überdosierung	nein	ja	nein	nein
Einfluss auf Blutzucker	erhöhend	kein Einfluss	leicht erhöhend	leicht erhöhend
Empfehlung in Diabetesernährung	☺ mit Maß	☺ mit Maß	☹	☺ fraglicher Nutzen

Praktische Tipps rund ums Backen

Beim Zubereiten von Diabetesbackwaren geht es darum, verschiedenen Ansprüchen möglichst weitgehend gerecht zu werden und sie in ein optimales Gleichgewicht zu bringen: so wenig Zucker wie nötig zu verwenden, die Vorteile des Zuckers zu nutzen, die reduzierte Menge und Süßkraft durch andere Nahrungsmittel zu ergänzen und so zum bestmöglichen Resultat zu kommen, das von der Kohlenhydrat- wie von der Fettmenge her akzeptabel bleibt.

Deshalb nachfolgend einige Tipps und Tricks rund um das Backen mit Zucker, Süßstoffen & Co.

Zucker

Menge um die Hälfte bis ein Drittel reduzieren.
• Um mehr Masse zu erhalten, gesiebten Puderzucker verwenden.
• Die Süßkraft des Zuckers durch andere Aromen wie Vanille, Zimt, Nelken, Kardamom, Orangen-, Zitronenschale, Zitronensaft, Pfeffer verstärken.
• Für Glasuren einen kleinen Anteil Zucker verwenden, damit die Masse klebrig wird, mit flüssigem Süßstoff und Eischnee ergänzen.

Flüssige Süßstoffe

• Sie eignen sich besonders gut für Kompotte, Cremen, Konfitüren, Glasuren und Gebäcke, die nicht aufgehen müssen.
• 35 g Haushaltszucker können durch rund 1 Teelöffel flüssigen Süßstoff (4 g) oder 100 g Zucker durch 3 Teelöffel flüssigen Süßstoff ersetzt werden.
• Süßstoff wird individuell sehr unterschiedlich empfunden. Sobald Sie auf der Zunge das Gefühl haben, Sie bemerken den Süßstoff, haben Sie eher überdosiert. Es lohnt sich, beim nächsten Mal etwas weniger Süßstoff zu verwenden. Flüssiger Süßstoff ist sehr stark konzentriert.

• Das Volumen des dadurch ersetzten Zuckers muss anderweitig ersetzt werden, z. B. durch zusätzliche Nüsse, Eier, Eischnee, Blanc battu, Quark, nordische Sauermilch, Tofu, Gemüse usw.
• Das Empfinden von Süße können Sie durch andere Aromen wie Vanille, Zimt, Nelken, Kardamom, Orangen-, Zitronenschale, Zitronensaft, Pfeffer verstärken.
• Die Wahrnehmung von Süße geschieht bei einem warmen Gebäck schneller und ist stärker als im kalten Zustand. Bei einer eisgekühlten Speise hingegen benötigen Sie etwas mehr Süßstoff, um dieselbe Süßkraft wahrzunehmen.

Süßstoffe in Pulverform

• Sie eignen sich besonders für Kuchen und Torten, die aufgehen sollen.
• Süßstoffpulver enthält als Volumenbringer Maltodextrin (ein Kohlenhydrat), das als Kohlenhydrat berechnet werden muss: 10–12 g Süßstoffpulver liefern 10 g verwertbare Kohlenhydrate.
• Das Süßstoffpulver ersetzt einen Teil des Volumens, den anderen Teil können Sie durch zusätzliche Nüsse, Eier, Eischnee, Blanc battu, Quark, nordische Sauermilch, Tofu, Gemüse usw. ergänzen.
• 1 gestrichener Esslöffel Zucker (10 g) kann durch 1 gestrichenen Esslöffel Süßstoffpulver (½–1 g) oder 100 g Zucker durch ca. 10–12 g Süßstoffpulver ersetzt werden.
• Das genaue Einhalten der Mengenangaben ist empfehlenswert, da leicht überdosiert wird (Folge: bitterer, eventuell metallischer Geschmack im Gaumen!).
• Wählen Sie für Kuchen und Torten ein hitzebeständiges Süßstoffpulver. Sonst verliert das Produkt beim Erhitzen seine Süßkraft.

- Beim Schaumigrühren empfiehlt es sich, das Süßstoffpulver zunächst mit langsamen Tourenzahlen unterzurühren, da es sehr feinpulvrig ist, und erst wenn sich die Zutaten vermischt haben, 2–3 Minuten hochtourig weiterzumixen.
- Süßstoffpulver und Eier lassen sich über einem warmen Wasserbad schaumig schlagen.
- Um das Volumen zu erhalten, muss die Masse schnell verarbeitet werden. Daher ist es wichtig, alle Zutaten griffbereit und in Raumtemperatur bereitzuhalten.
- Besonders bei Verwendung von Schokolade ist es wichtig, alle Zutaten bereits abgewogen zur Hand zu haben. Andernfalls fällt das Gebäck gerne in sich zusammen.

Falls Süßstoffpulver nicht erhältlich ist, können Sie es auf einfache Art ersetzen. Da es aus einem Süßstoff und Maltodextrin besteht, können Sie es durch die entsprechende Menge Maltodextrin und flüssigen Süßstoff selbst herstellen. Auf Seite 39 finden Sie die entsprechenden Mengenangaben.

Maltodextrinpulver ist ein leicht resorbierbares Kohlenhydratpulver, das nicht süßt und geschmacksneutral, aber sehr leicht und voluminös ist. Es ist backfest und dient in unseren Rezepten als Volumenmacher (großes Volumen, wenig Kohlenhydrate, kein Fett). Maltodextrin allein eingenommen, erhöht den Blutzucker sehr schnell und ist daher für Diabetiker eher ungünstig. Gemischt mit Fett, Eiweiß oder Nahrungsfasern wie in unseren Backrezepten verlangsamt sich die Aufnahme der Kohlenhydrate und stellt kein Problem für Ihre Blutzuckereinstellung dar. Ebenso ist zu berücksichtigen, dass Sie pro Portion Gebäck eine extrem kleine Menge Maltodextrin zu sich nehmen.

Maltodextrin ist als »Maltodextrin 6« oder »Maltodextrin 19« (beide Produkte sind für unseren Zweck verwendbar) in Dosen à 750 g erhältlich in Apotheken oder Drogerien oder direkt beim Hersteller: SHS, Telefon 00800 74 77 37 84, Fax 00800 74 76 73 37 (für Deutschland, Österreich, Schweiz gebührenfrei; Montag bis Freitag 8–18 Uhr, Sofortservice), E-Mail: order@shs-heilbronn.de.

Fruchtzucker

- 100 g Zucker können durch 70 g Fruchtzucker ersetzt werden, um dieselbe Süßkraft wie von Zucker zu erreichen.
- Gebäck, das keine Früchte (und daher keinen natürlichen Fruchtzucker) enthält, mit einem kleinen Teil Fruchtzucker ergänzen, um den vollmundigen Geschmack von »Zucker« zu erhalten.
- Gebäck, das Sie mit Fruchtzucker zubereiten, bräunt schneller, da der Schmelzpunkt von Fruchtzucker niedriger ist als jener von Haushaltszucker. Deshalb ist es sinnvoll, das Gebäck während des Backens mit einem Backpapier abzudecken.
- Fruchtzucker ist stark wasseranziehend; das Gebäck wird nach dem Backen schnell wieder weich und verdirbt auch schneller. Deshalb nur in kleinen Mengen herstellen und rasch konsumieren oder tiefkühlen.

Allgemeines

- Wenn Sie eiweißhaltige Nahrungsmittel wie Blanc battu, Quark, nordische Sauermilch, Buttermilch usw. zum Strecken verwenden, ist es ratsam, das Gebäck bei tieferen Temperaturen (ca. 180 °C) zu backen.
- Eckige Kuchenformen können Sie selbst herstellen, indem Sie die gewünschten Maße auf ein Backpapier übertragen, dieses entsprechend falten, die Ecken einschneiden und so einschlagen, dass keine Flüssigkeit auslaufen kann. Die hochstehenden

Kanten mit Büroklammern befestigen. Die Teigmasse einfüllen und auf ein Blech gestellt wie gewohnt backen.

• Um Fett einzusparen, lohnt es sich, flexible Silikon-Backformen zu verwenden, bei denen Einfetten überflüssig ist. Sie sind auch im Mikrowellenherd oder Gefrierfach verwendbar.

• Bei Diabetesgebäck immer den Backofen vorheizen, damit von Anfang an eine möglichst stabile Temperatur herrscht.

• Je nach Alter Ihres Backofens lohnt es sich, mit einem Backofenthermometer zu arbeiten, um die Temperatur überprüfen zu können.

• Zur leichteren Verarbeitung harte Butter (in der abgemessenen Menge) während des Vorheizens kurz in den Backofen stellen.

• Eiweiß vor dem Schlagen kühl stellen, so wird es schneller steif.

• Wenn das Eiweiß beim Schlagen nicht steif wird, können einige Tröpfchen Zitronensaft helfen.

• Steif geschlagener Eischnee muss sofort weiterverarbeitet werden, er lässt sich kein zweites Mal aufschlagen.

• Teighölzchen in verschiedenen Dicken helfen Ihnen, Teige gleichmässig dick auszuwallen.

• Eigelb und Eiweiß können Sie bis zu 10 Monate tiefkühlen. Empfehlenswert: Einzeln einfrieren, dann können Sie sie genau nach Bedarf weiterverwenden.

Was tun mit Resten?

Wir haben bewusst kleine Kuchenformen gewählt, damit sich die Reste in Grenzen halten. Wenn trotzdem etwas übrig bleibt, versuchen Sie es portionenweise einzufrieren (eventuell bereits beim Backen kleine Portionenformen verwenden) oder verschenken Sie einen Teil. Wenn Sie kleinere Backformen verwenden, als im Rezept angegeben, ist es wichtig, die Backzeit zu reduzieren.

Der praktische Umgang mit Süßem im Alltag

Süßigkeiten in den Alltag einbauen

Neben der reinen Energiezufuhr essen wir auch aus Lust, zum Genuss oder zur sozialen Integration. Süßes dient vielen Menschen auch dazu, Unangenehmes zu kompensieren, und wird bei bestimmten Gefühlslagen konsumiert. Der Genuss steht dann eher im Hintergrund, die Menge der Süßigkeit oft im Vordergrund. Der zusätzliche Energie-Input kann sich aber auf der Waage deutlich bemerkbar machen.

Aus welchen Gründen beziehungsweise in welchen Situationen essen Sie Süßes? Es lohnt sich, dieser Frage auf den Grund zu gehen und sich zu überlegen, wie Sie diese Gefühle anders ausleben können, damit Sie Süßes wirklich nur zum Genuss und nicht aus anderen Gründen essen.

Es geht in der Ernährung – bei allen Menschen – darum, dem Süßen den richtigen Stellenwert im Alltag zu geben. Ein »normaler« Umgang mit Süßem bedeutet etwa dreimal pro Woche Süßes oder, falls Sie übergewichtig sind, maximal zweimal pro Woche.

Beim Einbau gezuckerter Süßigkeiten in Ihren Speiseplan gilt es folgende Punkte zu beachten:

Zeitpunkt des Zucker-konsums	mit oder nach einer Mahlzeit
Menge des Zucker-konsums	10 % der Gesamtenergiemenge. Dies bedeutet zum Beispiel bei 2000 kcal pro Tag 200 kcal in Form von Zucker (100 g Zucker = 400 kcal) = 50 g Zucker oder 50 g Kohlenhydrate in Form von Süßem. Zu bedenken ist, dass Süßigkeiten oft fetthaltig sind. Eine Gewichtszunahme ist nicht wünschenswert. Ebenso ist es wichtig, die Kohlenhydrate des Zuckers in die Mahlzeit einzuberechnen und nicht zusätzlich zu essen.
Kombination mit anderen Nahrungsmitteln	Nahrungsfasern, Eiweiß und/oder Fett bremsen den Einstrom der Kohlenhydrate ins Blut ab und verhelfen somit zu einem stabilen Blutzucker.
Blutzucker-Ausgangs-wert vor dem Genuss	Damit Ihre Blutzucker-Gesamteinstellung im empfohlenen Bereich bleibt, muss Ihr Blutzucker-Ausgangswert gut sein.
Häufigkeit	Nach den Regeln der gesunden Ernährung wird empfohlen, maximal dreimal pro Woche Süßes zu essen, damit die Früchte, die Ihnen Vitamine, Spurenelemente und Antioxidantien liefern, nicht zu kurz kommen. Für übergewichtige Diabetikerinnen und Diabetiker ein- bis zweimal pro Woche Süßes unter besonderer Berücksichtigung der zusätzlichen Fettzufuhr.

Testmahlzeiten

Wollen Sie genauer wissen, ob Sie ein Gebäck oder ein anderes Nahrungsmittel ohne schlechtes Gewissen in Ihre Ernährung einbauen können, empfiehlt sich eine Testmahlzeit.

Dabei ist es wichtig, innerhalb der vorangegangenen 24 Stunden keine Unterzuckerung (Hypoglykämie) und keine aussergewöhnliche körperliche Aktivität gehabt zu haben. Wenn Sie diese zwei Bedingungen erfüllen, kann es losgehen:

Messen Sie Ihren Blutzucker vor der Mahlzeit; der Zielbereich liegt bei 72–126 mg% bzw. 4 bis 7 mmol/l. Berechnen Sie die Kohlenhydrate Ihrer Mahlzeit genau, ein- schliesslich des Desserts, dann essen Sie diese. Zwei Stunden nach Beendigung der Mahlzeit messen Sie ein weiteres Mal den Blutzucker. Er sollte nun idealerweise unter 150 mg% liegen, mindestens aber tiefer als 180 mg%. Drei bis vier Stunden nach der Mahlzeit sollten Sie Ihren Ausgangswert wieder erreicht haben.

Nachfolgend finden Sie ein Protokollblatt, in das Sie Ihre Daten eintragen können. Nehmen Sie es zur nächsten Besprechung mit Ihrer Ernährungsberaterin oder Ihrem Arzt mit.

Zusammengefasst heißt dies für Ihren Zucker-einsatz:

Salat, Vollkornstärkeprodukte), Eiweiß (Fisch, Fleisch, Käse) und/oder Fett enthalten sind.

• Ihr Blutzucker muss gut eingestellt sein.
• Bauen Sie den Zucker in den Kohlenhydrat-anteil Ihrer Mahlzeit ein, und essen Sie ihn nicht zusätzlich.
• Essen Sie den Zucker zu oder nach einer Mahlzeit, in der Nahrungsfasern (Gemüse,

• Gestalten Sie Ihre Mahlzeiten nahrungsfaser-reich (= viel Volumen, wenig Energie und eine »Bremse« für den Zucker).
• Beachten Sie die Häufigkeit des Zucker-konsums. Beachten Sie die zusätzliche Energie.

Testmahlzeit-Protokoll

Datum/Zeit	Mahlzeitenbeschrieb	Kohlenhydrate in Gramm	Blutzucker vor Mahlzeit	Blutzucker 2 Stunden nach Mahlzeit

Wenn Sie die angegebenen Werte nicht erreichen, sollten Sie folgende Punkte überprüfen:
- Haben Sie die Kohlenhydratmenge richtig berechnet?
- Sind genügend Kohlenhydratbremsen vorhanden?
- Werden Blutzuckerschwankungen aufgrund von Konsistenzunterschieden einzelner Nahrungsmittel beobachtet?

Wenn Sie die Testmahlzeit wiederholen und immer noch kein befriedigendes Resultat erzielen, sollten Sie zusammen mit Ihrem Arzt die medikamentöse Therapie (Art, Menge) überdenken.

Kuchen statt Früchte – ist das sinnvoll?

Die Antwort auf diese Frage ist klar Nein! Früchte enthalten Vitamine, Mineralstoffe, sekundäre Pflanzenstoffe und Nahrungsfasern, die uns gesund erhalten und die Kuchen und Gebäcke nicht liefern können.

Mit dem Slogan »Take five a day« (»Nimm fünf pro Tag«) wird für einen vermehrten Konsum von Früchten und Gemüse geworben. Welche Vorteile haben Sie, wenn Sie fünf Portionen Früchte und Gemüse am Tag essen?

Vitamine

Der Vitamin-C-Bedarf ist bei Ihnen als Diabetiker oder Diabetikerin erhöht. Vitamin C sorgt für eine intakte Abwehr, für den Gefäßschutz (Endothelschutz), hemmt die Verzuckerung von Eiweißen (Proteinglykolisierung) und vieles mehr.

Frische Früchte, Gemüse und Salate sind Lieferanten von Vitamin C. Sie sollen nur kurz gelagert, schonend zubereitet oder noch besser roh gegessen und wenn, dann nur kurz gekocht werden, da Vitamin C ein empfindliches Vitamin ist. Es wird durch Hitze, Licht und Wasser zerstört.

Mineralstoffe

Kalium sorgt insbesondere für eine genügende Gewebespannung, fördert den Wasserentzug aus dem Gewebe und hält die Erregbarkeit von Muskeln und Nerven aufrecht.

Frische Früchte, Gemüse und Salat sind Lieferanten von Kalium. Da dieses sehr gut wasserlöslich ist, geht bei Zubereitungsarten in viel Wasser mit dem Kochwasser auch Kalium verloren.

Sekundäre Pflanzenstoffe

Unter dem Oberbegriff sekundäre Pflanzenstoffe werden zahlreiche, ausschließlich pflanzliche Verbindungen zusammengefasst. Sekundäre Pflanzenstoffe entfalten im menschlichen Körper viele Schutzwirkungen, zum Beispiel Schutz vor Krebs, vor Herz-Kreislauf-Erkrankungen, vor Zellschäden durch freie Radikale, vor einer Schwächung des Immunsystems. Der Mensch kann sekundäre Pflanzenstoffe nicht selbst herstellen.

In Früchten und Gemüse kommen vor allem folgende sekundäre Pflanzenstoffe vor:
- **Carotinoide** sind pflanzliche Farbstoffe (v. a. im Farbspektrum Gelb bis Rot). Am bekanntesten ist wohl das Beta-Carotin, aus dem teilweise das Vitamin A gebildet wird. Sie regulieren Wachstum und Entwicklung vieler Zellen und können daher vor Krebs schützen. Sie wirken als Antioxidantien, schützen so die Gefäße und können das Immunsystem positiv stimulieren. Enthalten sind sie in Aprikosen, Äpfeln, Grapefruits, Honigmelonen, Karotten, Tomaten, Paprikaschoten, Broccoli, Fenchel, Petersilie u. a.
- **Flavonoide** gehören zur Obergruppe der Polyphenole. Sie sind ebenfalls Pflanzenfarbstoffe (im Bereich Gelb, leuchtend Rot, Violett und Blau). Besonders bedeutsam ist ihre antioxidative Fähigkeit,

die vermutlich das Risiko für Herz-Kreislauf-Erkrankungen senken kann. Enthalten sind sie in roten Kirschen, Pflaumen, Pfirsichen, Rotkohl, Radieschen, roten Salaten, Auberginen u. a.

• **Phenolsäure** gehört ebenfalls zur Obergruppe der Polyphenole und hat dieselbe Wirkung wie diese. Enthalten ist sie unter anderem in Erdbeeren, Brombeeren, Rotkohl, Walnüssen.

• **Monoterpene** sind aromatische ätherische Öle in Pflanzen. Sie können möglicherweise vor Krebs und Infektionen schützen. Enthalten sind sie unter anderem in Zitrusfrüchten, frischen Kräutern wie Basilikum, Fenchelkraut, Kümmel, Anis.

Nahrungsfasern

Nahrungsfasern senken die Energiedichte, verzögern den Kohlenhydrateinstrom ins Blut und fördern den Stuhlgang. 100 g Obst liefern etwa 1 bis 2 g Nahrungsfasern. Einige Beeren und exotische Früchte erreichen Gehalte von bis zu 5 g Nahrungsfasern pro 100 g. 30 bis 40 g ist das Tagesziel, Früchte helfen dabei, dieses Ziel zu erreichen.

Wer oft und gerne Süßes isst, vernachlässigt meistens den Früchtekonsum. Außerdem werden bei vielen medikamentösen Therapien (blutzuckersenkende Tabletten und Insulin) keine Zwischenmahlzeiten mehr empfohlen. Dies bedeutet einen weiteren Wegfall von Früchten. Deshalb nachfolgend ein paar Tipps, wie Sie Früchte vermehrt wieder in Ihre Ernährung einbauen und von ihren Schutzwirkungen profitieren können.

• Falls Sie Zwischenmahlzeiten essen, bevorzugen Sie frische Früchte.
• Planen Sie als Dessert öfter frische Früchte oder Früchtedesserts ein, auch Fruchtgebäcke.
• Bevorzugen Sie reife Früchte.
• Essen Sie die Früchte mit der Schale.

• Greifen Sie auf ungezuckerte tiefgekühlte Früchte zurück.
• Bewahren Sie Früchte und Gemüse kühl und dunkel auf.
• Nutzen Sie die Vielfalt des saisonalen Angebots.
• Essen Sie zu jeder Hauptmahlzeit Gemüse und Salat.
• Verwenden Sie für die Zubereitung Ihrer Mahlzeiten großzügig frische Kräuter.
• Trinken Sie als Aperitif einen Tomatensaft oder einen Gemüsesaft.

Wir möchten Sie ermutigen, sowohl Kuchen und Gebäck wie auch Früchte zu essen. Also hin zum Sowohl-als-auch und weg vom Entweder-oder.

Die Bedeutung des Blutzuckers nach dem Essen

Wie schon erwähnt, hat der Blutzucker nach dem Essen einen direkten Zusammenhang mit dem Risiko für Herz-Kreislauf-Erkrankungen. Bei Diabetikerinnen und Diabetikern stellt die Krankheit selbst bereits einen Risikofaktor für Herz-Kreislauf-Erkrankungen dar. Weitere Risikofaktoren sind Rauchen, Stress, Übergewicht, Bluthochdruck, hohe Cholesterinwerte, Gicht u. a. Es geht darum, möglichst viele Risikofaktoren auszuschalten.

Den Blutzuckerwert nach dem Essen können Sie durch die Qualität der Kohlenhydrate beeinflussen (siehe dazu Seite 15).
So bremsen Sie den Kohlenhydrateinstrom nach dem Essen ab:
• Essen Sie nahrungsfaserreich!
• Bauen Sie eine magere Eiweißquelle in die Hauptmahlzeit ein!
• Bevorzugen Sie eine körnige Konsistenz!
• Bewegen Sie sich nach dem Essen!

Die Bedeutung körperlicher Bewegung

Bereits ein Spaziergang nach dem Genuss von Süßem oder einer größeren Mahlzeit hilft, den Blutzucker nach dem Essen zu senken. Mit regelmäßiger Bewegung im Alltag erhöhen Sie Ihre Insulinempfindlichkeit, was Ihnen grundsätzlich zu einer besseren Blutzuckereinstellung verhilft. Für eine Senkung des Blutzuckers ist eine Bewegungsart oder Sportart von leichter bis mittlerer Intensität sinnvoll. Dazu gehören zum Beispiel Radfahren, zügiges Spazieren, Walken, Schwimmen, Aquafit, Wandern, Langlauf, Tanzen.

Überdenken Sie auch Ihre körperliche Aktivität im Alltag: Benutzen Sie zum Beispiel die Treppe statt den Lift, gehen Sie zu Fuß oder mit dem Rad einkaufen, stehen Sie während der Fernsehwerbung auf und gehen Sie an Ort – bereits solch einfache Maßnahmen helfen mit, Ihren Körper in Schwung zu halten.

Der Einfluss der Bewegung aufs Gewicht ist umstritten. Bewegung verbraucht zusätzlich Energie, erhöht damit Ihren Energiebedarf, auch der Appetit kann durch die Bewegung gesteigert sein. Unter dem Strich wird dann oft mehr Energie zugeführt, als verbraucht worden ist.

Um einen Effekt auf das Herz-Kreislauf-System zu erzielen, braucht es ein regelmäßiges Bewegungsprogramm zwei- bis viermal pro Woche während 20 bis 60 Minuten.

• Beginnen Sie langsam und steigern Sie die Belastung dosiert. (Faustregel für die Belastungsintensität: Pulsfrequenz = 180 minus Alter.)

• Reservieren Sie eine feste Zeit für Ihre sportliche Aktivität.

• Messen Sie den Blutzucker vor und nach der Belastung.

• Bewegen Sie sich zusammen mit Freunden oder schließen Sie sich einer Gruppe an.

Für die konkrete Planung und Umsetzung haben sich folgende Fragen bewährt:

• Welche Bewegungsart macht mir Freude?

• Welche Tage sind für mich günstig?

• Welche Zeiten sind für mich günstig? (Bitte in der Agenda vermerken.)

• Wer könnte mich begleiten?

• Wann fange ich konkret an? (Datum und Zeit)

Ernährungsberatung

Eine individuelle Ernährungsberatung bietet Ihnen auf Sie persönlich zugeschnittene Lösungen für Ihren Alltag. Das Ziel ist, dass Sie durch den Diabetes nicht daran gehindert werden, lieb gewonnen Gewohnheiten nachzugehen. Die Ernährungsberaterin/der Ernährungsberater hilft Ihnen dabei.

Außerdem erhalten Sie mehr Hintergrundwissen, das Sie befähigt, eigene Wege zu gehen und Ihren Blutzucker dabei im Normbereich zu halten.

Sie werden (auch längerfristig) bei einer Gewichtsabnahme unterstützt.

Es wird auf Ihre individuellen Bedürfnisse eingegangen, zum Beispiel mit einem Tagesplan, der Ihre persönlichen Gewohnheiten ebenso wie Ihren Energiebedarf, Ihre Arbeitstätigkeit, Ihre Essenszeiten usw. berücksichtigt.

Ihre Fragen werden kompetent beantwortet.

Sie erhalten praktische Tipps für den Alltag, zum Beispiel zum Einkaufen, Reisen, langsam essen zu lernen, Rezepte und vieles mehr.

Für die Adresse einer Ernährungsberaterin in Ihrer Nähe wenden Sie sich an:

• Ihren Arzt

• VDBD Verband der deutschen Diabetesberater, Geschäftsstelle, Am Eisenwald 16, D-66386 St. Ingbert, E-Mail: info@VDBD.DE

• Deutsche Diabetes-Gesellschaft, Bürkle de la Camp-Platz, D-44789 Bochum, Tel. 0234 978890, E-Mail: deutsche-diabetes-gesellschaft.de

• Deutscher Diabetiker-Bund, Bundesgeschäftsstelle, Goethestrasse 27, D-34119 Kassel, Tel. 0561 7034770

• Deutsche Diabetes-Union, Krankenhaus München Schwabing, Dritte med. Abteilung/DDU-Geschäftsstelle, Prof. Dr. med. E. Standel, Kölner Platz, D-80804 München, Tel. 089 3068 2523

• Schweizerischer Berufsverband dipl. Ernährungsberater und Ernährungsberaterinnen, Stadthof, Bahnhofstrasse 7b, CH-6210 Sursee, Tel. 041 926 07 97, E-Mail: service@svde-asdd.ch

• Schweizerische Diabetes-Gesellschaft, Rütistrasse 3a, CH-5400 Baden, Tel. 056 200 17 90, E-Mail: sekretariat@diabetesgesellschaft.ch

Hinweise zu den Rezepten

Die Rezepte sind einheitlich rezeptiert und berechnet. Sie sind, wenn nicht anders angegeben, für 2 Personen berechnet.

Die *Kohlenhydratmenge* rezeptierten wir für rund 1600–1800 Kilokalorien pro Tag, das heißt 30 g Kohlenhydrate für die Stärkebeilage und ca. 15 g Kohlenhydrate für das Dessert beziehungsweise für eine Portion Gebäck. Insgesamt also 40–45 g Kohlenhydrate pro Hauptmahlzeit. Kohlenhydrate aus Gemüse, Nüssen und fettarmen Eiweißprodukten haben wir nicht in den Gesamtkohlenhydratgehalt miteinberechnet, da sie für den Blutzuckerverlauf nach dem Essen unbedeutend sind.

Die Werte von Energie, Kohlenhydraten, Eiweiß, Fett, Nahrungsfasern und Cholesterin sind für 1 Person beziehungsweise beim Gebäck für 1 Portion umgerechnet und sollen Ihnen eine Orientierungshilfe bieten. Bei Gebäck ist außerdem der Gesamtkohlenhydratgehalt angegeben für den Fall, dass Sie eine andere Stückzahl oder Backform wählen. Nährstoffe die mit einem »+« bezeichnet sind, kommen lediglich in Spuren vor und sind daher vernachlässigbar.

Die Kochrezepte sind bewusst möglichst *fettarm* gehalten, vor allem von der Zubereitung und zum Teil auch von der Auswahl der Lebensmittel her.

Falls Sie Ihr Gewicht nicht senken wollen, ersetzen Sie die fettarmen durch normale Produkte (z. B. halbfetten durch vollfetten Käse). Bei den Gebäcken sind einige fettarm und eignen sich auch, wenn Sie auf Ihr Gewicht achten müssen. Andere Gebäcke enthalten aus Geschmacks- und Volumengründen Fett. Falls Sie auf das Gewicht achten müssen, beachten Sie die Tipps und Anregungen auf Seite 21/22.

In einigen Rezepten verwenden wir das pflanzliche Bindemittel *Nestargel* (Nestlé). Als Maß dient hier der in der Packung mitgelieferte Messlöffel. Ein Messlöffel entspricht einem Gramm.

Bei Süßspeisen und Gebäcken ist die *Süßstoffmenge* im Allgemeinen nicht definiert, da das Süßempfinden sehr unterschiedlich ist. Empfehlenswert ist es, flüssigen Süßstoff anfangs tropfenweise beizumischen. Zu viel Süßstoff bewirkt einen bitteren, metallischen Geschmack im Gaumen.

Für einige Backwaren wird aus Volumengründen *Süßstoffpulver* verwendet (siehe dazu Seite 29/30). Falls dieses nicht erhältlich ist, können Sie es auf einfache Art durch die entsprechende Mischung von flüssigem Süßstoff und Maltodextrin (siehe Seite 30) ersetzen. Dabei gelten folgende Mengenverhältnisse:

Süßstoffpulver	ersetzen durch: Maltodextrin	und	flüssigen Süßstoff
25 Gramm	25 Gramm	und	7 Teelöffel
15 Gramm	15 Gramm	und	4½ Teelöffel
12 Gramm	12 Gramm	und	3–3½ Teelöffel
10 Gramm	10 Gramm	und	3 Teelöffel
8 Gramm	8 Gramm	und	2½ Teelöffel
6 Gramm	6 Gramm	und	2 Teelöffel
5 Gramm	5 Gramm	und	1½ Teelöffel
4 Gramm	4 Gramm	und	1–1½ Teelöffel
10 Esslöffel	10 Esslöffel (8 g)	und	2½ Teelöffel
7 Esslöffel	7 Esslöffel (5,6 g)	und	1½ Teelöffel
5 Esslöffel	5 Esslöffel (4 g)	und	1–1½ Teelöffel
1 Esslöffel	1 Esslöffel (0,8 g)	und	15 Tropfen
½ Teelöffel	½ Teelöffel (0,4 g)	und	7–8 Tropfen

Zu den Maßen und Abkürzungen

ML	Messlöffel (1 ML = 1 g)
EL	Esslöffel
TL	Teelöffel
Msp.	Messerspitze
ml	Milliliter
g	Gramm
F. i. Tr.	Fett in der Trockenmasse

Apéro-Häppchen

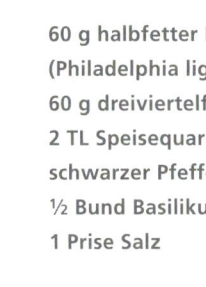

60 g halbfetter Frischkäse
(Philadelphia light, St-Morêt léger)
60 g dreiviertelfetter Kräuter-Frischkäse (Cantadou)
2 TL Speisequark
schwarzer Pfeffer
½ Bund Basilikum oder Dill, fein geschnitten
1 Prise Salz

300 g Gemüse: Salatgurke, Tomaten,
Chicoréeblätter
Kräuter zum Garnieren

Alle Zutaten ausser dem Gemüse gut vermischen.

Die Salatgurke in ½ cm dicke Scheiben schneiden, die Schale mit dem Messer verzieren oder mit einer Ausstechform daraus Sterne oder Herzen ausstechen. Die Tomaten in Scheiben schneiden. die Chicoréeblätter waschen. Das vorbereitete Gemüse auf Tellern oder einer Platte auslegen.

Die Frischkäsemasse in einen Spritzsack mit Sterntülle füllen und auf das vorbereitete Gemüse spritzen. Mit einzelnen Kräuterblättern ausgarnieren.

Bis zum Servieren kühl stellen.

Tipps

Anstelle von frischen Kräutern 1 TL geraspelten Meerrettich oder ein ½ TL Currypulver unter die Frischkäsemasse rühren. Andere Gemüsesorten verwenden, zum Beispiel Karotten, Stangensellerie oder anderes Gemüse der Jahreszeit.

Pro Person:	89 kcal	+ g Kohlenhydrate
	10 g Protein	3 g Nahrungsfasern
	4 g Fett	10 mg Cholesterin

Apéro-Igel ▶

Für 4–6 Personen

9–10 Cherrytomaten (Kirschtomaten)
1 Bund Radieschen
70 g kleine Champignons
½ gelbe Paprika (Peperoni)
3 Essiggurken

3 Halbfett-Streichkäse (z. B. Lido, Gervais)
Paprika, Pfeffer
20 Silberzwiebeln
30 g mageres Fleisch (z. B. Truthahnschinken)
10 schwarze Oliven

Salatblätter zum Ausgarnieren
½ Wirsing (Wirz) oder ½ Melone

Das Gemüse vorbereiten, Paprika und Essiggurken in mundgerechte Stücke schneiden.

Den Streichkäse in eine Schüssel geben und mit der Gabel zerdrücken. In einen Unterteller Pfeffer mahlen und Paprika streuen. Die Handflächen leicht mit Wasser befeuchten und den Streichkäse portionenweise zu kleinen Kugeln rollen, in den Gewürzen wenden, bis sie rundum davon bedeckt sind.

Salatblätter auf einem Teller ausbreiten, den halben Wirsingkopf oder die halbe entkernte Melone mit der Schnittfläche nach unten darauf stellen.

Auf Holzspießchen abwechselnd jeweils 3 bis 4 der Zutaten aufspießen und diese in den Wirsing oder die Melone stecken.

Pro Person:	76 kcal	+ g Kohlenhydrate
	5 g Protein	2 mg Nahrungsfasern
	4 g Fett	11 mg Cholesterin

Chicoréeschiffchen

1 kleiner Chicorée
125 g halbfetter Frischkäse
(Philadelphia light, St-Môret léger)
grüner Pfeffer
½ Bund Petersilie
½ rote Paprika (Peperoni)
½ Bund Petersilie zum Garnieren

Die Chicoréeblätter auf einer grossen Glasplatte anrichten.

Den Frischkäse mit Pfeffer abschmecken. Die Petersilie fein hacken und darunter mischen. Die Masse in einen Plastiksack füllen, eine Spitze abschneiden und die Masse in die untere Hälfte der Chicoréeblätter spritzen.

Den Paprika vierteln und in ca. 1½ cm dicke Streifen schneiden. Die Streifen wie ein Segel auf Zahnstocher spiessen und als Flagge in die Chicorée-Schiffchen stecken.

Mit Petersilienbüscheln ausgarnieren.

Tipp

Mit anderem klein geschnittenem Gemüse wie Karotte, Fenchel, Gurke ergänzen.

Pro Person:	84 kcal	+ g Kohlenhydrate
	8 g Protein	2 g Nahrungsfasern
	4 g Fett	11 mg Cholesterin

Essiggemüse ▶

300 g Gemüse wie Karotten, Broccoli,
rote Paprika (Peperoni), kleine Champignons

Sud:
200 ml Kräuteressig
50 ml Wasser
2 Tropfen flüssiger Süssstoff
1 Knoblauchzehe
½ TL Salz
2 Nelken
1 kleines Lorbeerblatt
4 Pfefferkörner
½ TL Senfkörner

Das Gemüse in mundgerechte Stücke schneiden und auf einem Dämpfeinsatz oder in einem Sieb kurz knapp weich dämpfen.

Die Zutaten des Suds in einen Topf geben, aufkochen und über das Gemüse gießen. Auskühlen lassen.

Das Essiggemüse anrichten und dazu Zahnstocher zum Herauspicken reichen.

Tipps

Anstelle von frischem Gemüse eine tiefgekühlte Gemüsemischung verwenden.

Anstelle der Senfkörner grobkörnigen Senf nehmen; der Sud wird dann allerdings etwas trüb.

Die doppelte Menge zubereiten und heiß in Einmachgläser einfüllen. Sofort verschließen und die Gläser zum Auskühlen auf den Kopf stellen. Dies ist eine ideale Verwertung von Sommergemüse.

Pro Person:	33 kcal	+ g Kohlenhydrate
	4 g Protein	4 g Nahrungsfasern
	+ g Fett	0 mg Cholesterin

Käse-Lauch-Tatar

Für 4 Personen

¼ Lauchstengel
1 Scheibe Fleischkäse oder magerer
Schinken (20 g)
60 g halbfetter Schweizer Tilsiter
70 g Blanc battu (fettarmer Frischkäse,
ersatzweise Speisequark)
1 TL Senf
1 EL Essig
Salz, Pfeffer
1 EL gehackte Petersilie

60 g kleine Vollkorn-Cracker
Petersilie und Tomatenschnitze zum Ausgarnieren

Den Lauch sehr fein hacken, den Fleischkäse oder Schinken in feine Würfelchen schneiden. Den Käse fein reiben.

Den Blanc battu mit Senf, Essig, Salz und Pfeffer verrühren. Lauch, Fleischkäse und Käse beifügen und mischen. Die gehackte Petersilie darunter ziehen.

Die Masse mit einem Teelöffel auf die Cracker verteilen und mit Petersilie garnieren. Die Tomatenschnitze zum Ausgarnieren der Platte verwenden.

Pro Person:	123 kcal	10 g Kohlenhydrate
	10 g Protein	2 g Nahrungsfasern
	5 g Fett	9 mg Cholesterin

Marinierte Auberginen

1 Aubergine (250–300 g)
1 EL Olivenöl
1 Peperoncino
2 Knoblauchzehen
100 ml Kräuteressig
Pfeffer
1 kleines Lorbeerblatt
½ Bund Basilikum

Die Aubergine ungeschält in etwa 3 mm dicke Scheiben schneiden und auf eine Platte legen.

Eine beschichtete Pfanne erhitzen. Die Auberginenscheiben ohne Fettstoff kurz beidseitig anbraten und wieder auf die Platte legen. Noch warm mit dem Olivenöl bepinseln.

Den Peperoncino und den Knoblauch fein hacken.

Den Essig aufkochen, Knoblauch, Peperoncino, Pfeffer und Lorbeerblatt zugeben und aufkochen lassen. Den Sud heiß über das Gemüse gießen. Abkühlen und einen halben Tag zugedeckt marinieren lassen.

Vor dem Servieren Basilikum fein hacken und darüber streuen. Zum Aufstechen Zahnstocher dazu reichen.

Tipps

Anstelle von Auberginen Zucchini verwenden.

Peperoncini lassen sich auf Vorrat fein hacken und einfrieren und können dann gefroren weiterverwendet werden.

Pro Person:	70 kcal	+ g Kohlenhydrate
	2 g Protein	4 g Nahrungsfasern
	5 g Fett	0 mg Cholesterin

Blumenkohl-Cremesuppe

1 kleine Zwiebel
1 Knoblauchzehe
200–250 g Blumenkohl
2 EL Wasser
250 ml Gemüsebouillon
½ Bund Petersilie
Salz, Pfeffer
½ ML pflanzliches Bindemittel (z. B. Nestargel)
2 TL Kaffeerahm (15% Fett)

Die Zwiebel fein hacken, den Knoblauch pressen. Den Blumenkohl in Röschen teilen.

Zwiebel und Knoblauch in wenig Wasser andünsten, mit der Bouillon ablöschen, die Blumenkohlröschen beigeben und rund 10 Minuten bei mittlerer Hitze weich dünsten. 30 g Blumenkohl als Suppeneinlage beiseite stellen. Den restlichen Blumenkohl und die Bouillon mit dem Stabmixer pürieren. Das Bindemittel beigeben und gut verrühren, etwas ziehen lassen.

Die Petersilie fein hacken. Die Suppe mit Salz, Pfeffer und Petersilie abschmecken.

Die beiseitegestellten Blumenkohlröschen in mundgerechte Stücke schneiden und als Suppeneinlage beigeben.

Den Kaffeerahm darunter ziehen und die Suppe heiß servieren.

Tipps

Statt Blumenkohl frische Spargeln nehmen. Doppelte Menge zubereiten; einen Teil tiefkühlen.

Pro Person:	40 kcal	+ g Kohlenhydrate
	3 g Protein	3 g Nahrungsfasern
	1 g Fett	3 mg Cholesterin

Grüne-Bohnen-Suppe

250 g grüne Bohnen
1 Bund Bohnenkraut
1 kleine Zwiebel
1 EL Wasser
400 ml Gemüsebouillon
2 EL Kaffeerahm (15% Fett)
eventuell Salz
Pfeffer, Paprika
2 Zweiglein Bohnenkraut für die Garnitur

Die Bohnen blanchieren und in 2 cm lange Stücke schneiden.

Das Bohnenkraut mit dem Stiel fein hacken.

Die Zwiebel fein hacken und in wenig Wasser andünsten. Dann die Bohnen und das Bohnenkraut beigeben, mit der Bouillon ablöschen und 15 Minuten bei schwacher Hitze köcheln lassen. Ein paar Bohnen als Suppeneinlage beiseite stellen. Den Rest mit dem Stabmixer pürieren.

Die beiseitegestellten Bohnen in 1 cm lange Stücke schneiden, in die Suppe geben und nochmals 2 Minuten warm werden lassen.

Den Kaffeerahm unterrühren, die Suppe mit Salz, Pfeffer und Parika würzen und mit Bohnenkrautzweiglein garniert servieren.

Tipp

Die doppelte Menge zubereiten und die Hälfte tiefkühlen.

Pro Person:	68 kcal	+ g Kohlenhydrate
	4 g Protein	7 g Nahrungsfasern
	2 g Fett	4 mg Cholesterin

Kürbissuppe

120 g Kartoffeln
50 g Karotten
400 g Kürbis
600 ml Gemüsebouillon
50 g Kohl
Salz, Pfeffer, Muskatnuss
wenig glattblättrige Petersilie

Kartoffeln, Karotten und 200 g Kürbis würfeln und in der Gemüsebouillon weich kochen. Anschließend pürieren.

Den Kohl und den restlichen Kürbis fein würfeln.

Den Kohl zur Suppe geben und weich köcheln. u Dann die Kürbiswürfel zugeben und noch 5 Minuten mitköcheln lassen.

Die Suppe mit Salz, Pfeffer und wenig Muskat abschmecken.

Die Petersilie fein hacken und die Suppe damit garnieren.

Tipps

Anstelle von Muskatnuss geriebenen Ingwer verwenden.

Mit Vollkornbrot, Käse und einem gemischten Salat ergibt dies eine vollständige Mahlzeit.

Pro Person:	104 kcal	10 g Kohlenhydrate
	4 g Protein	8 g Nahrungsfasern
	+ g Fett	0 mg Cholesterin

Französische Zwiebelsuppe ▶

40 g magerer Schinken
200 g Zwiebeln
400 ml Gemüsebouillon
Pfeffer, Estragon
40 g Weißbrot
60 g halbfetter Käse (z. B. Bündner oder anderer Bergkäse)

Den Schinken würfeln und die Zwiebeln fein hacken.

Eine Stielpfanne ohne Fett erhitzen, den Schinken und die Zwiebeln unter ständigem Rühren darin andämpfen. Mit der Gemüsebouillon ablöschen und 15 Minuten köcheln lassen.

Mit Pfeffer und Estragon abschmecken.

Inzwischen das Weißbrot ohne Fett rösten und in 1 cm große Würfelchen schneiden. Den Käse reiben.

Die Brotwürfelchen und den Käse über die Suppe streuen und servieren.

Tipp

Ideal als warme Vorspeise vor einem kleinen kalten Abendessen.

Pro Person:	183 kcal	10 g Kohlenhydrate
	16 g Protein	2 g Nahrungsfasern
	7 g Fett	30 mg Cholesterin

Fischsuppe

150 g Gemüse: Zwiebeln, Sellerie, Karotten, Lauch,
Tomate

1 kleine Knoblauchzehe

1 TL Öl (z. B. raffiniertes Olivenöl)

1 kleines Lorbeerblatt

Thymian

Salz, Pfeffer

50 ml Weißwein

400 ml Fischsud

200 g Seeteufel

1 ML pflanzliches Bindemittel (z.B. Nestargel)

1 Msp. Safran

1 Eigelb

2 EL Halbrahm

Schnittlauch als Garnitur

Das Gemüse und den Knoblauch feinblättrig schneiden.

Das Öl erhitzen und das Gemüse darin zusammen mit dem Knoblauch und den Gewürzen (ohne Safran) glasig dämpfen. Mit Weißwein und Fischsud ablöschen.

Den Seeteufel in etwa 3 cm breite Scheiben schneiden und in der Suppe 3–4 Minuten ziehen lassen. Dann warm stellen.

Das Bindemittel und den Safran einrühren und die Suppe eventuell noch mit etwas Salz und Pfeffer abschmecken. Kurz aufkochen und etwas ziehen lassen.

Das Eigelb und den Halbrahm beigeben und unterrühren. Nicht mehr kochen lassen!

Den Fisch in eine vorgewärmte Schüssel geben, die Suppe mit dem Gemüse darüber gießen und mit etwas gehacktem Schnittlauch bestreuen.

Tipps

Mit einem reichhaltigen Salat als Vorspeise und etwas Vollkornbrot ergibt dies eine vollständige Mahlzeit.

Anstelle von Seeteufel Flunder verwenden.

Fischsud ist tiefgekühlt oder als Pulver erhältlich.

Pro Person: 223 kcal	+ g Kohlenhydrate
22 g Protein	35 g Nahrungsfasern
12 g Fett	250 mg Cholesterin

Spargel an Vinaigrettesauce

500 g grünen oder weißen Spargel
1 l Wasser
1 TL Salz

Vinaigrettesauce:
1 EL Öl (z. B. Oliven- oder Rapsöl)
2 EL Essig
1 EL Zitronensaft
2 EL Gemüsebouillon
1 TL Senf
1 kleine Zwiebel
½ Bund Petersilie
½ Bund Schnittlauch
½ hartgekochtes Ei
1 kleine Essiggurke
1 Knoblauchzehe
1 EL Kapern
Salz, Pfeffer

Weißen Spargel gründlich, grünen Spargel sparsam schälen. Die Köpfchen nicht beschädigen.

Das Wasser aufkochen, salzen, den Spargel beifügen und auf kleiner Stufe zugedeckt köcheln: weißen Spargel 25–30 Minuten, grünen Spargel 15–20 Minuten.

Für die Sauce Öl, Essig, Zitronensaft, Bouillon und Senf verrühren.

Zwiebel, Petersilie, Schnittlauch, das Ei und die Essiggurke fein hacken, den Knoblauch pressen, alles zur Sauce geben und vermischen. Die Kapern beifügen und die Sauce mit den Gewürzen abschmecken.

Den Spargel abgießen und schön auf zwei Tellern anrichten. Die Vinaigrettesauce über die Spargelspitzen verteilen und servieren.

Tipps

Wenn Sie keinen frischen Spargel zur Verfügung haben, Spargel aus der Dose leicht erhitzen, auf Tellern anrichten und die Sauce über die Spitzen gießen.

Anstelle von Spargel Zucchini oder Auberginen verwenden. Diese in Scheiben schneiden, in einer beschichteten Pfanne ohne Fett anbraten, anrichten und die Vinaigrettesauce darüber verteilen.

Pro Person:	112 kcal	+ g Kohlenhydrate
	6 g Protein	4 g Nahrungsfasern
	7 g Fett	56 mg Cholesterin

Gefüllte Eier auf Salatbett

2 kleine Eier

1 EL Halbfettquark

1 EL Halbrahm

1 TL Senf

Salz

Pfeffer, Paprika

½ Schalotte

½ Bund Schnittlauch

½ Karotte

30 g Romanesco-Röschen

1 Hand voll Kaiserschoten (Kefen)

100 ml Gemüsebouillon

3–4 Blätter Endivie

1 Hand voll Feldsalat (Nüsslisalat)

1 Portion Italienische Salatsauce (Seite 127)

Garnitur:
je eine halbe Olive und kleine Kräuterspitzen (z. B. Dill, Petersilie) oder zu Fächern geschnittene kleine Essiggurken oder Radieschen in Scheiben und 6 Kapern

Die Eier 10–12 Minuten kochen, dann kalt abschrecken, schälen und längs halbieren.

Das Eigelb mit einem Teelöffel herausheben und mit dem Quark, Rahm, Senf und den Gewürzen gut vermischen.

Schalotte und Schnittlauch sehr fein hacken und unterrühren.

Die Eimasse in einen kleinen Plastiksack füllen, unten eine Ecke abschneiden und den Inhalt in die Eihälften spritzen. Schön ausgarnieren.

Für das Salatbett die Karotte in Scheiben schneiden. Zusammen mit den Romanesco-Röschen und Kaiserschoten in der Gemüsebouillon bissfest kochen. Kurz auskühlen lassen.

Zwei kleine Teller mit den Salatblättern und dem gekochten Gemüse auslegen und die gefüllten Eier darauf anrichten.

Die Italienische Salatsauce separat dazu servieren.

Tipps

Anstelle von Schalotte Zwiebel nehmen.

Romanesco ist eine Kreuzung zwischen Broccoli und Blumenkohl. An seiner Stelle kann auch Blumenkohl oder Broccoli verwendet werden.

Pro Person:	182 kcal	+ g Kohlenhydrate
	10 g Protein	2 g Nahrungsfasern
	14 g Fett	222 mg Cholesterin

Sommer-Tomaten

2 Fleischtomaten (ca. 400–450 g)
1 Knoblauchzehe
1 hartgekochtes Ei
1 Bund Basilikum
150 g Hüttenkäse (Cottage Cheese)
Pfeffer, Salz
einige Basilikumblätter für die Garnitur
2 große Salatblätter
wenig Kresse

Den Stielansatz der Tomaten entfernen und einen Deckel abschneiden. Die Tomaten mit Hilfe eines Löffels aushöhlen.

Den Knoblauch pressen. Das Ei fein würfeln und den Basilikum fein hacken. Knoblauch, Ei und Basilikum unter den Hüttenkäse mischen und mit etwas Pfeffer und Salz abschmecken.

Die Masse in die ausgehöhlten Tomaten füllen und den Deckel wieder aufsetzen.

Mit Basilikumblättern garnieren und auf einem großen Salatblatt anrichten. Etwas Kresse danebenlegen.

Tipps

Als Variante die gefüllten Tomaten in der Mitte des Ofens 15–20 Minuten bei 180 Grad schmoren und lauwarm auf Blattsalat servieren.

Anstelle von 2 Fleischtomaten 4 kleine Tomaten verwenden.

Pro Person: 154 kcal	+ g Kohlenhydrate
15 g Protein	4 g Nahrungsfasern
7 g Fett	115 mg Cholesterin

Roquefort-Avocado ▶

1 reife Avocado (ca. 300–400 g)
1 TL Zitronensaft
3 EL Roquefort (ca. 50 g)
3 EL (ca. 75 g) halbfetter Frischkäse
(Philadelphia light, St-Môret léger)
Pfeffer
6 Walnusskerne, 2 davon für die Garnitur
2 große Salatblätter
½ Bund Schnittlauch

Die Avocado halbieren, den Stein entfernen und das Fruchtfleisch mit Zitronensaft beträufeln.

Den Roquefort und den Frischkäse vermischen und mit Pfeffer abschmecken.

Vier Walnusskerne grob hacken und unter die Füllung geben.

Die Füllung in die Avocadohälften verteilen und mit je einem Walnusskern garnieren.

Die Avocados auf je einem großen Salatblatt anrichten, mit Schnittlauch garnieren und sofort servieren.

Pro Person: 446 kcal	+ g Kohlenhydrate
12 g Protein	8 g Nahrungsfasern
43 g Fett	20 mg Cholesterin

Crevettencocktail

100 g tiefgekühlte Crevetten
2 EL Blanc battu (fettarmer Frischkäse,
ersatzweise Speisequark)
2 EL Light-Mayonnaise
1 EL Ketchup
1 TL Zitronensaft
Salz, Pfeffer
1 Msp. Chili
Paprika
1–2 Tropfen Tabasco
½ Bund Dill
Salatblätter zum Anrichten
2 Dillzweiglein für die Garnitur

Die Crevetten auftauen und gut abtropfen lassen.
   Blanc battu, Mayonnaise, Ketchup und Zitronensaft mischen und würzen.
   Den Dill fein hacken und darunter ziehen.
   Die Crevetten mit der Sauce gut mischen.
   Salatblätter auf Tellern auslegen, den Crevettencocktail in der Mitte darauf anrichten und mit einem Dillzweiglein garnieren.

Tipp
Anstelle von Dill Schnittlauch verwenden.

Pro Person:	91 kcal	+ g Kohlenhydrate
	9 g Protein	+ g Nahrungsfasern
	4 g Fett	81 mg Cholesterin

Zucchinigratin ▶

Je 100–150 g grüne und gelbe Zucchini
Salz, Pfeffer
2–3 Knoblauchzehen
1 Bund Petersilie
1 TL raffiniertes Olivenöl
2 EL Sesam
1 EL Kapern
100 ml Gemüsebouillon
50 g halbfetter Schweizer Tilsiter

Die Zucchini waschen und längs in 2–3 mm dicke Scheiben schneiden. Salzen und pfeffern und ziegelartig in eine Auflaufform schichten.
   Den Knoblauch pressen und die Petersilie fein hacken.
   Den Backofen auf 180 Grad vorheizen.
   Eine Pfanne erhitzen, das Olivenöl zugeben und darin den Knoblauch, den Sesam und die Kapern andämpfen, mit der Bouillon ablöschen, die Petersilie beigeben und kurz mitdünsten. Diesen Würzfond über die Zucchinischeiben verteilen.
   Den Käse reiben und über die Zucchinischeiben streuen.
   In der Mitte des vorgeheizten Ofens 20 Minuten gratinieren, dann die Hitze auf 200 Grad erhöhen und weitere 5 Minuten Farbe nehmen lassen.

Tipps
   Die Zucchini in kleine Auflaufformen verteilen und als Einzelportionen gratinieren und servieren.
   Den Käse in Scheiben schneiden, über die Zucchini legen und gratinieren.

Pro Person:	170 kcal	+ g Kohlenhydrate
	11 g Protein	2 g Nahrungsfasern
	12 g Fett	10 mg Cholesterin

Lachsforellenmousse

Für 6 Personen

250 g Lachsforellenfilets
1 großes Ei
50 ml fettreduzierte Milch
50 ml Halbrahm
½ ML pflanzliches Bindemittel (z. B. Nestargel)
Salz, Pfeffer

Sauce:
½ Zwiebel
½ Karotte
30 g Lauch
30 g Knollensellerie
½ Bund Petersilie
120 ml Fischsud
100 ml Weißwein
¼–½ ML pflanzliches Bindemittel (z. B. Nestargel)
50 ml Halbrahm
Salz, Pfeffer
½ Bund Schnittlauch

Salatblätter zum Ausgarnieren

Den Backofen auf 160 Grad vorheizen.

Die Lachsforellenfilets im Mixer pürieren. Das Ei beigeben und weitermixen. Milch, Rahm und das Bindemittel darunter rühren und mit Salz und Pfeffer abschmecken.

Die Masse in sechs Portionenförmchen verteilen und diese in eine feuerfeste Form stellen. Die Form vorsichtig mit Wasser auffüllen, ohne dass Wasser in die Portionenförmchen läuft. Die ganze Form mit Alufolie zudecken.

Im vorgeheizten Backofen auf der untersten Rille 40 Minuten pochieren.

In der Zwischenzeit für die Sauce Gemüse und Petersilie fein hacken und mit dem Fischsud und Weißwein in einen Topf geben. Aufkochen und die Flüssigkeit etwas einköcheln lassen.

Das Gemüse absieben, die Flüssigkeit in den Topf zurückgießen. Das Bindemittel beigeben und 5–10 Minuten ziehen lassen. Den Halbrahm unterrühren und die Sauce mit Salz und Pfeffer abschmecken.

Den Schnittlauch fein hacken und darüber streuen.

Die Förmchen auf Teller stellen, mit Sauce überziehen und auskühlen lassen.

Mit Salatblättern ausgarnieren.

Tipps

Anstelle von Lachsforelle Forellenfilets verwenden.

Fischsud ist tiefgekühlt oder als Pulver erhältlich.

Pro Person:	120 kcal	+ g Kohlenhydrate
	10 g Protein	+ g Nahrungsfasern
	7 g Fett	71 mg Cholesterin

Gratinierte Champignons

4 große Champignons (200 g)
Zitronensaft

Füllung:
1 Zwiebel
1 Knoblauchzehe
1 Bund Petersilie
1 TL Butter
Salz, Pfeffer
Paprika
30 g Weichkäse mit Pfefferkörnern
50 ml Gemüsebouillon

Salatsauce:
1 TL grobkörniger Senf
Salatgewürz, Pfeffer
2 EL frische Salatkräuter, z. B. Petersilie,
Schnittlauch
3 EL Himbeeressig
2 EL Gemüsebouillon
1 EL Sonnenblumenöl

2 Portionen Rucolasalat
Petersilie als Garnitur

Die Champignons putzen. Die Stiele abschneiden und beiseite legen. Die Champignonköpfe mit etwas Zitronensaft beträufeln.

Den Backofen auf 200 Grad vorheizen.

Für die Füllung Zwiebel, Knoblauch, Petersilie und die beiseite gelegten Champignonstiele fein hacken. Die Butter erhitzen und alles kurz bei mittlerer Hitze dämpfen. Etwas abkühlen lassen, würzen und in die umgedrehten Champignonköpfe füllen. Leicht anpressen. Die gefüllten Champignons in eine Auflaufform stellen. Falls Füllung übrig bleibt, über die Champignons streuen.

Vom Käse die Rinde entfernen, den Käse in 4 feine Scheiben schneiden und über die Champignons verteilen.

Die Bouillon in die Form füllen und die Pilze in der Mitte des vorgeheizten Ofens etwa 15 Minuten überbacken.

In der Zwischenzeit die Zutaten zur Salatsauce verrühren, mit dem Salat mischen und auf 2 Tellern anrichten. Mit Petersilie garnieren.

Die warmen Champignons auf dem Salat anrichten und warm servieren.

Tipps

Rucolasalat durch andere Salatsorten ersetzen.

Die doppelte Menge zubereiten und zusammen mit Baked Potatoes als Abendessen servieren.

Pro Person:	110 kcal	+ g Kohlenhydrate
	7 g Protein	2 g Nahrungsfasern
	9 g Fett	10 mg Cholesterin

Herbsttrompetenflan

10 g getrocknete Herbsttrompeten
100 g Champignons
½ Bund Petersilie
1 kleine Zwiebel
50 ml Kaffeerahm (15% Fett)
1 Ei
Salz, Pfeffer
Muskatnuss

Sauce:
100 ml Kaffeerahm (15% Fett)
100 ml Gemüsebouillon
Salz, Pfeffer
100 g Champignons
¼ ML pflanzliches Bindemittel (z. B. Nestargel)
Kräuterzweiglein als Garnitur

Die Herbsttrompeten gemäss Packungsanleitung einweichen, waschen und gut abtropfen lassen.

Die Champignons in Scheiben schneiden. Petersilie und Zwiebel fein hacken.

Eine beschichtete Pfanne ohne Fett erhitzen, die Zwiebel darin andünsten. Die Hitze reduzieren und die Champignons beifügen. Den Kaffeerahm zugeben und einköcheln. Auskühlen lassen.

Die Hälfte der Herbsttrompeten fein hacken und kurz ohne Fett andünsten.

Die gedünsteten Champignons zusammen mit dem Ei und den Gewürzen mit dem Stabmixer pürieren, die Petersilie und die gedünsteten Herbsttrompeten darunter mischen.

Den Backofen auf 180 Grad vorheizen.

Die Masse in beschichtete Förmchen füllen. Die Förmchen in eine Gratinform stellen und diese mit heißem Wasser auffüllen, ohne dass Wasser in die Förmchen gelangt. Die Förmchen mit Alufolie bedecken und auf der untersten Rille im vorgeheizten Ofen 35–45 Minuten pochieren.

Für die Sauce Kaffeerahm, Bouillon und Gewürze mischen.

Die Champignons blättrig schneiden, zusammen mit den restlichen Herbsttrompeten zur Sauce geben.

Bei schwacher Hitze zugedeckt 5 Minuten köcheln lassen, das Bindemittel beigeben und weitere 5 Minuten nicht zugedeckt ziehen lassen.

Die Förmchen auf vorgewärmte Teller stürzen, mit der Pilzsauce umgießen und mit Kräuterzweiglein ausgarnieren.

Pro Person:	187 kcal	+ g Kohlenhydrate
	9 g Protein	5 g Nahrungsfasern
	15 g Fett	142 mg Cholesterin

Pastetchen auf Lollo

8 Blätterteig-Minipastetchen

Spinatfüllung:
40 g pürierter Spinat
1 TL Hüttenkäse (Cottage Cheese)
Salz, Pfeffer
1 Msp. Muskatnuss
1 Knoblauchzehe
1 EL Kaffeerahm (15% Fett)
1 EL geriebener halbfetter Schweizer Tilsiter

Lachsfüllung:
50 g geräucherter Lachs
½ kleine Zwiebel
Pfeffer
1 TL Meerrettichpaste
1 EL Kaffeerahm (15% Fett)

½ Kopf Lollosalat
Französische oder Italienische
Salatsauce (Seite 127)
1 TL Kapern
Dillzweige zum Garnieren

Den Backofen auf 200 Grad vorheizen.

Für die Spinatfüllung den Spinat mit dem Hüttenkäse, den Gewürzen, dem gepressten Knoblauch, Kaffeerahm und Käse mischen. Vier der Pastetchen damit füllen.

Für die Lachsfüllung den Lachs fein schneiden, die Zwiebel hacken und die restlichen Zutaten beifügen; nach Belieben mixen. Damit die restlichen vier Pastetchen füllen.

Die Pastetchen in der Mitte des vorgeheizten Ofens 10–15 Minuten überbacken.

In der Zwischenzeit den Salat und die Salatsauce vorbereiten, mischen und auf Teller verteilen. Die überbackenen Pastetchen zum Salat anrichten, die Lachspastetchen mit Kapern bestreuen und die Teller mit Dillzweigen garnieren.

Tipps

Minipastetchen erhalten Sie in Supermärkten und Delikatessengeschäften. Anstelle vom Minipastetchen Vollkorntoastbrotscheiben diagonal zerschneiden, die Dreiecke mit Füllung bestreichen und backen.

Pro Person: 258 kcal	10 g Kohlenhydrate
13 g Protein	1 g Nahrungsfasern
17 g Fett	54 mg Cholesterin

Fenchelsalat

1 großer Fenchel
1 Orange
1 EL Mandelsplitter

Sauce:
Salatkräuter
1 TL Senf
1 TL Light-Mayonnaise
Salz, Pfeffer
1 EL Essig
2 EL Gemüsebouillon
1 EL Rapsöl
1 TL Blanc battu (fettarmer Frischkäse,
ersatzweise Speisequark)

Petersilie zum Garnieren

Für die Sauce die Salatkräuter fein hacken und mit den übrigen Saucenzutaten vermischen.

Den Fenchel in feine Scheiben schneiden und sofort mit der Sauce vermischen.

Die Orange schälen und in feine Stücke schneiden, ebenfalls unter den Salat mischen.

Die Mandelsplitter in einer beschichteten Pfanne ohne Fettstoff anrösten, bis sie gut riechen. Über den Salat verteilen.

Mit Petersiliensträußchen ausgarnieren.

Tipp

Wer's säuerlich mag, nimmt anstelle der Orange eine halbe rosa Grapefruit.

Pro Person: 160 kcal	10 g Kohlenhydrate
5 g Protein	6 g Nahrungsfasern
11 g Fett	10 mg Cholesterin

Broccolisalat auf Radicchio ▶

450 g Broccoli

Sauce:
1 EL Senf
½ TL italienische Kräutermischung
Salz, schwarzer Pfeffer
3 EL Himbeer- oder Kräuteressig
1 EL Wasser
1 EL Olivenöl

1 Kopf Radicchio (roter Cicorino)
8–10 schwarze und grüne Oliven
Zwiebelringe als Garnitur

Alle Zutaten der Salatsauce mischen.

Den Broccoli in mundgerechte Röschen teilen und in wenig Wasser oder auf dem Siebeinsatz über Dampf zugedeckt 3–5 Minuten garen. Die Broccoliröschen sollten noch knackig sein. Gut abtropfen lassen und noch warm mit der Salatsauce mischen. Mindestens 15 Minuten ziehen lassen.

Den Radicchio grob schneiden und auf Tellern verteilen. Den Broccolisalat darauf anrichten und mit Oliven und Zwiebelringen bestreuen.

Tipp

Anstelle von Oliven 2 EL Pinienkerne verwenden.

Pro Person: 145 kcal	+ g Kohlenhydrate
8 g Protein	8 g Nahrungsfasern
9 g Fett	0 mg Cholesterin

Rote-Bete-Salat

2 faustgroße Rote Beten (Randen) (ca. 200 g),
gekocht oder roh
½ kleiner säuerlicher Apfel
1 kleiner weißer Chicorée

Sauce:
1 TL Senf
2 TL Meerrettichpaste ohne Mayonnaisezusatz
½ TL Salatkräuter
½ Bund gehackter Dill
Pfeffer
3 EL Aceto balsamico di Modena
2 EL Wasser
1 EL Olivenöl

Die Zutaten der Salatsauce mischen.

Die Rote Beten (Randen) schälen und direkt in die Sauce reiben, untermischen.

Den Apfel ebenfalls zum Salat reiben und sofort vermischen. Etwa 15 Minuten ziehen lassen.

Die Chicoréeblätter rosettenförmig auf den Tellern auslegen und den Rote-Bete-Salat in der Mitte darauf anrichten.

Pro Person:	87 kcal	5 g Kohlenhydrate
	1 g Protein	3 g Nahrungsfasern
	5 g Fett	0 mg Cholesterin

Sauerkrautsalat mit Birnen ▶

150 g rohes Sauerkraut
160 g Birnen, entkernt

Sauce:
2 EL Weißwein- oder Apfelessig
50 ml Gemüsebouillon
1 EL fettreduzierte Mlich
50 ml saurer Halbrahm
1 EL Light-Mayonnaise
Pfeffer

Salatblätter
6 Walnusskerne
Schnittlauch zum Garnieren

Das Sauerkraut kalt abspülen und gut abtropfen lassen. Die Birne würfeln.

Alle Saucenzutaten vermischen, die Birnenwürfelchen zufügen und kurz darin ziehen lassen.

Das Sauerkraut mit einer Gabel lockern, zur Salatsauce geben und etwa eine Stunde ziehen lassen.

Den Sauerkrautsalat auf Salatblättern anrichten, mit je 3 Walnusskernen und fein geschnittenem Schnittlauch garnieren.

Pro Person:	211 kcal	15 g Kohlenhydrate
	4 g Protein	4 g Nahrungsfasern
	15 g Fett	19 mg Cholesterin

Waldorfsalat

400 g Knollensellerie (1 mittlere Knolle)
45 g säuerlicher Apfel
40 g frische, geschälte Ananas
Petersilie als Garnitur

Sauce:
1 TL Senf
Salz, Pfeffer
2 EL frische Kräuter
4 TL Light-Mayonnaise
4 EL Blanc battu (fettarmer Frischkäse,
ersatzweise Speisequark)
5 EL Wasser oder Gemüsebouillon
2 EL Zitronensaft
2 EL fettreduzierte Milch

Die Zutaten der Sauce mischen.

Den Sellerie schälen, direkt in die Sauce reiben und sofort vermischen.

Den Apfel in kleine Würfel schneiden und ebenfalls sofort mit der Sauce vermischen.

Die Ananas würfeln und unter den Salat mischen.

Mit Petersilie garnieren.

Tipps

Statt Apfel und Ananas nur eine der Früchte nehmen, dann jedoch die doppelte Menge. Ungezuckerte Ananas aus der Dose verwenden.

Auf grünem Salat anrichten.

Pro Person:	103 kcal	5 g Kohlenhydrate
	6 g Protein	6 g Nahrungsfasern
	5 g Fett	+ mg Cholesterin

Pochiertes Hühnerbrüstchen mit Linsensalat

120 g rohe Linsen
400 ml Gemüsebouillon
1 Nelke
1 Lorbeerblatt
1 Zwiebel
140 g Hühnerbrust

80 g Sauermilch
1–2 EL Meerrettichpaste ohne Mayonnaisezusatz
1 EL Essig
1–2 EL Gemüsebouillon

1½ EL frische Kräuter (Petersilie, Schnittlauch, Dill)

Die Linsen mit kaltem Wasser bedecken und ein paar Stunden einweichen. Abgießen und in frischem Wasser rund 30 Minuten (je nach Sorte) kochen, dann erkalten lassen.

Die Gemüsebouillon mit Nelke, Lorbeerblatt und der geviertelten Zwiebel aufkochen und die Hühnerbrust 10 Minuten darin ziehen lassen. Herausnehmen, erkalten lassen und in kleine Stücke zupfen.

Für die Sauce die Sauermilch mit Meerrettichpaste, Essig und Gemüsebouillon verrühren.

Die Linsen und das zerkleinerte Hühnerfleisch zur Sauce geben und vorsichtig mischen.

Die Kräuter fein hacken und darüber streuen.

Tipp

Mit verschiedenen Gemüsesalaten ergibt dies eine vollständige Mahlzeit.

Pro Person: 300 kcal	30 g Kohlenhydrate
32 g Protein	6 g Nahrungsfasern
5 g Fett	50 mg Cholesterin

Kalbsgeschnetzeltes

150 g Kalbsgeschnetzeltes
1 kleine Zwiebel
50 g Champignons
100 ml Weißwein
100 g Zucchini
50 ml Kaffeerahm (15% Fett)
½ ML pflanzliches Bindemittel (z. B. Nestargel)
Salz, Pfeffer
Thymianpulver

Das Fleisch trockentupfen. Eine beschichtete Bratpfanne ohne Fett erhitzen und das Fleisch darin von allen Seiten kurz anbraten.

Die Zwiebel hacken, die Champignons blättrig schneiden, beigeben und kurz andünsten.

Mit dem Weißwein ablöschen, die Hitze reduzieren und 1–2 Minuten leicht köcheln lassen.

Zucchini zuerst in feine Scheiben, dann in Streifen schneiden, ebenfalls beigeben. Die Pfanne von der Herdplatte ziehen, den Kaffeerahm und das Bindemittel beigeben, umrühren und bei kleiner Hitze 2–3 Minuten köcheln lassen.

Mit Salz, Pfeffer und Thymian abschmecken, umrühren und servieren.

Tipp

Mit Rösti und einem gedünsteten Gemüse ergibt dies eine vollständige Mahlzeit.

Pro Person: 150 kcal	+ g Kohlenhydrate
18 g Protein	1 g Nahrungsfasern
5 g Fett	66 mg Cholesterin

Geschmortes Huhn im Römertopf

400 g Stubenküken (Mistkratzerli)
oder Hühnerschenkel
150 g Karotten
150 g Sellerieknolle
2 Zwiebeln
2 Knoblauchzehen
1 Zweiglein Rosmarin
360 g mittlere Kartoffeln
50 ml Rotwein
50 ml Gemüsebouillon

Marinade:
1 Bund Petersilie
2 TL Senf
Paprika, Salz
Thymian, Rosmarin
1 Lorbeerblatt
1 EL Öl (z. B. raffiniertes Olivenöl)

Den Römertopf (Tontopf) vorbereiten (wässern). Den Backofen auf 200 Grad vorheizen.

Für die Marinade die Petersilie fein hacken und mit den übrigen Zutaten vermischen. Das Huhn eine Stunde in der Marinade ziehen lassen.

Die Karotten schälen und in 3 cm lange Stengelchen schneiden. Den Sellerie schälen und in Würfelchen schneiden. Zwiebeln und Knoblauchzehen fein schneiden.

Das Gemüse, die Zwiebeln und den Knoblauch in den Römertopf füllen, so dass der Boden bedeckt ist. Das marinierte Huhn darauf geben und einen Rosmarinzweig in die Körperhöhle stecken.

Die Kartoffeln schälen, grob würfeln und um das Huhn herum verteilen.

Den Rotwein und die Gemüsebouillon zugießen.

Das Huhn im geschlossenen Römertopf im vorgeheizten Ofen 1 Stunde schmoren. Dann, damit sich eine schöne Kruste bildet, kurz bei starker Oberhitze 15–20 Minuten ohne Deckel braten.

Tipps

Anstelle von Kartoffeln separat dazu einen Risotto und als Gemüse Broccoli kochen.

Anstelle des Römertopfs kann das Huhn auch im Bratbeutel, in einem Gusseisenschmortopf oder in einer Auflaufform mit Deckel zubereitet werden.

Pro Person:	329 kcal	30 g Kohlenhydrate
	20 g Protein	12 g Nahrungsfasern
	12 g Fett	64 mg Cholesterin

Lamm-Calzone

120 g Mehl Typ 550 (Ruchmehl)
⅓ TL Salz
1 TL Olivenöl
15 g Frischhefe oder 4 g Trockenhefe
8–10 EL warmes Wasser (40–50 ml)
50 g Speisequark
evtl. Weizenkleie

Füllung:
1 Knoblauchzehe
1 Zwiebel
100 g Champignons
50 g Lauch
½ Bund Pfefferminze
150 g gehacktes Lammfleisch
50 ml Rotwein
1 TL Salz
Pfeffer
etwas fettreduzierte Milch

Mehl und Salz in eine Schüssel geben. Eine Vertiefung bilden und das Öl hineingeben.

Die Hefe zerbröckeln und im warmen Wasser auflösen. Ebenfalls zum Mehl geben.

Das Mehl mit der Flüssigkeit vermengen, den Quark untermischen und alles zu einem Teig zusammenfügen. Eventuell etwas Weizenkleie beimischen. Den Teig kneten, bis er glatt und geschmeidig ist. Zugedeckt an der Wärme auf das Doppelte aufgehen lassen.

In der Zwischenzeit für die Füllung den Knoblauch und die Zwiebel fein hacken, die Champignons blättrig und den Lauch in feine Ringe schneiden. Die Pfefferminze fein hacken.

Eine beschichtete Bratpfanne erhitzen, das Fleisch darin ohne Fettstoff kurz anbraten, das Gemüse beigeben und mitdämpfen.

Mit dem Rotwein ablöschen, Salz und Pfeffer beigeben und etwa 10 Minuten auf kleiner Stufe weiterköcheln lassen. Die Flüssigkeit sollte möglichst verdampfen können. Die Füllung etwas abkühlen lassen, dann die Pfefferminze untermischen.

Den Backofen auf 220 Grad vorheizen.

Den Teig zwischen zwei Lagen Pergamentpapier 2 mm dick rund ausrollen. Die Füllung auf die eine Seite des Teiges geben; einen Rand lassen. Den Rand des Teiges mit etwas Wasser befeuchten und die andere Hälfte des Teigs darüber klappen. Mit einer Gabel die Ränder andrücken und die Teigoberfläche mit etwas Milch bestreichen.

Die Calzone in der unteren Hälfte des vorgeheizten Ofens 15–20 Minuten backen.

Tipps

Statt Lammfleisch Rindfleisch nehmen.

Frische Pfefferminze kann durch einen halben Beutel Pfefferminztee ersetzt werden.

Die doppelte oder dreifache Teigmenge herstellen und aus dem Rest frische Brötchen backen.

Wenn's eilt, ca. 160 g fertigen Pizzateig nehmen – die Menge sollte für 2 Personen 80 g Kohlenhydrate ergeben (Analyse beachten!). Den ausgerollten Teig in ein Kuchenblech (20 cm Durchmesser) geben, mit der Füllung belegen und den Teig darüber zusammenschlagen. Die Ränder zusammenkneifen.

Pro Person: 364 kcal	40 g Kohlenhydrate
29 g Protein	4 g Nahrungsfasern
7 g Fett	50 mg Cholesterin

Gerollte Rindsschnitzel

2 große Rindfleischschnitzel (ca. 100–120 g)
Salz, Pfeffer
grobkörniger Senf

Füllung:
1 Zwiebel
1 Knoblauchzehe
1 Bund Petersilie
½ Bund Thymian
1 Essiggurke
½ kleine Karotte
1 Stück Lauch
2 Scheiben Rohschinken

1 TL Erdnussöl

1 Stück Lauch
1 TL Tomatenpüree
100 ml Rotwein
100 ml Gemüsebouillon
1 Zwiebel, mit Lorbeerblatt und Nelken bespickt
1 ML pflanzliches Bindemittel (z. B. Nestargel)

Die Rindfleischschnitzel würzen und mit Senf bestreichen.

Für die Füllung Zwiebel, Knoblauch, Petersilie und Thymian fein hacken. Essiggurke, Karotte und Lauch in 5 cm lange, feine Streifen schneiden.

Die Rindfleischschnitzel jeweils mit einer Scheibe Rohschinken belegen, die gehackten Kräuter, Zwiebel und Knoblauch darüber streuen, die Gemüsestengel quer darauf legen und das Fleisch fest einrollen. Mit einem Zahnstocher befestigen.

Das Erdnussöl erhitzen und die Fleischrouladen bei mittlerer Hitze rundherum anbraten. Herausnehmen.

Den Lauch fein schneiden.

Das Tomatenpüree zum Bratfond der Rouladen geben, mit dem Rotwein ablöschen und mit der Bouillon auffüllen. Die bespickte Zwiebel, den Lauch und das Bindemittel beigeben.

Die Fleischrouladen wieder beigeben und auf kleiner Stufe zugedeckt 1–1½ Stunden schmoren lassen.

Tipp

Mit Kartoffelpüree und einem gedämpften Gemüse ergibt dies eine vollständige Mahlzeit.

Pro Person:	174 kcal	+ g Kohlenhydrate
	16 g Protein	2 g Nahrungsfasern
	7 g Fett	36 mg Cholesterin

Lachs mit Meerrettich-Dill-Sauce

2 Lachstranchen (zu je 120 g)

Salz, Pfeffer

1 Zwiebel

100 ml Weißwein

100 ml Gemüsebouillon

5 EL Halbrahm

2 TL Meerrettich

1 ML pflanzliches Bindemittel (z. B. Nestargel)

1 Bund Dill

2 Dillzweiglein für die Garnitur

Den Fisch salzen und pfeffern.

Die Zwiebel fein hacken. Zusammen mit dem Weißwein und der Bouillon kurz aufkochen. Die Hitze reduzieren, Halbrahm, Meerrettich und das Bindemittel beifügen und gut umrühren.

Die Lachstranchen in die Sauce legen und zugedeckt bei schwacher Hitze 10 Minuten pochieren.

Den Dill fein hacken und am Schluss in die Sauce einrühren.

Die Fischtranchen auf Tellern anrichten und mit der Sauce übergießen. Mit einem Dillzweiglein garnieren.

Tipp

Mit Salzkartoffeln oder Reis und Spinat ergibt es eine vollständige Mahlzeit.

Dorsch mit Käsehaube ▶

1 kleine Zwiebel

200 g Broccoli

50 g Karotten

50 ml Gemüsebouillon

200 g Dorschfilet

Salz, Pfeffer

Guss:

40 g halbfetter Käse

1 Knoblauchzehe

3 TL Sesamsamen

2 EL Blanc battu (fettarmer Frischkäse, ersatzweise Speisequark)

2 EL dreiviertelfetter Kräuter-Frischkäse (Cantadou)

50 ml Gemüsebouillon

Die Zwiebel fein hacken und auf dem Boden einer Gratinform verteilen. Die Broccoliröschen blanchieren. Die Karotten reiben und zusammen mit dem Broccoli ebenfalls in der Gratinform verteilen. Die Gemüsebouillon darüber gießen. Den Backofen auf 200 Grad vorheizen. Den Fisch salzen, pfeffern und auf das Gemüsebett legen. Für den Guss den Käse reiben und mit den übrigen Zutaten mischen. Gleichmäßig über dem Fisch verteilen. Im vorgeheizten Ofen 20 Minuten gratinieren.

Tipps

Tiefgekühlten Broccoli verwenden.

Anstelle von Broccoli Blattspinat nehmen.

Mit Salzkartoffeln oder Trockenreis und Salat ergibt es eine vollständige Mahlzeit.

Pro Person:	295 kcal	+ g Kohlenhydrate
	24 g Protein	+ g Nahrungsfasern
	20 g Fett	63 mg Cholesterin

Pro Person:	268 kcal	+ g Kohlenhydrate
	34 g Protein	5 g Nahrungsfasern
	11 g Fett	12 mg Cholesterin

Fleisch, Fisch, Tofu

Fischcurry

240 g Kabeljaubäckchen
1 TL Zitronensaft
wenig Salz, Pfeffer
1 Zwiebel
1 kleine rote Paprika (Peperoni)
50 ml Weißwein
1 TL mildes Currypulver
100 ml Gemüsebouillon
1 ML pflanzliches Bindemittel (z. B. Nestargel)
50 ml Kaffeerahm (15% Fett)

Den Fisch mit Zitronensaft beträufeln, mit Salz und Pfeffer würzen und im Kühlschrank zugedeckt eine Stunde marinieren.

Die Zwiebel fein hacken, die Paprika fein würfeln. Beides in eine beschichtete Bratpfanne geben, den Weißwein zufügen und einige Minuten zugedeckt auf kleinem Feuer dämpfen. Mit Currypulver bestreuen. Die Bouillon beifügen, kurz aufkochen, dann den Fisch hineinlegen und in der heißen Sauce 5 Minuten zugedeckt ziehen lassen. Abschmecken.

Die Sauce mit dem Bindemittel und dem Kaffeerahm binden.

Tipps
Mit Kräuterkartoffeln und Spinat ergibt es eine vollständige Mahlzeit.

Anstelle von Kabeljaubäckchen kann auch Haifisch- oder Flunderfilet verwendet werden.

Pro Person:	169 kcal	+ g Kohlenhydrate
	23 g Protein	3 g Nahrungsfasern
	5 g Fett	70 mg Cholesterin

Paniertes Zanderfilet ▶

220 g Zanderfilet
Salz, Pfeffer
1 kleines Ei
½ ML pflanzliches Bindemittel (z. B. Nestargel)
100 g Zucchini
50 g Karotte
½ Bund Petersilie
2 Zweiglein Thymian
1 EL Öl (z. B. raffiniertes Olivenöl)

Den Fisch trockentupfen und in 4 Stücke schneiden, salzen und pfeffern.

Das Ei in einer Schüssel verquirlen, das Bindemittel beigeben und 10 Minuten stehen lassen.

Die Zucchini halbieren und mit einem Teelöffel die Kerne entfernen. Die Karotte schälen. Beides zur Eimasse reiben.

Petersilie und Thymian fein hacken und ebenfalls beigeben.

Eine beschichtete Bratpfanne erhitzen, das Öl beigeben. Die Fischstücke in der Gemüsepanade wenden, restliche Panade darauf verteilen und in der Pfanne bei mittlerer Hitze beidseitig je 5–7 Minuten backen.

Tipps
Mit Salzkartoffeln oder Reis und Spinat ergibt es eine vollständige Mahlzeit.

Je nach Dicke der Fischstücke die Bratzeit entsprechend anpassen.

Anstelle von Zander Seeteufel, Rot- oder Seezunge verwenden.

Pro Person:	186 kcal	+ g Kohlenhydrate
	24 g Protein	1 g Nahrungsfasern
	9 g Fett	155 mg Cholesterin

Rotzunge in Pergamentpapier

220 g Rotzungenfilets
Zitronensaft
Salz, Pfeffer aus der Mühle
40 g braune Champignons
1 Schalotte
30 g Karotte
30 g Sellerie
30 g Lauch
60 g feine grüne Bohnen
200 ml Fischsud
100 ml Weißwein
¼ ML pflanzliches Bindemittel (z. B. Nestargel)
50 ml Halbrahm
50 g Blanc battu (fettarmer Frischkäse,
ersatzweise Speisequark)
½ Bund Sauerampfer oder Estragon
2 TL Öl (z. B. raffiniertes Olivenöl)

Die Fischfilets der Länge nach halbieren, mit Zitronensaft, Salz und Pfeffer aus der Mühle marinieren.

Die Champignons blättrig schneiden und die Schalotte fein hacken. Karotte, Sellerie und Lauch in feine längliche Streifen (ca. 3 cm) schneiden und zusammen mit den Bohnen in Salzwasser kurz überwallen.

Den Fischsud und den Weißwein zusammen mit der Schalotte aufkochen und ein wenig einkochen lassen. Das Bindemittel zugeben und 5 Minuten weiterköcheln lassen, bis die Sauce leicht bindet. Den Topf von der Herdplatte ziehen. Den Halbrahm, den Blanc battu und die gehackten Kräuter beigeben, mit Salz und Pfeffer abschmecken.

Den Backofen auf 180 Grad vorheizen.

Pergamentpapier auf ein Backblech legen und die Stelle, auf der der Fisch zu liegen kommt, mit einem Teelöffel Öl bepinseln. Die Bohnen und Champignons darauf auslegen.

Eine beschichtete Pfanne erhitzen, nochmals einen Teelöffel Öl hineingeben und die Rotzunge kurz von beiden Seiten anbraten, ohne Farbe nehmen zu lassen. Den Fisch auf die Bohnen und Champignons legen.

Das fein geschnittene Gemüse (Karotte, Sellerie, Lauch) darüber verteilen und mit der Sauce gleichmässig bedecken.

Das Pergamentpapier darüber schlagen und so zusammenfalten, dass die Sauce nicht auslaufen kann. Mit Heftklammern zuheften.

Im vorgeheizten Ofen auf der zweituntersten Rille 5–10 Minuten fertig dämpfen, bis das Pergamentpapier aufgeblasen ist.

Tipps

Anstelle von Rotzunge Lachsfilet oder Seezunge nehmen.

Anstelle der Bohnen und Champignons Zucchini oder Paprika (Peperoni) verwenden. Anstelle von frischen Bohnen Dosenware oder tiefgekühlte nehmen, dann entfällt das Überwallen.

Mit Salzkartoffeln oder Bouillonreis und einem reichhaltigen gemischten Salat ergibt dies eine vollständige Mahlzeit.

Fischsud ist tiefgekühlt oder als Pulver erhältlich.

Pro Person:	260 kcal	+ g Kohlenhydrate
	22 g Protein	3 g Nahrungsfasern
	13 g Fett	70 mg Cholesterin

Gefüllte Zucchini

200–250 g Tofu nature

Marinade:
½ Bund Petersilie
½ Bund Thymian
½–1 Zitrone, Schale und Saft
1 Knoblauchzehe
½ TL Salz
Pfeffer
1 EL italienische Kräutermischung

½ Karotte
4 EL geriebener Käse (z. B. Parmesan oder Sbrinz)
400–500 g Zucchini
100 ml Gemüsebouillon

Für die Marinade Petersilie und Thymian fein hacken, die Zitronenschale abreiben und den Saft auspressen, den Knoblauch pressen. Alle Marinadenzutaten mischen.

Den Tofu mit der Gabel zerdrücken, mit der Marinade vermischen und zugedeckt 2 Stunden ziehen lassen.

Die Karotte in kleine Würfelchen schneiden und zusammen mit der Hälfte des Käses zur Tofumasse geben, verrühren.

Die Zucchini längs halbieren und die Kerne mit Hilfe eines Teelöffels herausschaben. Die Zucchinihälften in der Gemüsebouillon 5 Minuten zugedeckt knapp weich dämpfen.

Den Backofen auf 200 Grad vorheizen.

Die Bouillon in eine Gratinform giessen, die Zucchini mit den Schnittflächen nach oben hineinlegen und mit der Füllung füllen, den restlichen Reibkäse darüber verteilen und im vorgeheizten Ofen 10–15 Minuten überbacken.

Tipps

Als Variante anstelle dieser Füllung die Vegetarische Bolognaise von Seite 80 verwenden.

Mit Salzkartoffeln oder Reis und einem Salat ergibt dies eine vollständige Mahlzeit.

Pro Person:	243 kcal	+ g Kohlenhydrate
	24 g Protein	3 g Nahrungsfasern
	12 g Fett	0 mg Cholesterin

Tofuburger mit Lauchsauce

160 g Yasoya oder Tofu mit Gemüse
1 kleine Zwiebel
4 Zweiglein Thymian
½ Bund Schnittlauch
½ TL Curry
½ TL Paprika
Pfeffer, Salz
1 Ei
1 ML pflanzliches Bindemittel (z. B. Nestargel)
2 EL Reibkäse
6 EL Sesamsamen
2 EL Sonnenblumenkerne

Sauce:
150 g Lauch
1 rote Paprika (Peperoni)
100 ml Gemüsebouillon
Salz, Pfeffer
3 EL Halbrahm

Den Yasoya oder Tofu grob würfeln und in eine Schüssel geben.

Die Zwiebel und den Thymian fein hacken, den Schnittlauch fein schneiden und zusammen mit den Gewürzen, dem Ei, dem Bindemittel und dem Reibkäse zu den Yasoya-Würfeln geben. Mit dem Stabmixer oder der Gabel pürieren und gründlich mischen.

Eine beschichtete Pfanne ohne Fett leicht erhitzen, die Sesamsamen und Sonnenblumenkerne darin leicht rösten, bis sie duften. Etwas abkühlen lassen.

Einen Drittel der Sesamsamen und Sonnenblumenkerne zur Yasoya-Masse geben und unterrühren, den Rest auf einen Teller geben.

Für die Sauce den Lauch in feine Streifen schneiden und die Paprika klein würfeln.

Eine Pfanne ohne Fett erhitzen, Lauch und Paprika darin andämpfen und mit der Bouillon ablöschen. Zugedeckt 10 Minuten köcheln lassen. Mit Salz und Pfeffer abschmecken. Den Halbrahm zufügen und zugedeckt etwas einköcheln lassen.

In der Zwischenzeit aus der Yasoya-Masse mit den Händen sechs Hamburger formen. Darauf achten, dass sie nicht mehr als einen halben Zentimeter dick sind. In den gerösteten Samen und Kernen wenden.

Eine beschichtete Pfanne ohne Fett erhitzen, die Hamburger von beiden Seiten etwa 5 Minuten bei nicht zu starker Hitze braten.

Die Lauchsauce auf Teller geben und die Hamburger darauf anrichten.

Tipps

Mit Reis oder Nudeln und einem reichhaltigen Salat ergibt es eine vollständige Mahlzeit.

Übrig gebliebenen Yasoya fein würfeln und bei der nächsten Mahlzeit über den Salat streuen.

Pro Person:	398 kcal	+ g Kohlenhydrate
	22 g Protein	9 g Nahrungsfasern
	13 g Fett	114 mg Cholesterin

Scharfer Nudeltopf

200 g Yasoya oder Tofu mit Gemüse
2 EL Sojasauce
3 EL Gemüsebouillon
1 EL Wasser
1 TL Rosmarin
½ TL Sambal Oelek
1 Knoblauchzehe

90 g rohe Nudeln
Salzwasser
200 g Karotten
200 g Zucchini
1 kleine Zwiebel
½ TL Rosmarinnadeln

Den Yasoya oder Tofu in zentimetergroße Würfel schneiden.

Sojasauce, Bouillon und Wasser mit den zerquetschten Rosmarinnadeln, dem Sambal Oelek und dem gepressten Knoblauch verrühren, mit den Yasoya-Würfeln mischen und 3 Stunden zugedeckt marinieren.

Die Nudeln in reichlich Salzwasser al dente kochen, abtropfen lassen und warm stellen.

Die Karotten schälen. Karotten und Zucchini mit dem Sparschäler in lange, feine Scheiben schneiden.

Die Zwiebel fein hacken. Den Wok erhitzen und darin die Zwiebel und die Rosmarinnadeln mit wenig Wasser kurz andünsten. Das Gemüse und die Yasoya-Würfel zugeben, die Hitze zurückschalten und alles zugedeckt 5–10 Minuten dünsten, so dass das Gemüse noch knackig bleibt.

Die Nudeln beifügen, sorgfältig mischen, nochmals kurz wärmen und servieren.

Tipp
Dazu einen reichhaltigen Salat servieren.

Pro Person: 379 kcal	30 g Kohlenhydrate
28 g Protein	6 g Nahrungsfasern
10 g Fett	40 mg Cholesterin

Tofu Stroganoff

250 g Yasoya oder Tofu nature

Marinade:
1 Knoblauchzehe
2 EL Tomatenpüree
½–1 EL Sambal Oelek
100 ml Tomatensaft
Salz, Pfeffer

200 g Zwiebeln
1 Knoblauchzehe
100 ml Tomatensaft
50 ml Gemüsebouillon
1 Zweiglein Rosmarin
Pfeffer
1 kleine grüne Paprika (Peperoni)

Den Yasoya oder Tofu in zentimetergroße Würfel schneiden.

Für die Marinade den Knoblauch pressen und mit den übrigen Zutaten vermischen, die Yasoya-Würfelchen beigeben und 6 oder besser 12 Stunden zugedeckt in der Marinade ziehen lassen.

Die Zwiebeln scheiblen, den Knoblauch pressen. Eine Pfanne ohne Fett erhitzen, Zwiebeln und Knoblauch darin andämpfen, mit dem Tomatensaft und der Bouillon ablöschen. Den Rosmarinzweig beigeben und mit Pfeffer würzen.

Die Yasoya-Würfel beigeben und mischen.

Die Paprika in feine Streifen schneiden, beigeben und alles zusammen eine halbe Stunde auf kleiner Hitze einköcheln lassen.

Tipp

Mit Salzkartoffeln oder Reis und einem reichhaltigen Salat ergibt es eine vollständige Mahlzeit.

Pro Person: 220 kcal	+ g Kohlenhydrate
19 g Protein	5 g Nahrungsfasern
10 g Fett	+ mg Cholesterin

Vegetarische Bolognaise

Marinade:

1 Knoblauchzehe

125 g Tofu nature

1 EL Tomatenpüree

50 ml Tomatensaft

1 TL italienische Kräutermischung

Pfeffer

1 kleine Zwiebel

1 Stück Karotte (2–3 cm lang)

2 kleine Tomaten (175 g)

⅛ Knolle Sellerie

1 TL Olivenöl

50 ml Rotwein

50 ml Tomatensaft

2 Blätter Salbei

1 Zweiglein Rosmarin

evtl. 50 ml Gemüsebouillon

½ Bund Basilikum

1 TL Salz

Pfeffer

Für die Marinade den Knoblauch pressen. Den Tofu grob reiben. Alle Marinadenzutaten vermischen und den Tofu darin 2 Stunden ziehen lassen.

Die Zwiebel fein hacken. Karotte, Tomaten und Sellerie fein würfeln. Das Olivenöl erhitzen und das Gemüse darin anziehen lassen, mit dem Rotwein ablöschen und mit dem Tomatensaft auffüllen.

Den Tofu mitsamt der Marinade beigeben.

Die Salbeiblätter fein hacken, mit dem Rosmarinzweiglein beigeben und mitköcheln.

Die Tomatensauce auf kleinem Feuer 2 Stunden köcheln lassen. Falls nötig, Bouillon nachfüllen.

Den Basilikum fein hacken und am Schluss beigeben. Die Sauce mit Salz und Pfeffer abschmecken.

Tipps

Die doppelte Menge zubereiten und einen Teil tiefkühlen.

Die doppelte Menge zubereiten und einen Teil für Lasagne (Seite 93) oder gefüllte Zucchini (Seite 75) verwenden.

Anstelle von frischen Tomaten Dosentomaten (Pelati) nehmen.

Mit Spaghetti und einem gemischten Salat ist dies eine vollständige Mahlzeit.

Pro Person:	150 kcal	+ g Kohlenhydrate
	10 g Protein	3 g Nahrungsfasern
	8 g Fett	0 mg Cholesterin

Gemüse-Crêpes

300 g Saisongemüse nach Wahl, z. B. Karotten,
Zwiebeln, Blumenkohl, grüne Erbsen

frische Kräuter

1 TL Öl (z. B. raffiniertes Olivenöl)

75 g Mehl Typ 550 (Ruchmehl)

200 ml fettreduzierte Milch

50 ml Wasser

2 Eier

Salz, Pfeffer

Das Gemüse in etwa gleich große Stücke schneiden. Die Kräuter fein hacken.

Das Öl erhitzen, das Gemüse beigeben und kurz zugedeckt dämpfen, so dass es noch knackig bleibt. Warm stellen.

Das Mehl mit Salz vermischen. Milch und Wasser zugeben und verrühren, bis die Masse klumpenfrei ist.

Die Eier einzeln aufschlagen und zugeben. Würzen und die gehackten frischen Kräuter beigeben.

Eine beschichtete Pfanne ohne Fett erhitzen, nacheinander vier Crêpes ausbacken. Sobald sich die Ränder lösen lassen, mit Schwung oder mit Hilfe eines flachen Deckels oder Tellers wenden und die zweite Seite kurz backen. Die Hitze mit der Zeit etwas reduzieren.

Die Crêpes auf Tellern anrichten, mit dem Gemüse belegen, einrollen und servieren.

Tipps

Anstelle von frischem Gemüse eine tiefgekühlte Gemüsemischung verwenden.

Mit einem gemischten Salat ergibt es eine vollständige Mahlzeit.

Mehl Typ 550 (Ruchmehl) durch 30 g Weißmehl und 45 g Vollkornmehl ersetzen.

Wer die Crêpes besonders luftig mag, kann das Eiweiß separat steif schlagen und am Schluss vorsichtig unter die Masse ziehen.

Pro Person: 352 kcal	30 g Kohlenhydrate
18 g Protein	5 g Nahrungsfasern
15 g Fett	243 mg Cholesterin

Kräuteromelette

½ Bund Schnittlauch
½ Bund Petersilie
wenig Dill
½ Zwiebel
3 Eier
2 EL fettreduzierte Milch
Salz, Pfeffer aus der Mühle
1 TL Öl (z. B. raffiniertes Olivenöl)

Die Kräuter und die Zwiebel fein hacken.

Die Eier zusammen mit der Milch, den Kräutern, der Zwiebel, Salz und Pfeffer verquirlen.

In einer beschichteten Pfanne das Öl erhitzen. Die Eimasse hineingießen und stocken lassen. Dann mit einem Spachtel die Omelette aufrollen, in dünne Scheiben schneiden und servieren.

Tipp

Servieren Sie die Kräuteromelette zu verschiedenen Salaten und Vollkorntoast.

Peperonata

1 Knoblauchzehe
1 Zwiebel
3 verschiedenfarbige Paprika (Peperoni) (500–600 g)
2 Tomaten
1 TL Olivenöl
2 Blätter Salbei
1 Bund Basilikum
Salz, Pfeffer

Den Knoblauch pressen, die Zwiebel fein hacken.

Die Paprika halbieren, entkernen und in mundgerechte Stücke schneiden. Die Tomaten würfeln.

Das Olivenöl erhitzen, Knoblauch, Zwiebel und Paprika darin andünsten. Die Hitze reduzieren, die Tomaten beifügen und zugedeckt 20 Minuten köcheln lassen.

Salbei und Basilikum fein hacken und am Schluss zufügen. Mit Salz und Pfeffer abschmecken, nochmals kurz ziehen lassen und servieren.

Tipp

Mit einem Getreide- oder Pilzrisotto und einem gemischten Salat ergibt es eine vollständige Mahlzeit.

Pro Person:	171 kcal	+ g Kohlenhydrate
	12 g Protein	+ g Nahrungsfasern
	13 g Fett	357 mg Cholesterin

Pro Person:	100 kcal	+ g Kohlenhydrate
	5 g Protein	13 g Nahrungsfasern
	4 g Fett	0 mg Cholesterin

Champignontoast

250 g Champignons

1 kleine Zwiebel

Zitronensaft

Pfeffer

50 ml Weißwein

100 ml Gemüsebouillon

1 ML pflanzliches Bindemittel (z. B. Nestargel)

4 EL Halbrahm

½ Bund Schnittlauch

150 g Vollkorntoastbrot (6 Scheiben)

12 Scheiben viertelfetter Scheiblettenkäse

Den Backofen auf 180 Grad vorheizen.

Die Champignons blättrig schneiden und die Zwiebel fein hacken.

Eine beschichtete Pfanne erhitzen, die Zwiebel darin ohne Fettstoff kurz anbraten, Champignons beigeben und zugedeckt kurz dämpfen. Ein paar Tropfen Zitronensaft über die Champignons träufeln und mit Pfeffer würzen.

Mit dem Weißwein ablöschen und die Bouillon beifügen. Das Bindemittel einrühren.

Einige Minuten weich dämpfen.

Die Pfanne von der Platte ziehen und den Halbrahm zugeben.

Den Schnittlauch fein schneiden, ebenfalls beigeben.

Die Champignonmasse auf die 6 Brotscheiben verteilen, mit je zwei Scheiben Scheiblettenkäse bedecken und zugedeckt im vorgeheizten Ofen 8–10 Minuten auf der untersten Rille überbacken. Die letzten 3 Minuten abgedeckt bräunen lassen.

Tipps

Mit einem reichhaltigen gemischten Salat ergibt es eine vollständige Mahlzeit.

Anstelle von frischen Champignons bereits geschnittene aus dem Beutel oder der Dose verwenden.

Pro Person: 283 kcal	30 g Kohlenhydrate
16 g Protein	8 g Nahrungsfasern
8 g Fett	15 mg Cholesterin

Gemüsepiccata mit kalter Tomatensauce

Tomatensauce:

2 große Tomaten

1 kleine Zwiebel

Salz, Pfeffer

1 Msp. Chilipulver

2 Msp. Korianderpulver

½ Bund Petersilie

Piccata:

200 g Zucchini

250 g Aubergine

1 Ei

60 g geriebener halbfetter Schweizer Tilsiter

2 EL fettreduzierte Milch

½ ML pflanzliches Bindemittel (z. B. Nestargel)

Muskatnuss

1 TL Olivenöl

Für die Tomatensauce die Tomaten sehr fein würfeln und in eine Schüssel geben. Die Zwiebel fein hacken und ebenfalls beigeben. Mit Salz, Pfeffer, Chili- und Korianderpulver kräftig abschmecken.

Die Petersilie fein hacken und darunter rühren. Kalt stellen.

Für die Gemüsepiccata Zucchini und Aubergine in ½ bis 1 cm dicke Scheiben schneiden. Auf einem Siebeinsatz über Dampf 3–4 Minuten knapp weich garen. Mit einem Küchenpapier trockentupfen.

Das Ei in einer Schüssel verquirlen, Käse, Milch und das Bindemittel beigeben, mit Salz, Pfeffer und Muskatnuss abschmecken.

Das Öl in einer beschichteten Pfanne erhitzen. Die Gemüsescheiben in der Eimasse wenden und auf beiden Seiten anbraten, die Hitze reduzieren und beidseitig fertigbacken.

Zusammen mit der kalten Tomatensauce servieren.

Tipps

Mit Salzkartoffeln oder Teigwaren und einem gemischten Salat ergibt es eine vollständige Mahlzeit.

Anstelle von Zucchini und Auberginen Sellerie oder Kohlrabi verwenden. Diese zuerst knapp weich dämpfen.

Die Tomaten für die Tomatensauce schälen und entkernen.

Pro Person:	218 kcal	+ g Kohlenhydrate
	17 g Protein	8 g Nahrungsfasern
	12 g Fett	115 mg Cholesterin

Wirsingrouladen

300 g Wirsing (Wirz)
1 TL Öl (z. B. raffiniertes Olivenöl)
80 g Yasoya oder Tofu
25 g Hüttenkäse (Cottage Cheese)
½ Ei
Salz, Pfeffer

Sauce:
½ Zwiebel
1 TL Butter
90 g Hüttenkäse (Cottage Cheese)
100 ml Gemüsebouillon
50 ml Kaffeerahm (15% Fett)
½ TL Kümmel
Salz, Pfeffer

Vom Wirsing sechs der größeren, äußeren Blätter ablösen und in siedendem Wasser knapp weich kochen; gut abtropfen lassen.

Die Mittelrippe bis zur Mitte herausschneiden und die Schnittkanten übereinander legen, festhalten und das Blatt zu einer Tüte einrollen. Mit einem Zahnstocher fixieren oder mit der Naht nach unten legen.

Die restlichen Wirsingblätter klein hacken und im heißen Öl 5 Minuten dünsten. Ein paar Streifen Wirsing für die Garnitur zur Seite legen.

Den Yasoya oder Tofu hacken, dann mit der Gabel zerdrücken. Mit dem Hüttenkäse, dem Ei, den Gewürzen und dem gedünsteten Wirsing mischen. Die Masse in die Wirsingtüten füllen.

Für die Sauce die Zwiebel fein hacken und in der Butter dünsten. Den Hüttenkäse dazugeben und unter Rühren schmelzen. Die Hälfte der Gemüsebouillon dazugießen. Den Rahm und den Kümmel beifügen, die Sauce würzen und aufkochen.

Die Wirsingrouladen in die Sauce legen und zugedeckt 10–15 Minuten köcheln lassen. Bei Bedarf die restliche Bouillon nachgießen.

Die Sauce mit den Gemüsestreifen garnieren.

Tipps

Anstelle von Tüten können Sie die üblichen Wickel machen.

Mit Gerstotto und einem Salat ergibt es eine vollständige Mahlzeit.

Pro Person:	253 kcal	+ g Kohlenhydrate
	18 g Protein	5 g Nahrungsfasern
	15 g Fett	80 mg Cholesterin

Lauch-Kartoffel-Küchlein

250 g Lauch
2 EL Wasser
1 Ei
Salz, Pfeffer, Muskatnuss
frische Kräuter, z. B. Thymian, Schnittlauch
360 g in der Schale gekochte Kartoffeln
vom Vortag

Den Lauch in sehr feine Streifen schneiden. In einer Teflonpfanne ohne Fett kurz andämpfen. Das Wasser beigeben, den Lauch zugedeckt knapp weich dämpfen und sehr gut abtropfen lassen.

Das Ei mit dem Salz, den Gewürzen und den gehackten Kräutern in einer Schüssel verquirlen.

Die Kartoffeln schälen und zur Eimischung reiben. Den Lauch zufügen und alle Zutaten gut vermischen.

Mit einem Esslöffel kleine Kugeln von der Masse abstechen und in die bereits warme Teflonpfanne geben.

Die Küchlein mit einer Holzkelle flachdrücken und bei mittlerer Hitze auf beiden Seiten etwa 10 Minuten braten, bis sie goldgelb sind. Die Küchlein öfter wenden.

Tipps

Mit einem gemischten Salat ergibt es eine vollständige Mahlzeit.

Anstelle von Schalenkartoffeln einen Rest Kartoffelpüree verwenden.

Pro Person: 200 kcal	30 g Kohlenhydrate
10 g Protein	8 g Nahrungsfasern
4 g Fett	120 mg Cholesterin

Gratinierter Blumenkohl

300 g Blumenkohlröschen
½ Bund Petersilie
½ hartgekochtes Ei
3 EL halbfetter Frischkäse
(Philadelphia light, St-Môret léger)
2 EL Wasser
Pfeffer
gemahlene Muskatnuss
2 EL geriebener halbfetter Käse
(z. B. Schweizer Tilsiter)

Den Backofen auf 200 Grad vorheizen.

Die Blumenkohlröschen in wenig Wasser zugedeckt knackig garen, danach in eine Gratinform geben.

Die Petersilie und das Ei fein hacken und mit dem Frischkäse und Wasser mischen. Würzen.

Die Masse über die Blumenkohlröschen verteilen und im vorgeheizten Backofen 10 Minuten bei Oberhitze überbacken.

Pro Person: 117 kcal	+ g Kohlenhydrate
12 g Protein	4 g Nahrungsfasern
6 g Fett	68 mg Cholesterin

Asiatischer Hirsetopf

1 TL Öl (z. B. raffiniertes Olivenöl)
90 g rohe Goldhirse
350 ml Gemüsebouillon
200 g Tofu
Salz
300 g Lauch
1 Karotte
3 EL Wasser
1 TL Sojasauce
Cayennepfeffer
2 TL Currypulver
1 cm Ingwerwurzel

Das Öl erhitzen, die Hirse beigeben und hellbraun rösten. Mit der Gemüsebouillon ablöschen. Aufkochen, dann die Hitze stark reduzieren und die Hirse unter gelegentlichem Umrühren 15–20 Minuten zugedeckt weich kochen.

Eine beschichtete Pfanne ohne Fett erhitzen, den Tofu unter öfterem Wenden darin anbraten, herausnehmen und salzen.

Den Lauch fein schneiden, die Karotte reiben. Das Gemüse mit dem Wasser in derselben Pfanne unter häufigem Wenden bei mittlerer Hitze zugedeckt dämpfen. Sojasauce, Cayennepfeffer, Currypulver und die fein geriebene Ingwerwurzel beigeben.

Die fertiggegarte Hirse mit dem Tofu und dem Gemüse mischen, 2–3 Minuten heiß werden lassen und servieren.

Tipps

Mit Salat ergibt es eine vollständige Mahlzeit.

Ingwer können Sie bestens tiefkühlen und bei Bedarf gefroren reiben.

Anstelle von frischem Gemüse tiefgekühlte chinesische Gemüsemischung verwenden.

Wer die Karotten lieber knackig mag, kann sie in Rädchen schneiden.

Pro Person: 334 kcal	30 g Kohlenhydrate
32 g Protein	6 g Nahrungsfasern
6 g Fett	60 mg Cholesterin

Gebratene Maisschnitten

½ Paprika (Peperoni)
½ Zucchini (60 g)
400 ml Gemüsebouillon
90 g roher feiner Maisgrieß
2 Eier
Salz, Pfeffer aus der Mühle
Muskatnuss
¼ Bund Schnittlauch
40 g geriebener halbfetter Schweizer Tilsiter
1 EL raffiniertes Olivenöl

Paprika fein würfeln, Zucchini fein raspeln.

350 ml Gemüsebouillon aufkochen, die Paprikawürfelchen und den Maisgrieß beigeben. Zu einem dicken Brei kochen. Die Zucchini zufügen und 1–2 Minuten ziehen lassen.

Den Maisbrei auf ein kalt abgespültes Blech gießen und 8 mm dick ausstreichen. Einen halben Tag im Kühlschrank auskühlen lassen.

Die Eier aufschlagen, verquirlen und mit Salz, Pfeffer und Muskatnuss würzen.

Den Schnittlauch fein hacken und zusammen mit dem Reibkäse unter die Eimasse rühren.

Den ausgekühlten Maisbrei in Rechtecke schneiden, in der Eimasse wenden.

Das Öl in einer beschichteten Pfanne erhitzen und die Maisschnitten darin vorsichtig braten, öfter wenden.

Tipp

Mit verschiedenen Gemüsen oder einem Salatteller ergibt es eine vollständige Mahlzeit.

Pro Person: 356 kcal	30 g Kohlenhydrate
18 g Protein	4 g Nahrungsfasern
16 g Fett	245 mg Cholesterin

Kichererbseneintopf

120 g rohe Kichererbsen
¼ l Gemüsebouillon
80 g magerer Schinken oder Kasseler (Rippchen)
100 g Karotten
150 g Sellerie
150 g Lauch
150 g Zwiebeln
1 TL Öl (z. B. raffiniertes Olivenöl)
Pfeffer, Salz
¼ TL Rosmarinpulver
1 Msp. Chili
glattblättrige Petersilie als Garnitur

Die Kichererbsen über Nacht in viel Wasser einweichen. Abgießen und im Dampfkochtopf in der Gemüsebouillon rund 15 Minuten weich kochen.

Den Schinken würfeln, Karotte und Sellerie in zentimetergroße Würfelchen, den Lauch in Rädchen schneiden und die Zwiebeln hacken.

Das Öl erhitzen, das Gemüse und den Schinken darin kurz anziehen lassen, die Hitze zurückschalten und alles zugedeckt weich dämpfen.

Die gekochten Kichererbsen darunter mischen und den Eintopf würzen. 5 Minuten weiterkochen.

Die Petersilie fein hacken und über den Eintopf streuen.

Tipps

Mit einem gemischten Salat ergibt es eine vollständige Mahlzeit.

Bereits gekochte Kichererbsen aus der Dose verwenden.

Pro Person: 304 kcal	30 g Kohlenhydrate
25 g Protein	20 g Nahrungsfasern
7 g Fett	24 mg Cholesterin

Grießköpfchen mit feinem Pilzragout

Grießköpfchen:

400 ml Wasser

1 Lorbeerblatt

1 TL Salz

geriebene Muskatnuss

90 g Weizengrieß

etwas Butter für die Förmchen

1 Ei

2 EL halbfetter Reibkäse (z. B. Schweizer Tilsiter oder Bergkäse)

Pilz-Gemüse-Ragout:

1 Knoblauchzehe

200 g Frühlingszwiebeln (2 Stück)

200 g Zucchini oder rote Paprika (Peperoni)

200 g Champignons

2 Zweiglein Thymian

1 Bund Petersilie

1 TL Butter

100 ml Wasser

Salz, Pfeffer

1 EL Kaffeerahm (15% Fett)

½–1 ML pflanzliches Bindemittel (z. B. Nestargel)

Den Backofen auf 180 Grad vorheizen.

Das Wasser mit dem Lorbeerblatt aufkochen, Salz und Muskatnuss zufügen. Den Grieß einrühren und auf kleiner Hitze 5 Minuten kochen lassen, von Zeit zu Zeit umrühren. Vom Herd nehmen und etwas abkühlen lassen.

In der Zwischenzeit 2 Puddingförmchen (Fassungsvermögen je 200–250 ml) mit wenig Butter ausfetten.

Das Ei trennen und das Eigelb zusammen mit dem Reibkäse in die Grießmasse rühren.

Die Masse in die Puddingförmchen füllen und im vorgeheizten Ofen 15 Minuten warm halten.

Für das Pilz-Gemüse-Ragout den Knoblauch pressen. Die Frühlingszwiebeln und Zucchini oder Paprika in zentimentergroße Würfel schneiden, die Champignons putzen und vierteln. Den Thymian und die Petersilie fein hacken.

Die Butter erhitzen, den Knoblauch und das Gemüse darin andünsten, mit dem Wasser ablöschen, Thymian, Salz und Pfeffer beigeben und bei mäßiger Hitze zugedeckt knapp 10 Minuten weich dämpfen.

Den Kaffeerahm und das Bindemittel beigeben und 5 Minuten ziehen lassen.

Die Petersilie darunter mischen.

Die Grießköpfchen auf Teller stürzen und das Pilz-Gemüse-Ragout rundherum anrichten.

Tipps

Anstelle von Weizengrieß feine Polenta nehmen.

Die Frühlingszwiebeln durch Zwiebeln ersetzen.

Anstelle der Puddingfömchen einen Reisring oder eine Auflaufform verwenden, zum Anrichten in Tranchen schneiden.

Mit einem Blattsalat ergibt es eine vollständige Mahlzeit.

Das Pilz-Gemüse-Ragout auf Toast servieren.

Pro Person:	312 kcal	30 g Kohlenhydrate
	14 g Protein	7 g Nahrungsfasern
	11 g Fett	145 mg Cholesterin

Chinesische Nudeln à la vaudoise

Sauce:

je 1 gelbe und rote Paprika (Peperoni)
1 kleine Zwiebel
1 Knoblauchzehe
1 EL Olivenöl
50 ml Gemüsebouillon
Salz, Pfeffer
3 Basilikumblätter

1 kleine rote Paprika (Peperoni)
90 g rohe chinesische Nudeln
100 g halbfetter Brie
Schnittlauch zum Garnieren

Die Paprika für die Sauce entkernen und in kleine Stücke schneiden. Zwiebel und Knoblauch fein hacken.

In einer beschichteten Pfanne das Öl erwärmen und das Gemüse darin andämpfen. Mit der Bouillon ablöschen und zugedeckt weich köcheln.

Die Sauce mixen, mit Salz und Pfeffer abschmecken. Den Basilikum hacken und darunter mischen. Die Sauce beiseite stellen.

Die kleine, rote Paprika in feine Streifen schneiden, in Salzwasser kurz überwallen, herausnehmen und beiseite stellen.

Im selben Salzwasser die chinesischen Nudeln al dente kochen, gut abtropfen lassen und zurück in den Topf geben. Die Sauce zu den Teigwaren geben.

Den Brie in kleine Würfel schneiden und vorsichtig unter die Nudeln mischen.

Die Hälfte der Paprikastreifen darunter mischen, den Rest als Garnitur verwenden.

Den Schnittlauch fein hacken und darüber streuen.

Tipps

Mit einem gemischten Salat ergibt es eine vollständige Mahlzeit.

Anstelle der chinesischen gewöhnliche Nudeln verwenden.

Pro Person:	352 kcal	30 g Kohlenhydrate
	20 g Protein	10 g Nahrungsfasern
	12 g Fett	17 mg Cholesterin

Lasagne

1 Portion Vegetarische Bolognaise (Seite 80)
1 Portion Béchamelsauce (Seite 124)

1 kleiner Kohlrabi (ca. 100 g)
Salz
90 g rohe grüne Lasagneblätter (5 Stück)
3 EL Reibkäse (z. B. Parmesan oder Sbrinz)

Die Bolognaise und die Béchamelsauce wie beschrieben zubereiten.

Den Kohlrabi schälen und in 1–2 mm dicke Scheiben schneiden. Reichlich Wasser aufkochen, salzen und die Kohlrabischeiben darin 3 Minuten blanchieren, dann aus dem Wasser heben.

Das Salzwasser erneut zum Kochen bringen und die Lasagneblätter darin knapp al dente garen. Abschütten und abtropfen lassen.

Den Backofen auf 200 Grad vorheizen.

Eine Auflaufform mit der Hälfte der Lasagneblätter auslegen, mit der Hälfte der Bolognaise und der Hälfte der Béchamelsauce bedecken, nochmals eine Schicht Lasagneblätter und Sauce darauf geben.

Mit dem Reibkäse bestreuen und in der Mitte des vorgeheizten Ofens 15–20 Minuten überbacken.

Lauchgratin

450 g Lauch
3 EL Wasser
wenig Margarine
120 g Speisequark
1 Ei
50 g halbfetter Käse (z. B. Bündner oder anderer Bergkäse)
100 ml Lauchsud
Salz, Pfeffer
Muskatnuss, Paprika
120 g in der Schale gekochte Kartoffeln

Den Backofen auf 220 Grad vorheizen.

Den Lauch in Röllchen schneiden und in Salzwasser zugedeckt weich dämpfen. Dann in eine leicht ausgefettete feuerfeste Auflaufform geben.

In einer Schüssel den Quark mit dem Ei, dem geriebenen Käse und dem Lauchsud verrühren und gut würzen.

Die Kartoffeln schälen und zum Guss reiben.

Die Masse über den Lauch geben und verrühren.

Im vorgeheizten Ofen 20–25 Minuten backen.

Tipp

Mit Tomatenreis und einem gemischten Salat ergibt es eine vollständige Mahlzeit.

Pro Person:	404 kcal	30 g Kohlenhydrate
	21 g Protein	5 g Nahrungsfasern
	14 g Fett	57 mg Cholesterin

Pro Person:	274 kcal	10 g Kohlenhydrate
	25 g Protein	6 g Nahrungsfasern
	11 g Fett	135 mg Cholesterin

Rösti spezial

300 g Saisongemüse, z. B. Karotten, gelbe
Paprika (Peperoni), Zucchini, Blumenkohl
100 g Champignons
1 kleine Zwiebel
1 Knoblauchzehe
360 g in der Schale gekochte Kartoffeln
vom Vortag
1 TL Öl (z. B. raffiniertes Olivenöl)
Salz, Pfeffer
Currypulver
120 g halbfetter Käse (z. B. Appenzeller
oder Schweizer Tilsiter)

Das Gemüse vorbereiten und in etwa gleichgrosse Stücke schneiden. Die Champignons blättrig schneiden. Die Zwiebel in Streifen schneiden. Den Knoblauch pressen. Die Kartoffeln schälen und fein reiben.

Das Öl in einer beschichteten Pfanne erhitzen, Zwiebel und Knoblauch kurz darin anziehen lassen. Gemüse und Kartoffeln beigeben und zugedeckt 5 Minuten dämpfen. Mit Salz, Pfeffer und Currypulver abschmecken.

Die Hitze höher stellen und die Rösti 2 Minuten ohne Fett braten, öfter wenden.

Die Hitze wieder auf mittlere Stufe senken und die Rösti auf jeder Seite etwa 10 Minuten braten. Dabei zwei- bis dreimal wenden.

Den Käse reiben, in den letzten paar Minuten über die Rösti streuen und zugedeckt schmelzen lassen.

Tipps

Mit Salat ergibt es eine vollständige Mahlzeit.

Anstelle von frischem Gemüse eine tiefgekühlte Gemüsemischung nehmen.

Anstelle von frischen Champignons bereits geschnittene Champignons aus der Dose oder dem Beutel verwenden.

Anstelle von Champignons gemischte frische Pilze verwenden.

Gemüse und Champignons durch 1 Packung getrocknete Pilze (ca. 40 Gramm) ersetzen. Diese nach Anleitung einweichen, mit Zwiebel und Knoblauch andämpfen und danach zu den Kartoffeln geben.

Pro Person:	345 kcal	30 g Kohlenhydrate
	24 g Protein	10 g Nahrungsfasern
	14 g Fett	36 mg Cholesterin

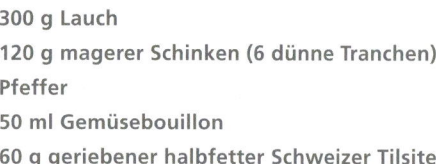

Gratinierte Lauch-Schinken-Rollen

300 g Lauch
120 g magerer Schinken (6 dünne Tranchen)
Pfeffer
50 ml Gemüsebouillon
60 g geriebener halbfetter Schweizer Tilsiter

Den Backofen auf 180 Grad vorheizen.

Den Lauch längs halbieren und waschen. In 5 cm lange Stücke schneiden. Auf dem Siebeinsatz über Dampf 10 Minuten weich dämpfen.

Die Schinkentranchen längs halbieren und die Lauchstücke mit den Schinkentranchen umwickeln. In eine Auflaufform reihen. Etwas pfeffern, die Bouillon zugießen und den Reibkäse darüber verteilen.

Im vorgeheizten Ofen 15–20 Minuten überbacken.

Tipps

Mit Ofenkartoffeln und einem gemischten Salat ergibt es eine vollständige Mahlzeit.

Anstelle von Lauch Zucchini oder Chicorée verwenden.

Pikanter Reisgratin ▶

90 g roher Langkornreis
400 ml Gemüsebouillon
100 g rote Paprika (Peperoni)

Guss:
½ Bund Basilikum
½ Bund Petersilie
1 Ei
40 g Blanc battu (fettarmer Frischkäse, ersatzweise Speisequark)
100 ml fettreduzierte Milch
Salz, Pfeffer, Muskatnuss

60 g halbfetter Bergkäse

Den Reis in der Gemüsebouillon weich kochen.

Die Paprika in Streifen oder Würfelchen schneiden und beides in eine Auflaufform füllen.

Den Backofen auf 220 Grad vorheizen.

Für den Guss die Kräuter fein hacken, mit den übrigen Zutaten vermischen und über den Gratin gießen.

Den Käse reiben und über den Gratin streuen.

In der Mitte des vorgeheizten Ofens 20–25 Minuten überbacken.

Tipps

Mit Rosenkohl, Spinat oder einer anderen Gemüsebeilage ergibt es eine vollständige Mahlzeit.

Anstelle von Paprika Lauch oder Broccoli verwenden.

Pro Person: 190 kcal	+ g Kohlenhydrate
25 g Protein	3 g Nahrungsfasern
8 g Fett	48 mg Cholesterin

Pro Person: 307 kcal	30 g Kohlenhydrate
18 g Protein	2 g Nahrungsfasern
9 g Fett	113 mg Cholesterin

Teigwarengratin

90 g rohe Teigwaren (Hörnli, Hörnchennudeln)
300 g Broccoli
40 g magerer Schinken

Guss:
60 g halbfetter Käse (z. B. Schweizer Tilsiter, Bergkäse)
100 ml fettreduzierte Milch
60 g Hüttenkäse (Cottage Cheese)
1 Knoblauchzehe
Salz, Pfeffer, Muskatnuss
frischer Basilikum oder Schnittlauch

Die Teigwaren al dente kochen, abschütten und beiseite stellen.

Den Broccoli vorbereiten und kurz blanchieren. Den Schinken in Würfelchen schneiden. Den Backofen auf 200 Grad vorheizen. Teigwaren, Broccoli und Schinken mischen und in eine kleine Auflaufform füllen. Für den Guss den Käse reiben.

Milch, Hüttenkäse, den gepressten Knoblauch, Salz, Gewürze und die fein geschnittenen frischen Kräuter mischen, den Käse beigeben und den Guss über dem Gratin verteilen.

In der Mitte des vorgeheizten Ofens rund 20 Minuten gratinieren.

Tipps

Anstelle von frischem Broccoli tiefgekühlten verwenden. Broccoli durch ein anderes Gemüse ersetzen, z. B. durch Tomatenscheiben, Fenchel oder eine Gemüsemischung. Mit einem gemischten Salat ergibt es eine vollständige Mahlzeit.

Pro Person: 355 kcal	30 g Kohlenhydrate
29 g Protein	8 g Nahrungsfasern
10 g Fett	35 mg Cholesterin

Sauerkrautgratin

120 g mageres Schweinsragout
Salz, Pfeffer
1 TL Öl (z. B. raffiniertes Olivenöl)
1 Zwiebel, gehackt
½ EL Tomatenpüree
50 ml Rotwein
100 ml Gemüsebouillon
200 g rohes oder gekochtes Sauerkraut
360 g Kartoffelpüree vom Vortag
50 g geriebener Greyerzer

Das Fleisch in etwa 8 gleichgroße Stücke teilen, salzen und pfeffern. Bratpfanne erhitzen, Öl beigeben und Fleisch darin auf hoher Hitze anbraten.

Die Zwiebel und das Tomatenpüree beigeben, mitbraten und mit Rotwein ablöschen. Die Bouillon zugießen und das Fleisch 20 Minuten auf kleiner Hitze weich kochen.

Den Backofen auf 200 Grad vorheizen.

Den Boden einer Auflaufform mit Sauerkraut auslegen und das Ragout darauf verteilen. Das Kartoffelpüree gleichmäßig darauf ausstreichen. Mit dem Käse bestreuen. Im vorgeheizten Ofen 30 Minuten backen.

Tipps

Anstelle von selbst gemachtem Kartoffelpüree fixfertiges Püree zum Anrühren verwenden; Analyse beachten und so viel davon nehmen, dass es insgesamt für 2 Personen 60 g Kohlenhydrate ergibt.

Zusammen mit einem gemischten Salat ergibt es eine vollständige Mahlzeit.

Pro Person: 359 kcal	30 g Kohlenhydrate
27 g Protein	5 g Nahrungsfasern
16 g Fett	73 mg Cholesterin

Gemüsekuchen

150 g fertiger Pizzateig oder
Quarkteig von Seite 109
evtl. Weizenkleie

100 g Karotten
150 g Zucchini
50 ml Gemüsebouillon
2 mittlere Tomaten (200 g)
40 g magerer Schinken

Guss:
1 Ei
50 ml Gemüsebouillon
2 EL Halbrahm
Muskatnuss, Pfeffer

½ Bund Basilikum
½ Bund Oregano
80 g halbfetter Bergkäse

Den Backofen auf 200 Grad vorheizen.

Den Pizzateig zwischen zwei Lagen Pergamentpapier dünn auswallen, eventuell mit den Händen dünn auseinander ziehen. Eine Springform oder Kuchenform (22 cm Durchmesser) damit auslegen, die Ränder mit einer Gabel festdrücken. Den Boden mit einer Gabel einstechen, eventuell mit etwas Weizenkleie bestreuen, um entstehende Flüssigkeit aufzusaugen.

Die Karotten und Zucchini vierteln und blättrig schneiden. In der Bouillon zugedeckt knapp weich dämpfen, die Bouillon abgießen.

Die Tomaten und den Schinken würfeln.

Das Gemüse und die Schinkenwürfelchen auf dem Teigboden verteilen.

Alle Zutaten für den Guss miteinander verquirlen und über den Belag gießen.

Basilikum und Oregano hacken und darüber streuen.

Den Käse reiben und ebenfalls darüber verteilen.

In der Mitte des vorgeheizten Ofens 40–45 Minuten backen.

Tips

Ergänzt mit einem reichhaltigen Salat, ergibt dies eine vollständige Mahlzeit.

Statt Karotten und Zucchini Paprika (Peperoni), Blumenkohl oder Lauch nehmen.

Tiefgekühltes Gemüse verwenden.

Pro Person:	483 kcal	30 g Kohlenhydrate
	28 g Protein	6 g Nahrungsfasern
	22 g Fett	138 mg Cholesterin

Maispizza

1 Knoblauchzehe
300 ml Gemüsebouillon
90 g roher feiner Maisgrieß
Pfeffer, Muskatnuss
Öl für das Kuchenblech

Belag:
3 kleine Tomaten (250 g)
½ Zwiebel
1 grüne Paprika (Peperoni)
100 g Pilze
60 g magerer Schinken
1 EL Wasser
frischer Basilikum
Oregano
Salz, Pfeffer
40 g halbfetter Formagella (italienischer Weiß-
schimmelkäse)

Den Mais am Vorabend zubereiten: Den Knoblauch fein hacken, mit der Bouillon aufkochen, den Maisgrieß langsam einrühren und 10–15 Minuten unter häufigem Rühren weich köcheln. Mit wenig Pfeffer und Muskatnuss abschmecken.

Ein Kuchenblech (24 cm Durchmesser) mit Pergamentpapier auslegen und die Ränder mit wenig Öl bepinseln.

Den Maisbrei auf dem Kuchenblech ausstreichen und erkalten lassen.

Den Backofen auf 200 Grad vorheizen.

Für den Belag die Tomaten in kleine Würfelchen schneiden und die Zwiebel fein hacken. Die Paprika in Streifen und die Pilze blättrig schneiden. Den Schinken in Würfelchen schneiden.

Die Zwiebel ohne Fettstoff mit 1 EL Wasser bei mittlerer Hitze kurz andämpfen, das Gemüse beigeben und weich dämpfen. Nach Belieben pürieren. Beiseite stellen.

Die Tomatenmasse auf dem Maisboden ausstreichen und den Schinken darüber verteilen.

Basilikum und Oregano fein hacken und zusammen mit Salz und Pfeffer über die Pizza streuen.

Den Käse fein reiben und über der Pizza verteilen.

In der Mitte des vorgeheizten Ofens 20 Minuten backen.

Tipps

Mit einem reichhaltigen Gemüsesalat ergibt es eine vollständige Mahlzeit.

Instant-Mais verwenden; Sie verkürzen so die Vorbereitungszeit.

Anstelle von frischen Tomaten 1 TL Tomatenpüree und Dosentomaten (Pelati) verwenden.

Pro Person:	340 kcal	30 g Kohlenhydrate
	26 g Protein	8 g Nahrungsfasern
	9 g Fett	33 mg Cholesterin

Ofenguck

360 g Kartoffeln

1 Eigelb

2 EL fettreduzierte Milch

3 EL Halbrahm

40 g magerer Schinken

Salz, Pfeffer aus der Mühle

Muskatnuss

1 EL geriebener halbfetter Schweizer Tilsiter

2 Eigelb

Pfeffer

½ Bund Petersilie

Die geschälten Kartoffeln in Salzwasser weich kochen. Anschließend das Wasser abgießen und die Kartoffeln durch das Passiergerät drehen oder fein stampfen.

Eigelb, Milch und Rahm zum Kartoffelpüree geben und gut verquirlen.

Den Schinken in Würfel schneiden und ebenfalls untermischen.

Die Masse mit Salz, Pfeffer und Muskatnuss abschmecken.

Den Backofen auf 220 Grad vorheizen.

Die Masse gleichmäßig (eventuell mit dem Spritzsack mit großer Tülle) in zwei Auflaufförmchen verteilen. Mit dem Käse bestreuen.

10 Minuten auf der zweituntersten Rille im vorgeheizten Backofen überbacken.

Die Förmchen kurz aus dem Ofen nehmen, mit einem Esslöffel je eine Vertiefung in die Masse drücken und je ein Eigelb hineinlaufen lassen. Etwas pfeffern.

Nochmals 4–5 Minuten im Ofen überbacken.

In der Zwischenzeit die Petersilie fein hacken und vor dem Servieren darüber streuen.

Tipps

Mit einem reichhaltigen Salat ergibt es eine vollständige Mahlzeit.

Bereits fertiges Kartoffelpüree verwenden.

Das nicht gebrauchte Eiweiß einzeln einfrieren und z. B. für eine schaumige Dessertcreme weiterverwenden.

Pro Person: 308 kcal	30 g Kohlenhydrate
15 g Protein	5 g Nahrungsfasern
15 g Fett	398 mg Cholesterin

Kartoffel-Spinat-Gratin

400 g Blattspinat
360 g rohe Kartoffeln
1 kleine Zwiebel
Salz, Pfeffer
½ TL Curry

Guss:
1–2 Zweiglein Thymian
1 Knoblauchzehe
200 ml kräftige Gemüsebouillon
Pfeffer, Muskatnuss
100 g Speisequark
100 g geriebener halbfetter Bergkäse
3 EL Kaffeerahm (15% Fett)

Den Backofen auf 220 bis 250 Grad vorheizen.

Den Spinat waschen und in mundgerechte Stücke zupfen. Die Kartoffeln schälen und in 2 mm feine Scheiben schneiden. Die Zwiebel fein hacken.

Die Hälfte des Spinats auf dem Boden einer Auflaufform verteilen, die Kartoffelscheiben darüber schichten, mit den Zwiebeln bestreuen und den restlichen Spinat darüber verteilen. Mit Salz, Pfeffer und Curry würzen.

Für den Guss den Thymian fein hacken und den Knoblauch pressen. Mit allen übrigen Zutaten vermischen und über den Gratin verteilen.

In der Mitte des vorgeheizten Ofens 40–50 Minuten gratinieren.

Tipps

Mit einem reichhaltigen gemischten Salat ergibt es eine vollständige Mahlzeit.

Anstelle von frischem Spinat tiefgekühlten verwenden.

Anstelle von rohen Kartoffeln gekochte Kartoffeln vom Vortag verwenden, die Backzeit verkürzt sich dann auf 20 Minuten.

Pro Person: 347 kcal	30 g Kohlenhydrate
30 g Protein	11 g Nahrungsfasern
12 g Fett	25 mg Cholesterin

Maiskuchen

200 ml fettreduzierte Milch

100 ml Wasser

1 Prise Salz

10 g Butter

1 Zitrone, Schale und Saft

75 g roher feiner Maisgrieß

80 g geschälte Birne (1 kleine)

6 EL Halbrahm

2 Tropfen flüssiger Süßstoff

160 g säuerlicher Apfel (1 mittlerer)

wenig Süßstoffpulver

Zimt

Öl für die Springform

Milch und Wasser zusammen mit dem Salz, der Butter, der abgeriebenen Zitronenschale und dem Saft aufkochen.

Den Maisgrieß langsam einrühren und rund 20 Minuten bei schwacher Hitze unter häufigem Rühren zugedeckt köcheln lassen.

Die Birne in kleine Stückchen schneiden und mit dem Rahm und dem flüssigen Süßstoff zur Maismasse geben. Gut mischen.

Den Backofen auf 180 Grad vorheizen. Den Boden einer Springform (15 cm Durchmesser) mit Pergamentpapier auskleiden. Die Ränder mit etwas Öl bepinseln. Die Grießmasse etwa 3 cm hoch einfüllen.

Die Äpfel in feine Schnitze schneiden und den Teig damit ringförmig dicht belegen.

Mit Zimt und wenig Süßstoffpulver bestreuen und in der Mitte des vorgeheizten Ofens 30 Minuten backen.

Tipps

Der Maiskuchen kann warm und kalt gegessen werden.

Die Kohlenhydrate decken sowohl die Stärkebeilage wie das Dessert ab.

Nach einer Gemüsesuppe oder einem reichhaltigen Salatteller als Vorspeise servieren.

Anstelle von Maisgrieß Weizengrieß verwenden.

Anstelle von zwei Fruchtsorten nur eine verwenden Anstelle der frischen Früchte einen Rest ungezuckertes Kompott verwenden.

Pro Person:	340 kcal	45 g Kohlenhydrate
	8 g Protein	4 g Nahrungsfasern
	13 g Fett	32 mg Cholesterin

Haferbrei

400 ml fettreduzierte Milch
200 ml Wasser
2 Prisen Salz
60 g Haferflocken
flüssiger Süßstoff nach Belieben
Zimt

Milch und Wasser zusammen aufkochen.

Das Salz und die Haferflocken beigeben und 10 Minuten zu einem Brei köcheln lassen.

Nach Belieben süßen und mit Zimt abschmecken.

Tips

Die Haferflocken können Sie durch Weizengrieß ersetzen, die Kochzeit ist dann kürzer.

Statt Zimt Vanilleschote nehmen. Diese aufschlitzen und mit der Milch aufkochen lassen. Am Ende der Kochzeit die Schote entfernen.

Auch als ideales Frühstück vor einer sportlichen Leistung geeignet, da er lang anhaltend sättigt.

Pro Person:	224 kcal	30 g Kohlenhydrate
	10 g Protein	1 g Nahrungsfasern
	8 g Fett	10 mg Cholesterin

Birnenwähe

100 g Kuchenteig
wenig Butter
320 g geschälte Birnen

Guss:
1 Ei
100 g Speisequark
100 ml fettreduzierte Milch
wenig flüssiger Süßstoff
Zitronensaft
Zimt

Den Backofen auf 200 Grad vorheizen.

Den Kuchenteig ohne Mehl zwischen zwei Schichten Haushaltfolie ausrollen.

Ein Kuchenblech (20 cm Durchmesser) leicht mit Butter ausfetten, mit dem Teig auslegen. Den Teigboden mit einer Gabel einstechen.

Die Birnen in feine Schnitze schneiden und auf dem Teig verteilen.

Die Zutaten für den Guss gut verrühren und über den Kuchen gießen.

Im vorgeheizten Ofen 45 Minuten backen.

Tipps

Obst je nach Saisonangebot wählen.

Den Kuchen mit Nüssen oder Mandelblättchen bestreuen (Fett!).

Pro Person:	400 kcal	40 g Kohlenhydrate
	15 g Protein	5 g Nahrungsfasern
	18 g Fett	121 mg Cholesterin

Zwetschgenauflauf

100 g Vollkornbrot
200 ml fettreduzierte Milch
100 ml Wasser
30 g Minarine oder Light-Butter
flüssiger Süßstoff nach Belieben
2 Eigelb
½ Zitrone, Schale und Saft
180 g Zwetschgen
50 g Mandeln
1 Msp. Zimt
2 Eiweiß

Das Vollkornbrot in kleine Würfelchen schneiden.

Milch und Wasser zusammen aufkochen, über die Brotwürfelchen gießen und diese nach 5–10 Minuten mit einer Gabel zerdrücken.

Fettstoff, Süßstoff, Eigelb, Zitronenschale und Zitronensaft zusammen schaumig rühren.

Den Backofen auf 180 Grad vorheizen.

Die Zwetschgen halbieren, entsteinen und in feine Scheiben schneiden, zusammen mit den Mandeln und dem Zimt zur Masse geben und gut mischen.

Das Eiweiß steif schlagen und vorsichtig unter die Masse ziehen.

In eine mittelgrosse Auflaufform gießen und auf der untersten Rille des vorgeheizten Ofens etwa 30 Minuten backen.

Tipps

Mit einer Gemüsesuppe als Vorspeise ergibt es eine vollständige Mahlzeit.

Nach Belieben zusätzlich ein Zwetschgenkompott dazu servieren.

Anstelle von Zwetschgen Kirschen verwenden.

Anstelle von frischen Zwetschgen tiefgekühlte nehmen.

Den Auflauf in zwei kleinen Portionen-Auflaufförmchen backen.

Pro Person: 490 kcal	35 g Kohlenhydrate
20 g Protein	9 g Nahrungsfasern
28 g Fett	243 mg Cholesterin

Zwiebackauflauf

200 ml fettreduzierte Milch

100 ml Wasser

½ Vanillestengel

75 g Vollkornzwieback ohne Zuckerzusatz

200 g entsteinte Aprikosen

Zitronensaft

1 Eigelb

100 g Speisequark

flüssiger Süßstoff nach Belieben

2 EL Kaffeerahm (15% Fett)

1 Orange, nur die Schale

30 g Haselnüsse

1 Eiweiß

Milch und Wasser zusammen aufkochen, den aufgeschlitzten Vanillestengel beifügen.

Den Zwieback leicht zerkleinern und zugeben, etwas ziehen lassen.

Mit einer Gabel den Zwieback zerdrücken und die Masse zu einem Brei rühren. Die Samen aus dem Vanillestengel auskratzen.

Die Aprikosen fein schneiden und zusammen mit etwas Zitronensaft zur Zwiebackmasse geben.

Eigelb, Quark, Süßstoff und Kaffeerahm verrühren und die Orangenschale hineinreiben.

Die Haselnüsse ohne Fettstoff in einer beschichteten Pfanne leicht anrösten, beiseite stellen und etwas auskühlen lassen. Dann zu der Eimasse geben.

Den Backofen auf 180 Grad vorheizen.

Das Eiweiß steif schlagen und vorsichtig unter die Eimasse ziehen.

Ei- und Zwiebackmasse vorsichtig miteinander mischen, in eine Auflaufform füllen und im vorgeheizten Backofen auf der untersten Rille 30–35 Minuten backen.

Tipps

Anstelle von frischen Aprikosen tiefgekühlte ohne Zuckerzusatz verwenden.

Mit einer Gemüsesuppe als Vorspeise ergibt es eine vollständige Mahlzeit.

Pro Person:	475 kcal	45 g Kohlenhydrate
	23 g Protein	6 g Nahrungsfasern
	21 g Fett	133 mg Cholesterin

Pfirsichkuchen mit Quarkteig

Teig:
90 g Mehl Typ 550 (Ruchmehl)
Salz
20 g Margarine
60 g Speisequark

Belag:
300 g frische Pfirsiche ohne Stein

Guss:
1 großes Ei
80 g Speisequark
50 ml fettreduzierte Milch
1 Msp. Zimt
½ Zitrone, Saft und Schale
flüssiger Süßstoff nach Belieben

Für den Teig Mehl und Salz mischen, die Margarine in Flocken beigeben und mit den Fingern verreiben. Den Quark zugeben und alles rasch zu einem Teig zusammenfügen. Nur kurz kneten. Zwei Bleche (12 cm Durchmesser) mit je einer halben Portion Teig auslegen.

Die Pfirsiche halbieren, den Stein entfernen und das Fruchtfleisch in feine Scheiben schneiden, die Teigböden mit jeweils der Hälfte der Pfirsichschnitze belegen.

Den Backofen auf 180 Grad vorheizen.

Für den Guss das Ei verquirlen, die übrigen Zutaten zugeben und vermischen. Gleichmäßig auf die zwei Bleche verteilen.

Im vorgeheizten Ofen auf der zweituntersten Rille etwa 30 Minuten backen.

Tipps

Mit einer Gemüsesuppe als Vorspeise ergibt es eine vollständige Mahlzeit.

Der Teig kann tiefgekühlt werden.

Halb Weißmehl halb Vollkornmehl verwenden.

Anstelle von frischen Pfirsichen Pfirsichkompott ohne Zucker verwenden.

Anstelle von Pfirsichen Waldbeeren, Birnen oder Zwetschgen verwenden

Pro Person: 396 kcal	45 g Kohlenhydrate
21 g Protein	5 g Nahrungsfasern
13 g Fett	122 mg Cholesterin

Gefülltes Partybrot

Für 4 Personen

300 g Vollkornbrot (länglicher Laib)
1 Zwiebel
1 Knoblauchzehe
1 Karotte
2 Essiggurken
1 gelbe Paprika (Peperoni)
150 g mageres, gehacktes Rindfleisch
1 TL Tomatenpüree
50 ml Rotwein
Salz, Pfeffer
150 ml Gemüsebouillon
½ Bund Basilikum
½ Bund Petersilie
1 Zweiglein Thymian
120 g halbfetter Bergkäse
2 TL geriebener Parmesan

Das Brot längs waagrecht durchschneiden und beide Brothälften aushöhlen.

Das zerkrümelte Brot in eine Schüssel geben.

Die Zwiebel hacken, den Knoblauch pressen, die Karotte fein reiben, die Essiggurken und die Paprika fein würfeln.

Das Fleisch ohne Fettstoff anbraten. Zwiebel, Knoblauch und Tomatenpüree beigeben und weiterbraten, bis es gut riecht, dann mit dem Rotwein ablöschen.

Das Gemüse, Brotkrumen, Gewürze und Bouillon beigeben und 10 Minuten köcheln lassen.

In der Zwischenzeit den Backofen auf 200 Grad vorheizen.

Die Kräuter fein hacken und den Käse würfeln.

Am Schluss Kräuter und Käse unter die Masse rühren und damit das ausgehöhlte Brot füllen. Mit Parmesan bestreuen.

Im vorgeheizten Ofen 10–15 Minuten auf der untersten Rille überbacken.

Tipps

Mit zwei bis drei verschiedenen Gemüsesalaten ergibt es eine vollständige Mahlzeit.

Anstelle eines ganzen Brotes Vollkorntoastbrotscheiben oder einzelne kleine Brötchen nehmen.

Kann kalt und warm gegessen werden.

Wer's gerne etwas kräftiger mag, verwendet anstelle von Paprika Lauch.

Pro Person:	330 kcal	30 g Kohlenhydrate
	23 g Protein	8 g Nahrungsfasern
	11 g Fett	31 mg Cholesterin

Ideen für Grilladen

Gemüse

Pro Person 200 g Tomaten, Auberginenscheiben oder
Zucchinischeiben
Öl (z. B. Olivenöl)

Die Gemüsescheiben mit wenig Öl bepinseln und
auf den Grill legen. Öfter wenden.

Dazu passt Reissalat, Kartoffelsalat oder Brot.

Lammsteak

Pro Person 100–150 g Lammsteak
Marinade siehe unten

Das Fleisch marinieren, am besten über Nacht oder
mindestens 2 Stunden vor dem Grillieren.

Vor dem Grillieren die Marinade abstreifen und
in ein Schälchen füllen.

Das Fleisch nahe über der Glut auf den Grill legen. Sobald kleine Flüssigkeitstropfen auf der
Oberfläche des Fleisches erscheinen, das Steak
wenden. Die zweite Seite gleich lang wie die erste
grillieren.

Kurz vor Ende der Grillzeit die Oberfläche mit
Marinade bestreichen.

Rotweinmarinade

½ Bund Oregano
½ Bund Thymian
1 Knoblauchzehe
50 ml Rotwein
2 EL Olivenöl
½ EL Tomatenpüree
½ TL Worcestershiresauce
2 Lorbeerblätter

Die Kräuter fein hacken, den Knoblauch pressen.

Alle Zutaten vermischen.

Passt gut zu Lamm, Geflügel, Gemüse oder Tofu.

Pro Person: 104 kcal	+ g Kohlenhydrate
+ g Protein	+ g Nahrungsfasern
10 g Fett	0 mg Cholesterin

Fischspießchen

Pro Person 100–150 g Lachs, Thunfisch, Kabeljau,
Zander, gemischt, in Würfeln
Marinade siehe unten

Die Fischstücke marinieren, die Marinade abtropfen lassen und die Fischstücke auf Spieße stecken.

In einer Aluschale oder in Alufolie auf den Grill
legen. Die Hitze sollte nicht zu stark sein, sonst
trocknet der Fisch zu sehr aus.

Sobald der Fisch nicht mehr glasig ist, servieren.

Joghurtmarinade

½ Bund Kerbel oder Petersilie
½ Orange, Saft und abgeriebene Schale
2 EL Orangensaft
90 g Joghurt nature, teilentrahmt
Paprika
1 Msp. Safran
Cayennepfeffer, Zimt

Die Kräuter fein hacken.

Alle Zutaten vermischen.

Passt gut zu Lamm, Schwein, Geflügel oder
Fisch.

Pro Person:	23 kcal	3 g Kohlenhydrate
	2 g Protein	0 g Nahrungsfasern
	1 g Fett	+ mg Cholesterin

Truthahn tonnato

Für 4 Personen

200–250 g geräucherte Truthahnbrust,
dünn geschnitten

Thunfischsauce:
1 Dose Thunfisch ohne Ölzusatz (155 g)
60 g Blanc battu (fettarmer Frischkäse,
ersatzweise Speisequark)
1 EL Speisequark
1 EL Light-Mayonnaise
1 TL Zitronensaft
1 EL Kaffeerahm (15% Fett)
Salz, Pfeffer

Garnitur:
1 Zwiebel, 3 EL Kapern und ½ Bund Petersilie

Für die Sauce den Thunfisch in eine Schüssel geben
und mit der Gabel etwas zerdrücken. Die übrigen
Saucenzutaten dazugeben und kräftig zu einer feinen Masse schlagen. Kühl stellen.

Das Truthahnfleisch auf einer Platte schön an-
richten. Vor dem Servieren etwas Sauce über einen
Teil des Fleisches geben, die restliche Sauce separat
dazu servieren. Für die Garnitur die Zwiebel in
Ringe schneiden und die Platte mit Zwiebelringen,
Kapern und Petersilie ausgarnieren.

Tipp

Mit Vollkorn-Knoblauchbrot und verschiedenen
Gemüsesalaten ergibt es eine vollständige Mahlzeit.

Pro Person:	191 kcal	+ g Kohlenhydrate
	24 g Protein	+ g Nahrungsfasern
	10 g Fett	40 mg Cholesterin

Salmterrine

Für 6 Personen

50 ml Gemüsebouillon
¼ ML pflanzliches Bindemittel (z. B. Nestargel)
200 ml Halbrahm
350 g Salm, ohne Haut und Gräten
Salz, weißer Pfeffer
40 g Halbrahm
50 g Steinbutt oder Zander
½ Bund Dill
50 g Champignons
Zitronensaft
10 g Trüffel oder Totentrompeten
Cayennepfeffer
Dillzweiglein zur Garnitur

Den Backofen auf 80 Grad vorheizen.

Die Gemüsebouillon kurz erhitzen, das Bindemittel einrühren, von der Herdplatte ziehen und 2–5 Minuten ziehen lassen. Den Halbrahm zugeben, unterrühren und nochmals 10 Minuten ziehen lassen.

200 g vom Salm leicht würzen und mit zwei Dritteln der Rahm-Bouillon-Mischung im Mixer zu einer Creme verarbeiten.

Den Halbrahm – direkt aus dem Kühlschrank – zu Schlagrahm schlagen und vorsichtig unter die Salmmasse ziehen.

Den Steinbutt mit der restlichen Rahm-Bouillon-Mischung im Mixer zu einer Creme verarbeiten. Nach Belieben leicht salzen und pfeffern. Den Dill fein hacken und unter die Steinbuttcreme mischen.

Die Champignons in sehr feine Streifen schneiden, mit Zitronensaft beträufeln und ebenfalls unter die Steinbuttcreme mischen.

Eine Cakeform (ca. 28 cm lang, 8 cm breit) großzügig mit Klarsichtfolie auslegen. Den Backofen auf 80 Grad vorheizen.

Zuerst den Boden und die Wände (ca. 4–5 cm hoch) mit einem Teil der Salmcreme bestreichen, darauf die Steinbuttcreme geben. Den restlichen Salm in feine Tranchen schneiden und auf die Steinbuttcreme legen. Die Trüffel fein hobeln, darüber verteilen und die Form mit der restlichen Salmcreme auffüllen.

Die Terrine mit Folie verschließen und in eine feuerfeste Form stellen, diese mit möglichst viel Wasser auffüllen (Wasserbad). Das Wasserbad bis zum Siedepunkt erhitzen.

Dann die Terrine auf der zweituntersten Rille im vorgeheizten Ofen rund eine Stunde garen.

Nadelprobe: Eine Nadel in die Mitte der Terrine stecken und wieder herausziehen. Wenn die Nadel warm ist, ist die Terrine fertig.

Aus dem Ofen nehmen und etwa einen halben Tag im Kühlschrank auskühlen lassen.

Mit Dillspitzen und Cayennepfeffer garnieren.

Tipps

Anstelle einer Cakeform einen Reisring verwenden.

Wenn Sie eine Porzellan-Terrinenform verwenden, verlängert sich die Garzeit auf 90 Minuten.

Achten Sie darauf, dass Sie den Fisch und den Rahm möglichst kalt mixen.

Anstelle des Steinbuts eignen sich alle eiweißreichen, grätenfreien Fische, wie z. B. Hecht, Zander, Rotbarsch, Seeteufel.

Mit verschiedenen Salaten und frischem Vollkornbrot ergibt es eine vollständige Mahlzeit.

Pro Person:	227 kcal	+ g Kohlenhydrate
	14 g Protein	+ g Nahrungsfasern
	18 g Fett	56 mg Cholesterin

Schinken an Champagnersauce

Für 4 Personen

500 g Kasseler Schinken (Rollschinken)

400 ml Champagner brut

2 Zwiebeln

1 Knoblauchzehe

2 Karotten

¼ Knollensellerie

1 kleine Tomate

1 EL körniger Senf

1 TL Tomatenpüree

1 EL Cognac

Pfeffer

Den Schinken im Champagner über Nacht marinieren.

Die Zwiebeln und den Knoblauch vierteln, Karotten, Sellerie und Tomate würfeln.

Den Schinken herausheben, in einen Brattopf legen und das geschnittene Gemüse beigeben.

Senf und Tomatenpüree zufügen und vermischen, den Schinken mit dem Champagner begießen und 40 Minuten schmoren lassen. Von Zeit zu Zeit mit Champagner benetzen.

Den Schinken herausnehmen und warm stellen. Die Sauce aufkochen, mit dem Stabmixer pürieren, mit Pfeffer abschmecken und den Cognac beigeben.

Den Schinken aufschneiden, einen Teil der Sauce auf eine Platte gießen, das Fleisch darauf anrichten und den Rest der Sauce separat dazu servieren.

Tipps

Mit Ofenkartoffeln oder Kartoffelsalat und einem gemischten Salat oder verschiedenen Gemüsesalaten oder gedämpften Bohnen ergibt es eine vollständige Mahlzeit.

Falls Sie ein größeres Fleischstück verwenden, verlängert sich die Schmorzeit entsprechend.

Pro Person: 220 kcal	+ g Kohlenhydrate
24 g Protein	2 g Nahrungsfasern
4 g Fett	60 mg Cholesterin

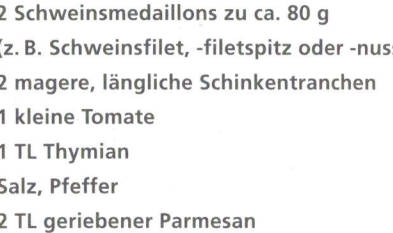

Schweinsmedaillon mit Tomaten

2 Schweinsmedaillons zu ca. 80 g
(z. B. Schweinsfilet, -filetspitz oder -nuss)
2 magere, längliche Schinkentranchen
1 kleine Tomate
1 TL Thymian
Salz, Pfeffer
2 TL geriebener Parmesan

Die Schweinsmedaillons mit je einer Schinkentranche umlegen und diese mit Küchengarn festbinden. Die Medaillons bei mittlerer Hitze ohne Fett auf den Fleischseiten je 1 Minute anbraten, dann auf der Schinkenseite ringsherum 2–3 Minuten anbraten. Die Hitze reduzieren und die Medaillons unter häufigem Wenden weitere 3 Minuten braten.

Von der Tomate 2 Scheiben abschneiden, den Rest für einen Salat verwenden. Die Tomatenscheiben am Rand der Bratpfanne kurz andünsten, ab und zu wenden. Den Thymian hacken und auf die Tomatenscheiben verteilen.

Die Schweinsmedaillons salzen und pfeffern, auf jedes Medaillon eine Tomatenscheibe legen und mit dem Parmesan bestreuen, die Hitze abschalten.

Die Bratpfanne zudecken und stehen lassen, bis der Käse geschmolzen ist.

Tipps

Mit Safranrisotto oder Kartoffelpüree und einem gedämpften Gemüse ergibt es eine vollständige Mahlzeit.

Falls Sie größere Fleischstücke verwenden, verlängert sich die Garzeit entsprechend.

Pro Person:	112 kcal	+ g Kohlenhydrate
	21 g Protein	1 g Nahrungsfasern
	3 g Fett	58 mg Cholesterin

Gefüllte Tortillas ▶

Ein ideales Gericht zum Vorbereiten. Alle Zutaten stehen auf dem Tisch und jeder Gast kann sich nach seinem Geschmack seine Tortillas selbst füllen. Dann werden sie zur Hälfte zusammengeschlagen und entweder mit der Hand oder mit Messer und Gabel gegessen.

Für 4 Personen

8 Stück fertige Tortillas
(erhältlich in Spezialitätenabteilungen von
Supermärkten und Spezialitätengeschäften)

Enchilada (siehe Seite 120)
Guacamole (siehe Seite 120)

½ Kopf Eisbergsalat
60 g geriebener halbfetter Schweizer Tilsiter
Sambal Oelek

Die Enchilada kochen.

Die Guacamole zubereiten.

Den Eisbergsalat in Streifen schneiden und in eine Schüssel geben.

Den Reibkäse in eine Schale füllen.

Sambal Oelek ebenfalls in ein kleines Schälchen füllen.

Die Tortillas ohne Fett in einer beschichteten Pfanne auf jeder Seite eine Minute backen und im auf 100 Grad vorgeheizten Backofen warm stellen.

Pro Person:	489 kcal	45 g Kohlenhydrate
	25 g Protein	8 g Nahrungsfasern
	20 g Fett	45 mg Cholesterin
(für Tortillas mit Enchilada und Guacamole)		

Enchilada (Füllung für Tortillas)

1 Zwiebel (ca. 100 g)
1–2 Knoblauchzehen
je ½ gelbe und rote Paprika (Peperoni), (je ca. 100 g)
1 kleine Zucchini (ca. 100 g)
1 kleine Karotte
1 TL Olivenöl
50 ml Rotwein
200 g Dosentomaten (Pelati)
50 ml Gemüsebouillon
1 TL Salz
Pfeffer
1 TL getrocknete italienische Kräutermischung
200 g Hühnerbrust
½ Bund Basilikum

Die Zwiebel fein hacken, den Knoblauch pressen. Die Paprika halbieren, entkernen und in 2 × 3 cm große Stücke schneiden. Die Zucchini längs halbieren und in 3 mm dicke Halbmonde schneiden. Die Karotte schälen und in feine Scheiben schneiden.

Zwiebel und Knoblauch im Olivenöl kurz andünsten, das Gemüse beigeben, kurz weiterdünsten.

Mit dem Rotwein ablöschen, die Tomaten und die Gemüsebouillon zugeben, 20 Minuten köcheln.

Mit Salz, Pfeffer und der Kräutermischung würzen.

Die Hühnerbrust in mundgroße Stücke schneiden und beigeben.

Je nach Wassergehalt des Gemüses die letzten 10 Minuten ohne Deckel köcheln lassen.

Den Basilikum fein hacken und am Schluss unterrühren.

Tipp
Übrig gebliebene Enchilada als Spaghettisauce weiterverwenden.

Guacamole (Avocadocreme)

1 Tomate
1 kleine Zwiebel
2 Chilischoten
1 Avocado
½ Limone
1 TL Zitronensaft
Salz, Pfeffer
1 Msp. gemahlener Koriander
¼ Bund Petersilie

Die Tomate in kleine Würfel schneiden.

Die Zwiebel und die Chilischoten fein hacken und in eine Schüssel geben.

Die Avocado halbieren, den Stein entfernen und das Fruchtfleisch mit einem Löffel herausheben. Mit einer Gabel fein zerdrücken und mit den Tomaten in die Schüssel geben, mischen.

Die Limone auspressen, den Saft zusammen mit dem Zitronensaft unter die Avocadomasse rühren.

Mit Salz, Pfeffer und Koriander abschmecken.

Die Petersilie fein hacken und ebenfalls unterrühren. Kühl stellen.

Tipp
Guacamole eignet sich auch als Apérodip zu Tacos-Chips oder als exotischer Dip zu Gemüse.

Portugiesischer Bohnentopf

120 g rohe Borlottibohnen

120 g Karotten

120 g Sellerie

100 g Kasseler (mageres Rippli vom Nierstück)

1 Zwiebel

1 Knoblauchzehe

100 g Tomaten

250 g Kohl

1 EL Olivenöl

½ Bund glattblättrige Petersilie

1 Lorbeerblatt

1 Nelke

Pfeffer aus der Mühle

½ l Gemüsebouillon

Die Borlottibohnen über Nacht in viel Wasser einlegen.

Die Bohnen abschütten, in den Dampfkochtopf geben und mit Wasser bedecken.

Karotte und Sellerie fein blättrig schneiden. Das Kasseler (Rippli) würfeln. Die Hälfte des Gemüses mit dem Fleisch zu den Bohnen in den Kochtopf geben. Alles 10–15 Minuten im Dampfkochtopf kochen.

Die Zwiebel fein hacken, den Knoblauch pressen. Die Tomate würfeln und den Kohl in feine Streifen schneiden.

Das Öl in einer beschichteten Pfanne erhitzen, Zwiebel und Knoblauch darin anziehen lassen, das restliche Gemüse, Tomate und Kohl beigeben und mitdämpfen.

Die Petersilie fein hacken und mit den Gewürzen darunter mischen.

Mit der Bouillon auffüllen und 15–20 Minuten zugedeckt köcheln lassen.

Gemüse, Bohnen und Fleisch zusammenmischen, nochmals 20–30 Minuten kochen lassen und servieren.

Tipps

Mit einem Salat ergibt es eine vollständige Mahlzeit.

Ein paar Tropfen Essig und ½ TL Olivenöl vor dem Servieren runden den Geschmack ab.

Pro Person:	356 kcal	30 g Kohlenhydrate
	26 g Protein	23 g Nahrungsfasern
	12 g Fett	35 mg Cholesterin

Osso buco mit Tomatenspätzle

Gerichte für Gäste

Osso buco

2 magere Kalbshaxen zu je 130 g

Salz, Pfeffer

Thymian- und Paprikapulver

1 mittlere Zwiebel, 1 große Karotte

¼ Knolle Sellerie, 60 g Lauch

1 TL Öl (z. B. raffiniertes Olivenöl)

1 TL Tomatenpüree

100 ml Rotwein

150–200 ml Gemüsebouillon

½ ML pflanzliches Bindemittel (z. B. Nestargel)

1 Rosmarinzweig

4 EL Halbrahm

Die Schweinshaxen würzen.

Die Zwiebel fein hacken, die Karotte in feine 1½ cm lange Stengelchen, den Sellerie fein blättrig und den Lauch in Rädchen schneiden.

Das Öl in einem Gusseisentopf erhitzen und die Haxen beidseitig gut anbraten. Zwiebel und Gemüse beigeben und ebenfalls kurz anziehen lassen.

Tomatenpüree beigeben und anbraten, bis sich eine leicht bräunliche Farbe entwickelt. Mit dem Rotwein ablöschen und mit der Bouillon auffüllen.

Das Bindemittel einrühren und den Rosmarinzweig beigeben. 1 Stunde zugedeckt köcheln lassen. Dann den Topf von der Herdplatte ziehen, den Halbrahm zugeben und verrühren.

Tipp

Mit gedämpften Kräutertomaten oder Broccoli ergibt es eine vollständige Mahlzeit.

Pro Person: 223 kcal	+ g Kohlenhydrate
21 g Protein	4 g Nahrungsfasern
9 g Fett	78 mg Cholesterin

Tomatenspätzle

125 g Vollkornmehl

100 g Mehl Typ 405 (Weißmehl)

1 TL Salz

Muskatnuss

2 Eier

50 ml Wasser

2 EL Tomatenpüree

Öl (z. B. raffiniertes Olivenöl)

Das Mehl in eine Schüssel geben, in der Mitte eine Vertiefung bilden, Salz und Muskatnuss hineingeben. Die Eier verklopfen und mit dem Wasser sowie einem Drittel des Mehls vermischen, das Tomatenpüree beifügen und verquirlen.

Die Eimischung nach und nach zum Mehl rühren, bis ein dickflüssiger Teig entsteht. Diesen kräftig schlagen, bis er Blasen wirft.

Reichlich Wasser aufkochen und salzen. Den Teig durch ein Spätzlesieb in das Salzwasser streichen. Sobald die Spätzle obenauf schwimmen, mit einer Schaumkelle herausheben und im Ofen warm stellen oder kurz vor dem Servieren eine beschichtete Pfanne mit wenig Öl auspinseln und die Spätzle kurz anbraten.

Die Teigmenge ergibt 5 Portionen. Die nicht benötigten Spätzle abkühlen lassen und portionenweise einfrieren.

Tipp

Anstelle von Tomatenpüree 2 EL gehackte Kräuter oder 100 g fein gehackten Spinat dazugeben.

Pro Person: 180 kcal	30 g Kohlenhydrate
8 g Protein	2 g Nahrungsfasern
3 g Fett	82 mg Cholesterin

Dekorativ gefüllte Kartoffeln

1 mittlere Zwiebel

1 Knoblauchzehe

100 g Tomaten

100 g tiefgekühlte Erbsen

100 ml Gemüsebouillon

1 Nelke

1 Lorbeerblatt

Pfeffer aus der Mühle

½ ML pflanzliches Bindemittel (z. B. Nestargel)

2 EL Halbrahm

2 große Kartoffeln (ca. 450 g)

Salz, Pfeffer

1 EL geriebener halbfetter Bergkäse

Die Zwiebel fein hacken, den Knoblauch pressen und die Tomate würfeln.

Eine beschichtete Pfanne erhitzen, Zwiebel und Knoblauch darin ohne Fettstoff kurz anziehen lassen, die Erbsen beigeben und mit Gemüsebouillon auffüllen.

Nelke, Lorbeerblatt und Tomate beigeben, mit Pfeffer würzen und 10–15 Minuten zugedeckt köcheln lassen.

Das Bindemittel unterrühren, die Pfanne vom Herd nehmen und den Halbrahm darunter ziehen.

Den Backofen auf 250 Grad vorheizen.

Die Kartoffeln gut waschen und längs halbieren. So weit aushöhlen, bis jede halbe Kartoffel noch 90 g schwer ist. Die Höhlung mit Salz und Pfeffer ausstreuen und mit der Erbsenmasse füllen.

Die Kartoffeln in eine Aluform setzen und im vorgeheizten Backofen auf der zweituntersten Rille zugedeckt 45 Minuten weich garen.

Danach mit dem Käse bestreuen und abgedeckt noch 5 Minuten überbacken.

Tipps

Die ausgestochene Kartoffelmasse kann für eine Gemüsesuppe weiterverwendet werden.

Dazu passt ein Fleischgericht wie Geschnetzeltes, Ragout oder Osso buco.

Mit einem Saisonsalat oder/und einem gedämpften Gemüse kombiniert, ergibt es eine vollständige Mahlzeit.

Pro Person:	212 kcal	30 g Kohlenhydrate
	9 g Protein	9 g Nahrungsfasern
	4 g Fett	9 mg Cholesterin

Béchamelsauce

½ Zwiebel
½ TL Butter
50 ml Weißwein
100 ml Gemüsebouillon
1 Lorbeerblatt
½ ML pflanzliches Bindemittel (z. B. Nestargel)
Salz, Pfeffer
1 Msp. Muskatnuss
2 EL Hüttenkäse (Cottage Cheese)
1 EL Kaffeerahm (15% Fett)

Die Zwiebel fein hacken.

Die Butter in einer Pfanne schmelzen, die Zwiebel darin anziehen lassen, bis es duftet.

Mit Weißwein ablöschen, diesen leicht einköcheln lassen. Dann die Hitze reduzieren, Bouillon, Lorbeerblatt, das Bindemittel und die Gewürze beigeben. Etwas köcheln lassen.

Die Pfanne vom Feuer nehmen, eine Minute warten, anschließend den Hüttenkäse beigeben und kräftig rühren.

Auf kleinem Feuer unter ständigem Rühren etwa 5 Minuten ziehen lassen, damit sich die Hüttenkäse-Kügelchen auflösen können.

Den Kaffeerahm unterrühren.

Variationen

Champignonsauce: Mit der Bouillon 100–150 g blättrig geschnittene Champignons beigeben und mitköcheln lassen.

Senfsauce: 1 EL grobkörnigen Senf unterrühren.

Currysauce: Zusammen mit der Zwiebel 1 TL Currypulver andünsten.

Teigwarensauce: Blättrig geschnittene Champignons, 100 g Zucchiniwürfelchen und 50 g Schinkenwürfelchen mit der Bouillon zugeben und mitköcheln.

Fischsauce: Gemüsebouillon durch Fischfond ersetzen.

Pro Person:	55 kcal	+ g Kohlenhydrate
	2 g Protein	+ g Nahrungsfasern
	3 g Fett	9 mg Cholesterin

Braune Fleischsauce

1 kleine Zwiebel

1 Karotte

¼ Sellerie

1 TL raffiniertes Olivenöl

1 EL Fleischfond

1 TL Tomatenpüree

50 ml Rotwein

200 ml Gemüsebouillon

1 Rosmarinzweig

2 Knoblauchzehen

¼ ML pflanzliches Bindemittel (z. B. Nestargel)

Pfeffer

Die Zwiebel fein hacken, Karotte und Sellerie fein würfeln.

Das Öl in einer beschichteten Pfanne erhitzen. Die Zwiebel und das Gemüse zusammen mit Fleischfond und Tomatenpüree darin anziehen lassen und mit Rotwein ablöschen.

Mit der Bouillon auffüllen, den Rosmarinzweig und die Knoblauchzehen beifügen und 10–15 Minuten leicht zugedeckt köcheln lassen.

Die Sauce mit dem Stabmixer pürieren und falls nötig mit Bindemittel noch leicht binden.

Mit Pfeffer abschmecken.

Tipps

Anstelle des fertigen Fleischfonds Fleisch (z. B. Ragout, Bratenstück) gut anbraten, aus dem Bratfond die Sauce herstellen, das Fleisch für ein anderes Gericht weiterverwenden. Eine größere Menge zubereiten und in Portionen tiefkühlen.

Pro Person:	52 kcal	+ g Kohlenhydrate
	+ g Protein	2 g Nahrungsfasern
	3 g Fett	+ mg Cholesterin

Falsche Gemüserahmsauce

2 Knoblauchzehen

1 kleine Zwiebel

1 TL Olivenöl

1 EL Tomatenpüree

50 ml Rotwein

1 kleine Karotte

1 kleine Tomate (100 g)

1 kleiner Lauch (100 g)

150 ml Gemüsebouillon

60 g dreiviertelfetter Kräuter-Frischkäse (Cantadou)

Salz, Pfeffer

2 EL Kaffeerahm (15% Fett)

1 Bund Petersilie

Den Knoblauch pressen, die Zwiebel fein hacken. Das Öl erhitzen, Knoblauch, Zwiebel und Tomatenpüree darin andünsten. Mit dem Rotwein ablöschen und zugedeckt etwas einköcheln lassen.

Die Karotte reiben, die Tomate würfeln und den Lauch fein scheibeln. Das Gemüse und die Bouillon zufügen und zugedeckt 10 Minuten köcheln lassen.

Die Hitze zurückstellen, den Kräuterfrischkäse unterrühren, würzen, den Kaffeerahm beifügen und alles etwas ziehen lassen. Die Sauce mixen.

Die Petersilie fein hacken und am Schluss unter die Sauce rühren, servieren.

Tipps

Eignet sich zu Teigwaren, Maisschnitten, Hirsotto oder pochiertem Fisch.

Je nach Saison anderes Gemüse wie Blumenkohl oder Sellerie verwenden.

Pro Person:	141 kcal	+ g Kohlenhydrate
	6 g Protein	3 g Nahrungsfasern
	8 g Fett	12 mg Cholesterin

Paprikasauce

1 Paprika (Peperoni)
1 kleine Zwiebel
1 Knoblauchzehe
50 ml Gemüsebouillon
Salz, Pfeffer
½ Bund Basilikum

Die Paprika waschen, in Streifen schneiden und würfeln. Die Zwiebel fein hacken, den Knoblauch pressen. Auf mittlerer Hitze ohne Fett andünsten.

Mit der Bouillon ablöschen, salzen und pfeffern und 10–15 Minuten zugedeckt köcheln lassen.

Den Basilikum hacken und gegen Ende der Kochzeit beifügen. Die Sauce mit dem Stabmixer mixen.

Tipps

Eignet sich zu Suppenfleisch (Siedfleisch), pochiertem Fisch, gegrilltem Fleisch, Teigwaren. Zu Fisch anstelle der Gemüsebouillon Fischfond verwenden.

Wer's raffiniert mag, bereitet drei Saucen zu, eine mit gelber, eine mit roter und eine mit grüner Paprika.

Weiße Gemüsesauce

1 Kohlrabi (250–300 g)
100 ml Gemüsebouillon
Pfeffer
100 ml fettreduzierte Milch
½ Paprika (Peperoni)

Den Kohlrabi klein schneiden und in der Bouillon 10 Minuten zugedeckt weich dämpfen. Dann mit dem Stabmixer pürieren.

Mit Pfeffer abschmecken.

Die Milch beigeben und weitermixen, bis eine schaumige Sauce entstanden ist.

Die Paprika in kleine, gleichmäßige Würfelchen schneiden, kurz vor dem Servieren beigeben.

Tipps

Diese Sauce eignet sich als Guss für überbackenes Gemüse, zu Stärkebeilagen oder Teigwaren.

Anstelle der Paprika Champignons, Maiskörner oder Tomatenwürfelchen nehmen.

Wer mehr Pep und Schärfe mag, würzt die Sauce zusätzlich mit Curry, Sambal Oelek oder Reibkäse.

Anstelle des Kohlrabi Knollensellerie verwenden.

Pro Person:	17 kcal	+ g Kohlenhydrate
	1 g Protein	3 g Nahrungsfasern
	+ g Fett	0 mg Cholesterin

Pro Person:	72 kcal	3 g Kohlenhydrate
	5 g Protein	3 g Nahrungsfasern
	2 g Fett	3 mg Cholesterin

Französische Salatsauce

1 TL Senf
½ TL Hefewürzpaste
½ TL getrocknete Salatkräuter
1 Bund frische Salatkräuter
Pfeffer, Paprika
1 EL Kräuteressig
3 EL Gemüsebouillon
1 EL Rapsöl
1 EL Blanc battu (fettarmer Frischkäse,
ersatzweise Speisequark)
1 EL Light-Mayonnaise

Alle Zutaten mischen und mixen.

Tipps

Fein gehackte Zwiebeln oder Knoblauch beigeben.

1 TL Meerrettichpaste ohne Mayonnaisezusatz untermischen.

1 EL Kapern beigeben.

Andere Essigsorten verwenden.

Italienische Salatsauce

1–2 Knoblauchzehen
½ Bund Basilikum
½ Bund Thymian
1 TL Senf
½ TL getrocknete Salatkräuter
Salz, Pfeffer
1 EL Kräuteressig
2 EL Aceto balsamico di Modena
2 EL Gemüsebouillon
1 EL Olivenöl

Den Knoblauch fein schneiden oder pressen. Die Kräuter fein hacken.

Alle Zutaten mischen und mixen.

Tipps

Fein gehackte Zwiebel beigeben.

Geeignet für grünen Salat, Tomatensalat, gemischten Gemüsesalat.

Pro Person:	74 kcal	+ g Kohlenhydrate
	1 g Protein	0 g Nahrungsfasern
	8 g Fett	+ mg Cholesterin

Pro Person:	50 kcal	+ g Kohlenhydrate
	+ g Protein	+ g Nahrungsfasern
	5 g Fett	0 mg Cholesterin

Meerrettichschaum

1 TL Senf
1–2 TL Meerrettichpaste ohne Mayonnaisezusatz
1 TL Light-Mayonnaise
120 g Blanc battu (fettarmer Frischkäse, ersatzweise Speisequark)
Pfeffer

1 Dillzweiglein zum Garnieren

Alle Zutaten der Sauce mischen und kräftig verrühren.

Mit dem Dillzweiglein garnieren und kalt servieren.

Tipps

Eignet sich zu geräuchertem Fisch als Vorspeise oder kaltes Abendessen, als Dip zu Gemüse oder zu einem Fischfondue.

Wer's scharf mag, mischt mehr Meerrettich darunter.

Tartarsauce ▶

1 TL Light-Mayonnaise
½ TL Senf
2 EL Speisequark
2 EL Blanc battu (fettarmer Frischkäse, ersatzweise Speisequark)
etwas Zitronensaft
Salz, Pfeffer, Paprika
1 TL Kaffeerahm (15% Fett)
½ Bund Petersilie
½ Bund Schnittlauch
1 kleine Essiggurke
½ kleine Karotte
½ hartgekochtes Ei

Mayonnaise, Senf, Quark, Blanc battu, Zitronensaft, die Gewürze und den Kaffeerahm vermischen.

Petersilie und Schnittlauch fein hacken, die Essiggurke und die Karotte fein würfeln, das Ei hacken und alles unter die Sauce mischen.

Tipp

Eignet sich als Dip zu rohem Gemüse, zu gegrilltem Fleisch, Fisch oder Spargeln.

Pro Person:	43 kcal	+ g Kohlenhydrate
	5 g Protein	+ g Nahrungsfasern
	2 g Fett	15 mg Cholesterin

Pro Person:	73 kcal	+ g Kohlenhydrate
	8 g Protein	+ g Nahrungsfasern
	4 g Fett	69 mg Cholesterin

Rohe Apfelcreme

80 g Speisequark

2 EL Joghurt nature, teilentrahmt

3 EL Halbrahm

3 EL Zitronensaft

flüssiger Süßstoff nach Belieben

180 g Apfel mit der Schale

Zimt

wenig gemahlene Haselnüsse

Den Quark mit dem Joghurt, dem Halbrahm und dem Zitronensaft verrühren und nach Belieben süßen.

Die Äpfel dazureiben und vermischen. Kühl stellen.

Mit Zimt und Haselnüssen bestreuen und servieren.

Tipp

Eignet sich besonders als Dessert nach einem Gemüseteller oder Salatteller mit Vollkornbrot.

Pro Person:	119 kcal	10 g Kohlenhydrate
	6 g Protein	2 g Nahrungsfasern
	5 g Fett	13 mg Cholesterin

Mangoschnitze mit Erdbeersauce ▶

110 g Mango

evtl. 2 EL Wasser

140 g Erdbeeren

2 TL Zitronensaft

1 Tropfen Orangenaroma

einige Tropfen flüssiger Süßstoff

¼ ML pflanzliches Bindemittel (z. B. Nestargel)

Pfefferminzblätter zum Garnieren

Die Mango schälen und in feine Schnitze schneiden. Falls die Mango noch sehr hart ist, mit etwas Wasser zugedeckt kurz weich dämpfen und abkühlen lassen.

Für die Erdbeersauce den Stielansatz der Erdbeeren entfernen, die Früchte klein schneiden. In ein höheres Gefäß geben, Zitronensaft, Orangenaroma und Süßstoff zufügen und mit dem Stabmixer pürieren.

Das Bindemittel unterrühren und die Creme 10 Minuten kalt stellen.

Zum Anrichten die Mangoschnitze fächerförmig in Dessertschälchen legen und die Erdbeercreme daneben gießen. Mit Pfefferminzblättchen ausgarnieren.

Tipps

Die Erdbeersauce kann auch mit 1 Kugel Vanilleeis kombiniert werden.

Das Dessert auf Tellern anrichten. ½ TL Blanc battu in einem Faden auf die Erdbeersauce geben und mit einem Zahnstocher zu einem Muster ziehen.

Pro Person:	45 kcal	10 g Kohlenhydrate
	+ g Protein	2 g Nahrungsfasern
	+ g Fett	0 mg Cholesterin

Fruchtiges Erdbeer-Tiramisù

200 g Rhabarber
2 EL Wasser
1 Vanilleschote
flüssiger Süßstoff

Creme:
1 Eigelb
1 TL Süßstoffpulver
70 g Speisequark
2 EL Kaffeerahm (15% Fett)
1 Eiweiß

150 g Erdbeeren
4 Butterkekse ohne Zuckerzusatz

Den Rhabarber schälen und in kleine Stücke schneiden. Zusammen mit dem Wasser und der aufgeschlitzten Vanilleschote zugedeckt aufkochen und zu Kompott kochen. Nach Belieben süßen.

Für die Creme das Eigelb in eine Schüssel geben, das Süßstoffpulver zufügen und im warmen Wasserbad kräftig schaumig schlagen. Quark und Kaffeerahm darunter mischen und zu einer luftigen Creme schlagen.

Das Eiweiß steif schlagen und vorsichtig darunter ziehen.

Von den Erdbeeren den Stielansatz entfernen, die Früchte halbieren.

Die Hälfte des Rhabarberkompotts in zwei Dessertschälchen verteilen, je einen Butterkeks darauf legen und mit der Hälfte der Creme bedecken. Dann die zweite Hälfte des Kompotts darauf geben, wieder mit einem Butterkeks belegen und mit dem Rest des Kompotts bedecken. Die Oberfläche mit den Erdbeeren hübsch belegen.

Im Kühlschrank 1–2 Stunden durchziehen lassen.

Tipp
Rhabarberkompott kann tiefgekühlt werden.

Pro Person:	190 kcal	15 g Kohlenhydrate
	11 g Protein	5 g Nahrungsfasern
	8 g Fett	115 mg Cholesterin

Himbeermousse

200 g Himbeeren
wenig flüssiger Süßstoff
1 Eiweiß
100 g Light-Vanillecreme
70 g Himbeeren zum Ausgarnieren

Die Himbeeren mixen und süßen.

Das Eiweiß steif schlagen.

Die Vanillecreme nach Packungsanleitung zubereiten.

Das Himbeerpüree mit der Vanillecreme mischen und den Eischnee sorgfältig darunter ziehen.

Mit den restlichen Himbeeren garnieren.

Vor dem Servieren kühl stellen.

Panierte Ananas

220 g frische, geschälte Ananas
3 EL Kokosraspel
etwas geschlagener Rahm

2 Scheiben Ananas abschneiden, bis zum Strunk in der Mitte einschneiden, damit das Essen leichter fällt.

Die Kokosraspel in einer beschichteten Pfanne ohne Fettzugabe unter ständigem Wenden anrösten, bis sie duften. Achtung: Sie werden schnell braun!

Die Kokosraspel etwas abkühlen lassen. Dann die Ananasscheiben darin wenden.

Auf Tellern anrichten und mit einem Tupfer Schlagrahm garnieren.

Tipps

Die Ananasscheiben vor dem Panieren mit etwas Cognac beträufeln.

Ungezuckerte Ananas aus der Dose verwenden.

Pro Person:	81 kcal	10 g Kohlenhydrate
	4 g Protein	7 g Nahrungsfasern
	2 g Fett	12 mg Cholesterin

Pro Person:	167 kcal	15 g Kohlenhydrate
	2 g Protein	3 g Nahrungsfasern
	11 g Fett	11 mg Cholesterin

Mandelgelee mit Orangensalat

150 ml kalte fettreduzierte Milch
100 ml Kaffeerahm (15% Fett)
½ TL Agar-Agar-Pulver
1 TL Mandelpüree ohne Zuckerzusatz
(z. B. von Nuxo)
½ TL flüssiger Süßstoff
5 Tropfen Bittermandelessenz

200 g Orangen
etwas Zitronensaft
flüssiger Süßstoff nach Belieben

1 TL Mandelsplitter als Garnitur

Die kalte Milch mit dem Kaffeerahm und dem Agar-Agar-Pulver mischen, unter Rühren aufkochen und auf kleinem Feuer 1–2 Minuten köcheln lassen.

Das Mandelpüree und den Süßstoff einrühren und 2–3 Minuten weiterköcheln lassen.

Die Bittermandelessenz beigeben und mischen.

Die Masse in zwei kleine Puddingförmchen gießen, fest werden lassen und kühl stellen.

Die Orangen schälen, in Scheiben schneiden und diese in zwei Dessertschälchen anrichten.

Zitronensaft und Süßstoff mischen und über die Orangenscheiben verteilen.

Das Mandelgelee mit einem Messer vom Rand der Förmchen lösen und auf die Orangenscheiben stürzen.

Die Mandelsplitter in einer beschichteten Pfanne ohne Fett kurz anrösten und über die Orangen streuen.

Tipp

Die Orangen je nach Saison durch eine Portion ungezuckerte Beeren, Pfirsiche oder Kompott ohne Zuckerzusatz ersetzen.

Das Mandelgelee in ein flaches Gefäß mit Rand gießen, fest werden lassen und kühl stellen. Auf Klarsichtfolie stürzen, mit Ausstechformen Gelee ausstechen und den Orangensalat damit schmücken.

Statt selbst gemachtem Mandelgelee Flan Vap mini-cal mit Blanc-manger-Aroma verwenden. Zu bestellen bei: Qualidess SA, Case postale 250, 2022 Bevaix, Schweiz.

Pro Person:	188 kcal	10 g Kohlenhydrate
	5 g Protein	2 g Nahrungsfasern
	14 g Fett	28 mg Cholesterin

Birnensorbet

300 g Birnen
100 ml Wasser
1½ TL flüssiger Süßstoff
½ Zitrone, nur Saft
½ Zimtstengel
1 Nelke
6 Walnusskerne

Die Birnen schälen und vierteln; eine halbe Birne beiseite stellen.

Das Wasser aufkochen, Süßstoff, Zitronensaft, Zimtstengel, Nelke und den Rest der Birnen beigeben und zugedeckt weich köcheln.

Zimtstengel und Nelke entfernen. Die Birnenstücke im Sirup auskühlen lassen und anschließend mit dem Sirup pürieren.

Die beiseite gestellte halbe Birne und die Walnusskerne fein würfeln und unter das Birnenpüree rühren.

In der Eismaschine zu Sorbet rühren oder unter häufigem Rühren im Tiefkühlfach gefrieren.

Zu Kugeln formen und servieren.

Tipps

Zusätzlich mit 1 EL Williams (Birnengeist) abschmecken.

Anstelle von frischen Birnen Birnenkompott ohne Zucker verwenden. Pürieren und die Gewürze in Pulverform beigeben.

Pro Person:	121 kcal	15 g Kohlenhydrate
	+ g Protein	5 g Nahrungsfasern
	4 g Fett	0 mg Cholesterin

Marinierte Zwetschgen mit Zitronenmelisse ▶

40 ml Rotwein
3 EL Wasser
¼ Zimtstengel
1 Nelke
1 Lorbeerblatt
190 g entsteinte Zwetschgen
½ Bund Zitronenmelisse
3 Tropfen flüssiger Süßstoff
40 g Light-Vanilleeis

Den Rotwein mit dem Wasser, dem Zimtstengel, der Nelke und dem Lorbeerblatt aufkochen.

Die Zwetschgen zur Flüssigkeit geben, 15 Minuten köcheln und die Flüssigkeit dabei etwas eindicken lassen.

5 Blätter Zitronenmelisse fein hacken und zusammen mit dem Süßstoff darunter mischen.

Das Vanilleeis in Dessertschalen geben.

Die Zwetschgen mit der lauwarmen Sauce um die Glace anrichten und mit einem Zitronenmelissenblatt garnieren.

Tipps

Anstelle von frischen tiefgefrorene Zwetschgen ohne Zuckerzusatz nehmen.

Die Zwetschgen können kalt oder warm verwendet werden.

Pro Person:	80 kcal	15 g Kohlenhydrate
	2 g Protein	2 g Nahrungsfasern
	1 g Fett	3 mg Cholesterin

Erdbeeren auf italienische Art

200 g Erdbeeren

Sud:
2 EL Wasser
1 TL Zitronensaft
1 TL Aceto balsamico
etwas schwarzer Pfeffer aus der Mühle
(2–3 Umdrehungen)
1 TL Rotwein
¼ ML Nesvital
2–3 Tropfen flüssiger Süßstoff

2 kleine Kugel Walnussglace (à 35 g)

Die Erdbeeren rüsten, ganz lassen.

Die Zutaten für den Sud miteinander verrühren, in ein Pfännchen geben und kurz aufkochen, die Erdbeeren beigeben und zugedeckt zwei Minuten köcheln lassen.

In der Zwischenzeit Glace bereitstellen.

Das Erdbeerkompott in zwei Dessertschälchen verteilen und je eine Glacekugel daneben anrichten. Sofort servieren.

Anregungen und Tipps

35 g Walnussglace (Mövenpick) entspricht 10 g Kohlenhydrate.

Bei einigen Glacesorten ist die Zusammensetzung auf 100 ml berechnet angegeben. Wichtig zu wissen: 100 ml Glace entsprechen **nicht** 100 g!

Wenn Sie die Glace mit der Küchenwaage abwiegen, ist es sinnvoll, kurz umzurechnen. Dafür die ganze Glacepackung auf die Waage legen (hier 1000 ml = 600 g)

Dies bedeutet bei der verwendeten Walnussglace (Mövenpick):

100 ml = 60 g Glace und enthält: 3 g Eiweiß, 17 g Kohlenhydrate, 9,5 g Fett, 166 kcal.

Das bedeutet weiter, dass 10 g Kohlenhydrate in 35 g Glace enthalten sind.

Wer aufs Gewicht achtet, beachtet die Tipps auf Seite 17.

Pro Person:	130 kcal	15 g Kohlenhydrate
	3 g Protein	2 g Nahrungsfasern
	6 g Fett	9 mg Cholesterin

Holunderblüten-Rhabarber-Sorbet

2–3 Rhabarberstangen (gerüstet ca. 200 g)

3 EL Wasser

1 TL Zitronensaft

3 EL Holunderblütensirup (30 g)

½ TL flüssiger Süßstoff

1 Eiweiß

1 Prise Salz

200 g Erdbeeren

Die Rhabarberstangen schälen, längs halbieren, in halbzentimeterdicke Stücklein schneiden.

Den Rhabarber zusammen mit Wasser, Zitronensaft und Sirup aufkochen und zugedeckt 1–2 Minuten köcheln lassen, bis er etwas zerfällt. Vom Herd ziehen und etwas auskühlen lassen. Im ausgekühlten Zustand süßen.

In der Zwischenzeit das Eiweiß mit dem Salz steif schlagen und vorsichtig unter die Masse ziehen.

Die Rhabarbermasse in den Tiefkühler stellen und etwa 5 Stunden gefrieren lassen, dabei in regelmäßigen Abständen das Sorbet durchrühren, damit sich keine großen Eiskristalle bilden.

Die Erdbeeren rüsten und in Stücke schneiden. Einen Teil davon in zwei Cocktailgläser oder Dessertschälchen verteilen, Sorbetkugeln darauf setzen und mit den restlichen Erdbeeren garnieren.

Anregungen und Tipps

15 g Sirup entsprechen 10 g Kohlenhydrate. Sirup als Getränk geht blitzschnell ins Blut und ist für die Diabetesernährung nicht geeignet. Kombiniert mit einer »Bremse« – in diesem Rezept die Nahrungsfasern – lässt er den Blutzucker langsamer ansteigen und kann so verwendet werden. (Siehe dazu Seite 32.)

In tiefgekühltem Zustand ist die Süße schlechter wahrnehmbar, deshalb muss die Rhabarbermasse beim Abschmecken sehr süß schmecken.

Das Rhabarberkompott nach Belieben pürieren.

Pro Person:	90 kcal	15 g Kohlenhydrate
	4 g Protein	4 g Nahrungsfasern
	0 g Fett	0 mg Cholesterin

Rhabarberköpfchen auf Erdbeeren

Für 2 Puddingförmchen von 100 ml (1 dl) Inhalt

2–3 Rhabarberstangen (gerüstet ca. 200 g)
1/2 Vanilleschote
3 EL Wasser
1 TL Agar-Agar
1/2 TL flüssiger Süßstoff

Erdbeercoulis:
200 g Erdbeeren
1–2 EL Wasser
1 1/2 TL Zitronensaft
flüssiger Süßstoff

Die Rhabarberstangen schälen, längs halbieren, in halbzentimeterdicke Stücklein schneiden und in einen Topf geben.

Die Vanilleschote halbieren, die Samen mit einem Messerrücken herauskratzen und zusammen mit dem Wasser zum Rhabarber geben. Zugedeckt bei mittlerer Hitze weich köcheln. Sobald der Rhabarber weich ist, mit einem Schwingbesen kurz verrühren, Agar-Agar und Süßstoff darunter rühren, 1–2 Minuten zugedeckt weiterköcheln lassen.

Die Puddingförmchen kalt ausspülen, die Masse hineinfüllen, abkühlen und im Kühlschrank fest werden lassen.

Zwei bis vier kleine Erdbeeren für die Garnitur beiseite stellen. Die restlichen Erdbeeren in 3–4 mm dicke Scheiben schneiden, mit Wasser und Zitronensaft in ein Pfännchen geben und kurz überwallen lassen. Vom Herd ziehen, nach Belieben süßen und auskühlen lassen.

Die Erdbeeren in zwei Dessertschälchen verteilen und die Rhabarberköpfchen darauf stürzen, mit den restlichen Erdbeeren garnieren und servieren.

Anregungen und Tipps

Da das Dessert nur 5 g Kohlenhydrate enthält, eventuell ein Biskuit mit 5–10 g Kohlenhydrate pro Stück dazu reichen. Beachten Sie die Analyse auf der Packung!

Pro Person:	45 kcal	5 g Kohlenhydrate
	1 g Protein	4 g Nahrungsfasern
	0 g Fett	0 mg Cholesterin

Früchtespieße mit Heidelbeersauce

1 Stück Honigmelone mit Schale (100 g)
4 Erdbeeren (100 g)
½ Kiwi (65 g)
½ Pfirsich (60 g)
2 Holzspieße

80 g Heidelbeeren
2 EL Wasser
flüssiger Süßstoff
1 TL Cognac nach Belieben

Die Schale von der Melone entfernen und das Fruchtfleisch in 4 gleich große Stücke schneiden.

Den Stielansatz der Erdbeeren entfernen.

2 bis 4 sehr dünne Scheiben Kiwi für die Garnitur abschneiden. Die restliche Kiwi in 4 gleich große Stücke schneiden.

Den Pfirsich halbieren, Stein und Stiel entfernen und das Fruchtfleisch in 4 Schnitze schneiden.

Die Früchte abwechslungsweise auf die Spieße stecken und auf einen Teller legen.

Einige Heidelbeeren beiseite stellen. Die restlichen Heidelbeeren mit dem Wasser kurz zugedeckt überwallen lassen, pürieren, mit Süßstoff abschmecken und nach Belieben mit Cognac parfümieren.

Das Heidelbeerpüree neben den Früchtespieß geben, mit den ganzen Heidelbeeren und Kiwischeiben garnieren.

Anregungen und Tipps
Je nach Saison Früchteauswahl variieren.
Restliche Früchte für einen Fruchtsalat verwenden.

Pro Person:	70 kcal	15 g Kohlenhydrate
	1 g Protein	5 g Nahrungsfasern
	0 g Fett	0 mg Cholesterin

Beerentraum ▶

100 g Himbeeren
100 g Johannisbeeren
½ TL Zitronensaft
2 EL Rotwein
flüssiger Süßstoff
1 Msp. Agar-Agar

Creme:
80 g Blanc battu 0% F. i. Tr. (notfalls ersetzen durch Magerquark)
1 EL saurer Halbrahm
½ TL abgeriebene Zitronenschale
½ TL Vanillezucker

einige Himbeeren oder Johannisbeeren für die Garnitur

Himbeeren, Johannisbeeren, Zitronensaft, Rotwein und Süßstoff in einen Topf geben. Zugedeckt aufkochen lassen, das Agar-Agar beigeben und das Mus zugedeckt kurz köcheln lassen. Beiseite stellen und abkühlen lassen.

Für die Creme alle Zutaten vermischen.

Die Beerenmasse und die Creme lagenweise in zwei hohe Gläser oder Dessertschälchen füllen, mit den frischen Beeren garnieren.

Anregungen und Tipps
Tiefgekühlte Früchte verwenden.

Pro Person:	100 kcal	5 g Kohlenhydrate
	9 g Protein	7 g Nahrungsfasern
	2 g Fett	+ mg Cholesterin

Himbeer-Tiramisù

6 Löffelbiskuits
100 ml Espresso
½ TL Cognac

200 g Himbeeren
½ TL Zitronensaft
abgeriebene Orangenschale
nach Belieben ½ TL Süßstoffpulver
(je nach Reife der Himbeeren)

Creme:
40 g Blanc battu 0% F.i.Tr. (notfalls ersetzen durch
Magerquark)
40 g Halbfettquark
2–3 EL Mineralwasser mit Kohlensäure
2–3 Tropfen Zitronensaft
flüssiger Süßstoff
etwas abgeriebene Orangenschale

Die Löffelbiskuits in zwei Dessertschälchen verteilen. Den Espresso mit dem Cognac parfümieren und die Biskuits damit tränken.

Ein paar Himbeeren für die Garnitur beiseite stellen. Die übrigen Himbeeren mit Zitronensaft, Orangenschale und eventuell Süßstoff vorsichtig mischen.

Die Zutaten der Creme mischen und kräftig aufschlagen, damit eine luftige Masse entsteht.

Die Himbeeren auf die Biskuits verteilen, mit der Creme überziehen und mit den restlichen Himbeeren garnieren.

Anregungen und Tipps

3 Stück Löffelbiskuit entsprechen 10 g Kohlenhydrate. Je nach verwendetem Produkt kann es Abweichungen geben; beachten Sie die auf der Packung aufgedruckte Analyse.

Tiefgekühlte Himbeeren verwenden.

Pro Person:	140 kcal	15 g Kohlenhydrate
	8 g Protein	7 g Nahrungsfasern
	3 g Fett	30 mg Cholesterin

Gefüllte Pfirsiche

2 Pfirsiche (200 g)

Füllung:
25 g gemahlene Haselnüsse
2 EL Halbrahm
flüssiger Süßstoff
2–3 Tropfen Zitronensaft
½ TL Zimt
1 Prise Nelkenpulver
1 Prise Kardamompulver

Sud:
½ TL Zitronensaft
Wasser
3 Nelken

Joghurtsauce:
200 g Joghurt nature
flüssiger Süßstoff
1 cm Ingwer

Die Pfirsiche halbieren, Stein und Stielansatz entfernen.

Die Zutaten der Füllung vermischen und in die halben Pfirsiche füllen.

Den Zitronensaft zusammen mit etwas Wasser und Nelken in eine Gratinform geben, die Pfirsichhälften hineinstellen und in der Mitte des Ofens bei 200 Grad 20 Minuten gratinieren.

Für die Sauce den Joghurt süßen. Den Ingwer schälen und zum Joghurt reiben, alles vermischen. Die Joghurtsauce in zwei Dessertschälchen verteilen und die warmen Pfirsichhälften darauf stellen.

Warm bis lauwarm servieren.

Anregungen und Tipps
Pfirsiche ohne Zucker aus der Dose verwenden.

Wer aufs Gewicht achtet, nimmt vorzugsweise fettreduzierten Joghurt.

Pro Person:	140 kcal	15 g Kohlenhydrate
	6 g Protein	2 g Nahrungsfasern
	7 g Fett	+ mg Cholesterin

Pfirsichsalat mit Pistaziensauce ◄

2 reife Pfirsiche (200 g)

Sauce:
2 TL Pistazien (ungesalzen)
100 g Joghurt nature
flüssiger Süßstoff
½ cm Ingwer
½ ML Nesvital

Garnitur:
1 TL gehackte Pistazien (ungesalzen)

Die Pfirsiche halbieren und in feine Schnitze schneiden.

Für die Sauce die Pistazien grob hacken, mit dem Joghurt vermischen und fein pürieren. Mit Süßstoff süßen.

Den Ingwer schälen, fein reiben und zusammen mit den Nesvital gut mit der Creme verrühren.

Die Creme etwas stehen lassen, dann auf zwei Dessertschälchen verteilen und die Pfirsichschnitze darauf anrichten. Mit den gehackten Pistazien bestreuen und sofort servieren.

Pro Person:	115 kcal	15 g Kohlenhydrate
	4 g Protein	4 g Nahrungsfasern
	4 g Fett	6 mg Cholesterin

Orangensalat

2 Orangen, unbehandelt (350 g)
½ cm Ingwer
2 TL Zitronensaft
flüssiger Süßstoff nach Belieben
1 Msp. Kardamom
1 Prise Muskatnusspulver
2 kleine gedörrte Datteln

20 g Baumnüsse, grob gehackt

Die Orangen waschen, etwas Orangenschale (ohne Weißes) abziehen und sehr fein hacken; es sollte etwa 1 TL Orangenschale ergeben.

Die Orangen schälen, vierteln, scheibeln und in eine Schüssel geben. Die Orangenschale beigeben. Den Ingwer schälen, fein hacken und ebenfalls zu den Orangen geben.

Zitronensaft, eventuell Süßstoff und die Gewürze beigeben und vermischen.

Die Datteln halbieren, entsteinen, längs in feine Streifen schneiden, beigeben und den Orangensalat etwas ziehen lassen.

Die Nüsse über den Orangensalat streuen.

Anregungen und Tipps

15 g gedörrte Datteln enthalten 10 g Kohlenhydrate. Allein gegessen gehen sie blitzschnell ins Blut und lassen den Blutzucker in die Höhe schnellen. Kombiniert mit einer »Bremse« (hier Nahrungsfasern) verzögert sich der Blutzuckeranstieg und sie lassen sich in die Ernährung einbauen. Siehe Seite 32. Ingwer kann tiefgekühlt werden.

Pro Person:	145 kcal	15 g Kohlenhydrate
	3 g Protein	4 g Nahrungsfasern
	7 g Fett	0 mg Cholesterin

Brombeer-Mango-Salat

1 Orange, unbehandelt (170 g)

1 TL Zitronensaft

flüssiger Süßstoff

½ ML Nesvital

1 Mango (120 g)

160 g Brombeeren

1 TL Cognac nach Belieben

1 EL gehackte Pistazien (ungesalzen)

Die Orange waschen, etwas Schale in eine Schüssel reiben. Die Orange auspressen und den Saft ebenfalls in die Schüssel geben.

Zitronensaft, Süßstoff und Nesvital beifügen und gut verrühren.

Die Mango schälen, in Stücke schneiden und ebenfalls beifügen.

Die Brombeeren vorsichtig darunter heben.

Nach Belieben mit Cognac parfümieren.

Den Fruchtsalat etwas ziehen lassen, in zwei Dessertschälchen verteilen und mit den Pistazien bestreuen.

Anregungen und Tipps

Tiefgekühlte Brombeeren verwenden.

Nesvital braucht in einer kalten Speise etwa 10 Minuten, um diese einzudicken.

Pro Person:	100 kcal	15 g Kohlenhydrate
	2 g Protein	8 g Nahrungsfasern
	3 g Fett	0 mg Cholesterin

Melonensalat

200 g Honigmelone mit Schale

½ Becher (90 g) saurer Halbrahm
1–2 EL Mineralwasser mit Kohlensäure
½ ML Nesvital
1 TL Vanillezucker
flüssiger Süßstoff nach Belieben

80 g Brombeeren

Die Melone rüsten, Kugeln ausstechen und in zwei Dessertgläser oder in die ausgehöhlten Melonenhälften verteilen.

Den sauren Halbrahm mit Mineralwasser, Nesvital und Vanillezucker kräftig aufschlagen. 10 Minuten stehen lassen, nach Bedarf süßen und über den Melonensalat verteilen.

Mit den Brombeeren garnieren.

Anregungen und Tipps

Tiefgekühlte Brombeeren verwenden.

Nesvital braucht in kalten Speisen etwa 10 Minuten, um diese einzudicken.

Pro Person:	165 kcal	15 g Kohlenhydrate
	2 g Protein	3 g Nahrungsfasern
	13 g Fett	35 mg Cholesterin

Vanillebirne mit Brombeermus

2 kleine Birnen à ca. 90 g
150 ml (1½ dl) Wasser
1 Vanilleschote
½ Zitrone
flüssiger Süßstoff

160 g Brombeeren
1 Orange, unbehandelt, nur Schale
flüssiger Süßstoff

Melissenblätter zur Garnitur

Die Birnen schälen, halbieren und das Kerngehäuse entfernen.

Das Wasser in einen Topf geben, die Vanilleschote aufschlitzen und beigeben, die Zitrone mit der Schale in Scheiben schneiden und dazugeben. Süßstoff nach Geschmack beifügen.

Den Sud erhitzen und die Birnenhälften darin zugedeckt knapp weich köcheln. Die Birnen herausnehmen und abkühlen lassen.

In der Zwischenzeit die Brombeeren mit der abgeriebenen Orangenschale und Süßstoff in eine Pfanne geben und kurz überwallen lassen.

Das Brombeermus auf zwei Teller verteilen, die Birnenhälften darauf legen und mit einem Melissenblatt garnieren.

Anregungen und Tipps

Tiefgekühlte Brombeeren verwenden.

Birnenkompott ohne Zucker aus der Dose verwenden.

Pro Person:	70 kcal	15 g Kohlenhydrate
	1 g Protein	8 g Nahrungsfasern
	0 g Fett	0 mg Cholesterin

Heidelbeermousse

200 ml (2 dl) Milchdrink
½ TL Agar-Agar
½ Vanilleschote
1 Prise Salz
1 Msp. Zitronenschale
flüssiger Süßstoff

170 g Heidelbeeren

80 g Halbfettquark
2 EL Mineralwasser mit Kohlensäure

Die Milch in einen Topf geben, das Agar-Agar hinzufügen und umrühren.

Die Vanilleschote aufschlitzen, die Samen auskratzen und zur Milch geben.

Salz, Zitronenschale sowie Süßstoff beigeben und die Masse unter ständigem Rühren kurz aufkochen, 2–3 Minuten unter Rühren weiterköcheln lassen, dann vom Herd ziehen und etwas abkühlen lassen.

Inzwischen die Heidelbeeren in zwei Gläser verteilen, einige Beeren für die Garnitur beiseite stellen.

Den Quark mit dem Mineralwasser kräftig aufschlagen und unter die lauwarme Milch ziehen. Eventuell etwas nachsüßen.

Die Creme über die Beeren verteilen, mit den beiseite gestellten Beeren garnieren und 2–3 Stunden im Kühlschrank fest werden lassen.

Anregungen und Tipps

Tiefgekühlte Heidelbeeren verwenden.
Früchte je nach Saison variieren.

Pro Person:	125 kcal	10 g Kohlenhydrate
	8 g Protein	4 g Nahrungsfasern
	4 g Fett	30 mg Cholesterin

Aprikosencreme ▶

½ TL Agar-Agar
200 ml (2 dl) Buttermilch
flüssiger Süßstoff

6 Aprikosen (260 g)
50 ml (½ dl) Wasser
flüssiger Süßstoff

Das Agar-Agar in wenig Wasser anrühren, in einem kleinen Topf aufkochen, von der Herdplatte ziehen und 1 Minute zum Abkühlen stehen lassen.

Die Buttermilch und Süßstoff beigeben, unter Rühren bis knapp vor den Siedepunkt bringen. Die Masse sollte nicht kochen, sonst gerinnt das Eiweiß der Buttermilch. Von der Herdplatte ziehen und abkühlen lassen.

In der Zwischenzeit die Aprikosen halbieren, entsteinen und in feine Schnitze schneiden, zusammen mit dem Wasser und Süßstoff nach Bedarf zu einem Kompott köcheln lassen. Das Kompott ebenfalls abkühlen lassen, eventuell pürieren.

Die Buttermilchcreme und das Aprikosenkompott mischen, in zwei Dessertschälchen oder Gläser füllen und etwa 3 Stunden im Kühlschrank fest werden lassen.

Anregungen und Tipps

Aprikosenkompott »light« verwenden.
Früchte nach Saison variieren.

Pro Person:	85 kcal	15 g Kohlenhydrate
	4 g Protein	2 g Nahrungsfasern
	0 g Fett	3 mg Cholesterin

Apfelküchlein im Knuspermantel

2 Äpfel (200 g)

Panade:
15 g Mandelblättchen
30 g gemahlene Haselnüsse
½ TL Lebkuchengewürz
1 Eiweiß (von 1 kleinen Ei)
flüssiger Süßstoff
1 EL Wasser

Für die Panade die Mandelblättchen und Haselnüsse ohne Fettzugabe anrösten, bis sie duften, etwas auskühlen lassen und mit dem Lebkuchengewürz mischen.

Von den Äpfeln das Kerngehäuse ausstechen, die Äpfel in ½ cm dicke Scheiben schneiden.

Eiweiß, Süßstoff und Wasser verquirlen. Die Apfelscheiben darin wenden, abtropfen lassen, dann in der Nusspanade wenden.

Die panierten Apfelscheiben ziegelartig in eine ofenfeste Form schichten, restliche Panade darüber streuen. Bei 180 Grad in der Mitte des Ofens 15–20 Minuten backen.

Pro Person:	195 kcal	10 g Kohlenhydrate
	5 g Protein	4 g Nahrungsfasern
	14 g Fett	0 mg Cholesterin

Apfelköpfchen mit Kiwi ▶

Für 2 Puddingförmchen von 100 ml (1 dl) Inhalt

100 ml (1 dl) Wasser
2 EL Vanillecremepulver »light« (ohne Milchzugabe)
1 ML Nesvital
2 kleine Äpfel (200 g)
2 Zweiglein Zitronenmelisse
2 EL Kaffeerahm

1 Kiwi (130 g)

Das Wasser mit Vanillecremepulver und Nesvital in einen Topf geben und vermischen.

Die Äpfel schälen, das Kerngehäuse entfernen, das Fruchtfleisch in feine Schnitze schneiden und ebenfalls in den Topf geben.

Alles aufkochen und zugedeckt köcheln lassen, bis die Äpfel weich sind. Kurz auskühlen lassen, dann die Apfelmasse fein pürieren. Die Zitronenmelisse sehr fein hacken, zusammen mit dem Kaffeerahm beigeben und vermengen.

Die Kiwi schälen und in feine Scheiben schneiden. Damit die Puddingförmchen auskleiden, die Apfelmasse hineinfüllen. Im Kühlschrank 2 Stunden fest werden lassen.

Die Apfelköpfchen auf Dessertteller stürzen und garnieren.

Anregungen und Tipps
Apfelmus »light« verwenden.

Pro Person:	100 kcal		15 g Kohlenhydrate
	1 g Protein		4 g Nahrungsfasern
	2 g Fett		5 mg Cholesterin

Gratinierte Birnen

2 kleine Birnen (180 g)
2 EL Wasser
1 TL Zitronensaft
1 EL grob gehackte Haselnüsse
2 EL saurer Halbrahm
flüssiger Süßstoff
Zimt

Die Birnen schälen, vierteln und in Schnitze schneiden. Die Schnitze ziegelartig in eine Gratinform legen und mit Wasser und Zitronensaft beträufeln. Die Nüsse darüber streuen.

Halbrahm, Süßstoff und Zimt vermischen und über die Birnen verteilen.

Bei 220 Grad in der Mitte des Ofens 20–25 Minuten gratinieren.

Anregungen und Tipps
Früchte nach Saison variieren.

Pro Person:	115 kcal		10 g Kohlenhydrate
	2 g Protein		2 g Nahrungsfasern
	8 g Fett		+ mg Cholesterin

Rotweinbirne mit Haube ◄

2 kleine Birnen (180 g)

Sud:
150 ml (1½ dl) Rotwein
flüssiger Süßstoff
1 TL Zitronensaft
3 Nelken
½ Zimtstange

1 TL Mandelblättchen

Haube:
1 Eiweiß
1 Prise Salz
1 TL Zucker (5 g)

Die Zutaten des Suds in einen Topf geben. Die Birnen schälen, halbieren, das Kerngehäuse und den Stielansatz entfernen, die Birnen an der Rundung leicht einschneiden, damit beim Essen das Abstechen leichter geht.

Die Birnen in den Sud legen und 8–10 Minuten zugedeckt leicht köcheln lassen (sie sollten noch stichfest sein). Mit der Schnittfläche nach oben in eine Gratinform setzen, den Sud ohne Zimststange und Nelken dazugießen. Die Birnen mit den Mandelblättchen bestreuen.

Eiweiß, Salz und Zucker vermischen und sehr steif schlagen, die Masse in einen Spritzsack füllen und auf die Birnen dressieren.

Die Birnen im Ofen bei 240 Grad Oberhitze goldgelb überbacken und warm bis lauwarm servieren.

Pro Person:	115 kcal	15 g Kohlenhydrate
	3 g Protein	2 g Nahrungsfasern
	1 g Fett	0 mg Cholesterin

Spritzige Birnen

3 kleine Birnen (270 g)
½ Zitrone
150 ml (1½ dl) trockener Weißwein
flüssiger Süßstoff
½ Vanilleschote
2 EL Pinienkerne
1 EL Williams (Birnenschnaps) nach Belieben

Die Birnen schälen und in Schnitze schneiden.

Mit dem Sparschäler die Zitronenschale abziehen, den Zitronensaft auspressen, beides in einen Topf geben. Weißwein, Süßstoff, die aufgeschlitzte Vanilleschote und die Birnenschnitze beigeben.

Die Birnenschnitze 3–5 Minuten im Sud köcheln lassen, dann die Zitronenschale und die Vanilleschote entfernen und die Birnen im Sud abkühlen lassen.

Die Pinienkerne ohne Fettzugabe kurz rösten.

Die Birnenschnitze in zwei Dessertschälchen verteilen, nach Belieben mit Williams beträufeln und die Pinienkerne darüber streuen.

Pro Person:	170 kcal	15 g Kohlenhydrate
	3 g Protein	2 g Nahrungsfasern
	4 g Fett	0 mg Cholesterin

Holunder-Apfel-Creme

150 g Holunderbeeren (5–7 Dolden), gerüstet

1 kleiner Apfel (100 g)

3 Zwetschgen (80 g)

1 Msp. Agar-Agar

flüssiger Süßstoff

½ Zitrone, Saft und Schale

2 Gewürznelken

½ Zimtstange

2 Holunderbeerendolden als Garnitur

Die Holunderbeeren mit einer Gabel von den Dolden streifen.

Den Apfel schälen, das Kerngehäuse entfernen und das Fruchtfleisch in feine Schnitze schneiden.

Die Zwetschgen vierteln.

Das Agar-Agar mit etwas Wasser vermischen, zusammen mit den Früchten, Süßstoff, Zitronensaft, Zitronenschale, Nelken und Zimtstange in einen Topf geben und einmal aufkochen, dann zugedeckt bei schwacher Hitze knapp weich köcheln lassen.

Zimtstange und Nelken entfernen und die Früchte pürieren.

In zwei Gläser oder Dessertschälchen füllen, mit den Holunderdolden garnieren und heiß oder gekühlt servieren.

Anregungen und Tipps

Wenn Sie die Creme warm servieren, verdoppeln Sie die Menge Agar-Agar. Im kalten Zustand dicken die Holunderbeeren stark ein.

Pro Person:	85 kcal	15 g Kohlenhydrate
	5 g Protein	5 g Nahrungsfasern
	0 g Fett	0 mg Cholesterin

Limettencreme

2 Blatt Gelatine
2 Limetten (135 g)
1 Ei
20 g Zucker
100 ml (1 dl) Halbrahm
flüssiger Süßstoff nach Bedarf

Anregungen und Tipps

10 g Zucker enthalten 10 g Kohlenhydrate. Durch das Fett des Rahms wird der Blutzucker langsam erhöht.

Wer aufs Gewicht achtet, befolgt die Tipps auf Seite 17.

Die Gelatine in kaltem Wasser einweichen.

Die Limetten heiß abwaschen, von einer Limette die Schale fein abreiben, von der zweiten die Schale mit dem Juliennemesser in feinen Spänen abziehen. Den Saft von beiden Limetten auspressen, etwa 100 ml (1 dl) davon (falls nötig mit Wasser auffüllen) in einen Topf geben. Die abgeriebene Limettenschale hinzufügen und alles langsam erhitzen, jedoch nicht kochen lassen (kann beim Kochen bitter werden). Den Topf von der Herdplatte ziehen.

Die Gelatine abtropfen lassen, in den heißen Limettensaft geben und unter Rühren auflösen.

Das Ei trennen. Eigelb und Zucker mit dem Handrührgerät hell und cremig aufschlagen.

Den noch warmen Limettensaft kräftig unter die Eimasse schlagen. Die Creme 15 Minuten kalt stellen, bis sie anfängt zu gelieren. Eventuell mit Süßstoff nachsüßen.

Das Eiweiß und den Rahm getrennt steif schlagen und beides vorsichtig unter die Limettencreme ziehen.

In zwei Dessertschälchen verteilen und mindestens 2 Stunden zugedeckt im Kühlschrank fest werden lassen.

Zum Servieren mit den Limettenschalenstreifen oder mit Limettenschnitzen garnieren.

Pro Person:	255 kcal	15 g Kohlenhydrate
	7 g Protein	1 g Nahrungsfasern
	18 g Fett	165 mg Cholesterin

Feigen auf Zitronenspiegel ◄

1 Becher Joghurt nature (180 g)
5 g Vanillezucker
½ ML Nesvital
½ Zitrone, Saft und Schale

2 kleine Feigen à 60 g

Joghurt, Vanillezucker und Nesvital miteinander vermischen.

Die Zitrone heiß waschen, einige Zesten für die Garnitur abziehen, die übrige Schale fein abreiben und den Saft auspressen. Saft und Schale zur Joghurtmischung geben.

Die Zitronenjoghurtsauce in zwei Dessertschälchen verteilen.

Die Feigen in Schnitze schneiden, darauf anrichten und mit Zitronenzesten garnieren.

Anregungen und Tipps

Wer aufs Gewicht achtet, kann fettreduzierten Joghurt verwenden.

10 g Vanillezucker enthält 10 g Kohlenhydrate. Durch das Eiweiß des Joghurts und die Nahrungsfasern der Feigen wird der Blutzucker langsamer erhöht.

Mirabellen in Sektgelee

240 g Mirabellen
2 EL Wasser
flüssiger Süßstoff
2 Blatt Gelatine
50 ml (½ dl) Zitronenlimonade »light« (Citro »light«)
150 ml (1½ dl) trockener Sekt
Zitronenmelisse als Garnitur

Die Mirabellen halbieren, entsteinen und die Früchte mit Wasser und Süßstoff in einen Topf geben. Bei schwacher Hitze zugedeckt kurz köcheln lassen. Die Früchte sollten nicht zerfallen. Abkühlen lassen und in zwei Gläser verteilen.

Die Gelatine in reichlich Wasser einweichen, ausdrücken und mit etwas Wasser in einem Pfännchen bei schwacher Hitze unter Rühren auflösen.

Unter Rühren die Zitronenlimonade und den Sekt darunter mischen.

Den Sekt über die Mirabellen gießen und im Kühlschrank fest werden lassen.

Anregungen und Tipps

Früchte nach Saison variieren. Geeignet sind auch Aprikosen, Zwetschgen, Quitten usw.

Desserts

Pro Person:	120 kcal	15 g Kohlenhydrate
	5 g Protein	1 g Nahrungsfasern
	4 g Fett	10 mg Cholesterin

Pro Person:	130 kcal	15 g Kohlenhydrate
	2 g Protein	1 g Nahrungsfasern
	0 g Fett	0 mg Cholesterin

Orangenschnitze in Hagenbuttencreme ◀

Creme:

40 g Hagenbuttenmus (z. B. von Morga)

1 TL kochendes Wasser

1 ML Nesvital

160 g Blanc battu 0% F.Tr. (notfalls durch Magerquark ersetzen)

½ kleine Orange (75 g)

Das Hagenbuttenmus mit dem Wasser zu einer Creme verrühren, das Nesvital darunter rühren, dann das Blanc battu und ebenfalls verrühren.

Die Orange schälen und in feine Schnitze teilen. Anfallenden Saft unter die Creme mischen.

Mit den Orangenschnitzen zwei Dessertschälchen auskleiden, die Hagenbuttencreme in die Schälchen verteilen und servieren.

Anregungen und Tipps

15 g Hagenbuttenmus enthält 10 g Kohlenhydrate. Hagenbuttenmus allein gegessen, geht blitzschnell ins Blut. In diesem Rezept wird es durch das Eiweiß (Blanc battu) abgebremst.

Hagenbuttenmus ist im Reformhandel oder in der Drogerie erhältlich.

Je nach verwendetem Produkt kann die Zusammensetzung verschieden sein. Beachten Sie deshalb die Analyse auf der Packung.

Nesvital braucht in kalten Speisen etwa 10 Minuten, um diese einzudicken.

Pro Person:	135 kcal	15 g Kohlenhydrate
	15 g Protein	+ g Nahrungsfasern
	0 g Fett	+ mg Cholesterin

Pink Grapefruit

150 ml (1½ dl) Grapefruitlimonade »light« (Mineralwasser)

40 ml Himbeersirup »light«

1 ML Nesvital

1 rote Grapefruit mit Schale (400 g)

Die Grapefruitlimonade mit Himbeersirup und Nesvital aufkochen, 1 Minute köcheln lassen und von der Herdplatte ziehen.

In der Zwischenzeit die Grapefruit schälen, halbieren und in feine Schnitze schneiden.

Die Schnitze in zwei Gläser oder Dessertschälchen verteilen und den Saft darüber gießen.

Im Kühlschrank eine Stunde andicken lassen.

Anregungen und Tipps

40 ml Sirup »light« enthält 10 g Kohlenhydrate. Je nach verwendetem Produkt kann die Zusammensetzung variieren. Achten Sie deshalb auf die Analyse des verwendeten Produkts.

Pro Person:	95 kcal	15 g Kohlenhydrate
	1 g Protein	0 g Nahrungsfasern
	0 g Fett	0 mg Cholesterin

Gewürzte Ananas

450 g Ananas (mit Schale gewogen)
½ TL Kurkumapulver
½ Zwiebel
1 kleiner Knoblauchzehe
1 TL Öl
1 Prise Sternanis
½ Zimtstange
3 Gewürznelken
1 kleine Ingwerwurzel
½ Tasse Wasser
1 Prise Salz
1 Chilischote
flüssiger Süßstoff

Die Ananas schälen, die Augen ausstechen, die Frucht längs vierteln und den Strunk herausschneiden. Die Viertel quer in 6 Stücke schneiden. In einen Topf geben, mit Kurkuma bestreuen und mit Wasser bedeckt ohne Deckel 10 Minuten köcheln lassen.

Zwiebel und Knoblauch fein hacken. In einer beschichteten Bratpfanne das Öl erhitzen. Zwiebel, Knoblauch, Sternanis, Zimtstange und Gewürznelken etwa 2 Minuten anbraten.

Den Ingwer schälen, fein reiben und mit dem Wasser sowie Salz zur Zwiebelmischung geben, 3–4 Minuten kochen lassen.

Die Chilischote halbieren, entkernen und zur Gewürzmischung in der Bratpfanne geben.

Die Ananasstücke aus dem Topf nehmen, gut abtropfen lassen und zu den Gewürzen in die Bratpfanne geben. Mit Süßstoff abschmecken und 5–10 Minuten ziehen lassen.

Pro Person: 100 kcal	15 g Kohlenhydrate
+ g Protein	2 g Nahrungsfasern
3 g Fett	0 mg Cholesterin

Apfel-Surprise ▶

150 ml (1½ dl) Weißwein
flüssiger Süßstoff
½ Zimtstange
2 säuerliche Äpfel (275 g)
1 Häuschen dunkle Schokolade (5 g)
Zitronenmelisse als Garnitur

Den Weißwein zusammen mit Süßstoff und Zimtstange in einen Topf geben.

Die Äpfel schälen, mit der Röstiraffel zum Weißwein reiben und 10 Minuten zugedeckt köcheln lassen.

Die Äpfel auskühlen lassen, die Zimtstange entfernen und das Apfelmus in zwei Dessertschälchen verteilen.

Die Schokolade in Späne schaben und kurz vor dem Servieren darüber streuen, mit Zitronenmelisse garnieren.

Pro Person: 140 kcal	15 g Kohlenhydrate
1 g Protein	3 g Nahrungsfasern
1 g Fett	+ mg Cholesterin

Ananas auf Kürbismus

300 g Kürbis
½ ML Nesvital
flüssiger Süßstoff
½ TL Zitronensaft
10 g Vanillezucker

1 Miniananas (gerüstet 80 g)

Den Kürbis rüsten, in Schnitze schneiden und mit wenig Wasser bedeckt weich köcheln.

Den Kürbis fein pürieren, Nesvital, Süßstoff, Zitronensaft und Vanillezucker darunter rühren und kühl stellen.

Die Ananas schälen und in Schnitze schneiden. Das Kürbismus auf Teller geben und mit den Ananasschnitzen garnieren oder in Ananashälften anrichten.

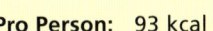

Desserts

Pro Person:	93 kcal	15 g Kohlenhydrate
	2 g Protein	1 g Nahrungsfasern
	0 g Fett	0 mg Cholesterin

Ile flottante

Vanillesauce:
150 ml (1½ dl) Milchdrink
½ Vanilleschote
½ TL Maisstärke (Maizena)
flüssiger Süßstoff
1 Eigelb
Cognac nach Belieben
½ Becher nordische Sauermilch (M-Dessert),
12% F. i. Tr.

Meringuemasse:
1 Eiweiß
1 Prise Salz
20 g Puderzucker
2 EL Kokosraspel

1 l Wasser
Salz
1 EL Kokosraspel

Die Milch in einen Topf geben. Die Vanilleschote aufschlitzen und zusammen mit Maisstärke, Süßstoff und dem Eigelb zur Milch geben, verquirlen.

Die Milch unter ständigem Rühren aufkochen, die Hitze reduzieren und so lange weiterköcheln lassen, bis die Creme leicht fest wird. In eine Schüssel gießen, die Vanilleschote entfernen und die Creme abkühlen lassen.

Den Cognac und die Sauermilch unter die Creme mischen und diese auf zwei Dessertschälchen verteilen.

Für die Meringuemasse das Eiweiß mit dem Salz steif schlagen, den Puderzucker darunter mischen und 2–3 Minuten weiterschlagen, dann die Kokosraspel darunter heben.

Das Wasser in einem weiten Topf erhitzen, salzen; es darf aber nicht kochen. Mit zwei Esslöffeln die Meringuemasse zu ovalen Klößen formen. Die Klöße auf das Wasser setzen und 5 Minuten ziehen lassen, wenden und weitere 5 Minuten ziehen lassen. Die Klöße mit der Schaumkelle herausheben, abtropfen und auskühlen lassen und auf die Creme setzen.

Die Kokosraspel ohne Fettzugabe leicht anrösten, bis sie duften, über die Klöße streuen und servieren.

Anregungen und Tipps

10 g Puderzucker enthält 10 g Kohlenhydrate und geht allein gegessen blitzschnell in Blut. In diesem Rezept wird die Wirkung des Puderzuckers durch Eiweiß und Fett abgebremst.

Vanillecreme »light« verwenden.

Pro Person: 230 kcal	15 g Kohlenhydrate
8 g Protein	2 g Nahrungsfasern
15 g Fett	140 mg Cholesterin

Crema catalana

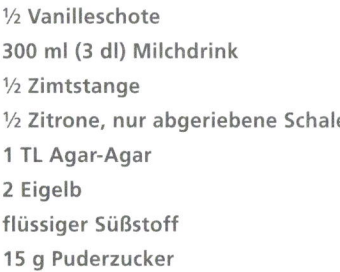

½ Vanilleschote
300 ml (3 dl) Milchdrink
½ Zimtstange
½ Zitrone, nur abgeriebene Schale
1 TL Agar-Agar
2 Eigelb
flüssiger Süßstoff
15 g Puderzucker

Die Vanilleschote aufschlitzen und die Samen herauskratzen. Die Milch mit den Vanillesamen, Zimtstange, Zitronenschale und Agar-Agar aufkochen, von der Herdplatte ziehen.

Die Eigelbe und den Süßstoff mit dem Handmixer schlagen, bis die Masse hell wird.

Die Zimtstange entfernen und die Milch unter Rühren zur Eimasse geben.

Die Masse zurück in den Topf gießen und bei mittlerer Hitze bis vors Kochen bringen, bis die Creme zu stocken beginnt. Dann in zwei feuerfeste Förmchen gießen und im Kühlschrank kühl stellen.

Vor dem Servieren den Puderzucker über die Creme streuen und im Ofen bei starker Oberhitze karamellisieren lassen. Warm servieren.

Pro Person:	170 kcal	15 g Kohlenhydrate
	8 g Protein	0 g Nahrungsfasern
	9 g Fett	260 mg Cholesterin

Orangen- und Zwetschgen Jalousien ▶

Ergibt 18 Stück

1 rechteckig ausgewallter Blätterteig von 270 g (26 × 42 cm)
3 Orangen (mit Schale 500 g)
3 Zwetschgen (80 g)
3 EL Mandelsplitter
1 TL Süßstoffpulver

Den Blätterteig etwas größer auswallen (27 × 48 cm). Die Schmalseite in drei Streifen und die Längsseite in sechs Streifen einteilen und den Teig in Rechtecke von 9 × 8 cm schneiden. Die Längsseiten der Rechtecke etwas einrollen und die Teigstücke auf ein mit Backpapier belegtes Blech legen. Den Backofen auf 220 Grad vorheizen.

Die Orangen schälen, halbieren und in feine Scheiben schneiden, die Hälfte der Rechtecke damit belegen. Den beim Schneiden entstandenen Orangensaft auffangen und beiseite stellen.

Die Zwetschgen ebenfalls in feine Streifen schneiden, die restlichen Rechtecke damit belegen.

Die Mandelsplitter darüber streuen und die Jalousien etwa 15 Minuten in der Mitte des Ofens backen. Herausnehmen und noch warm mit Süßstoffpulver bestreuen. Nach Belieben mit dem Orangensaft beträufeln.

Anregungen und Tipps

Früchte je nach Saison variieren.

Wer aufs Gewicht achtet, befolgt die Tipps auf Seite 17.

1 Stück:	80 kcal	7 g Kohlenhydrate
	1 g Protein	1 g Nahrungsfasern
	5 g Fett	15 mg Cholesterin

Schokoladenmousse ◀

Für 4 Personen

2 Eiweiß
200 ml (2 dl) Halbrahm
1 ML Nesvital
50 g braune Milchschokolade
50 g weiße Schokolade

Das Eiweiß steif schlagen. Den Rahm mit dem Nesvital ebenfalls steif schlagen.

Beide Schokoladensorten separat mit kochendem Wasser übergießen, kurz warten, bis die Schokolade weich ist, dann das Wasser vorsichtig abgießen. Die Schokolade etwas abkühlen lassen. Die braune Schokolade mit der Hälfte des geschlagenen Rahms verrühren, die weiße Schokolade mit der anderen Hälfte Rahm.

Den Eischnee je zur Hälfte vorsichtig unterheben. Die Schokoladenmousse kalt stellen.

Mit einem Glacelöffel Kugeln oder mit zwei Esslöffeln Nocken formen und in zwei Dessertschälchen verteilen und kühl servieren.

Anregungen und Tipps

20 g Milchschokolade enthält 10 g Kohlenhydrate. Durch das Fett, welches die Schokolade enthält, wird der Blutzucker langsamer erhöht.

Für 2 Personen die Hälfte des Rezeptzutaten nehmen und nur eine Schokoladensorte verwenden.

Wer aufs Gewicht achtet, befolgt die Tipps auf Seite 17.

Pro Person:	280 kcal	15 g Kohlenhydrate
	6 g Protein	0 g Nahrungsfasern
	22 g Fett	90 mg Cholesterin

Zitronenglace

2 Zitronen
100 ml (1 dl) Wasser
2½ TL flüssiger Süßstoff
1 Eiweiß
100 ml (1 dl) Halbrahm
1 ML Nesvital
2 gerollte Waffeln zur Garnitur

Die Zitronen waschen, die Schale in dünnen Streifen (Zesten) abschneiden und diese klein schneiden. Die Zitronen auspressen. Zitronenschale, -saft, Wasser und Süßstoff mischen.

Das Eiweiß zu Schnee schlagen. Den Rahm mit dem Nesvital steif schlagen. Eischnee und Rahm unter die Zitronensaftmischung heben.

In der Eismaschine gefrieren oder unter gelegentlichem Rühren im Tiefkühler fest werden lassen.

Kugeln formen und mit einer Waffel garnieren.

Anregungen und Tipps

10 g Kohlenhydrate sind in 3 gerollten Waffeln enthalten. In diesem Rezept bremst das Fett den Kohlenhydrateinstrom. Da die Zusammensetzung je nach gewähltem Produkt variiert, beachten Sie die Analyse auf der Packung.

Wer aufs Gewicht achtet, befolgt die Tipps auf Seite 17.

Herstellung ohne Eismaschine: Die Masse im Tiefkühler anfrieren lassen. Mit dem Stabmixer gut durchrühren und wieder in den Tiefkühler zurückstellen. Dies mehrmals wiederholen. Das Durchrühren mit dem Stabmixer macht die Glacemasse sämig.

Pro Person:	245 kcal	15 g Kohlenhydrate
	4 g Protein	+ g Nahrungsfasern
	15 g Fett	50 mg Cholesterin

Parfait mit Zwetschgensauce

1 Eigelb
2 EL Süßstoffpulver
½ Vanilleschote
1 EL Zwetschgenschnaps (»Vieille Prune«)
nach Belieben
1 Eiweiß
100 ml (1 dl) Halbrahm
230 g Zwetschgen
flüssiger Süßstoff nach Belieben

Das Eigelb mit Süßstoffpulver im warmen Wasserbad schaumig rühren.

Die Vanilleschote aufschlitzen, die Samen auskratzen und zur Eimasse geben. Mit dem Zwetschgenschnaps parfümieren.

Das Eiweiß und den Rahm separat steif schlagen, beides schnell unter die Eimasse heben. Sofort in zwei Förmchen füllen und im Tiefkühler fest werden lassen.

Die Zwetschgen halbieren, entsteinen und in Schnitze schneiden. Zusammen mit etwas Wasser zugedeckt weich köcheln lassen. Nach Belieben mit Süßstoff süßen.

Zum Anrichten das Parfait etwas antauen lassen. Die Zwetschgensauce in zwei Dessertschälchen verteilen und das Parfait darauf stürzen.

Anregungen und Tipps
Tiefgekühlte Zwetschgen verwenden.
Früchte je nach Saison variieren.
Wer aufs Gewicht achtet, befolgt die Tipps auf Seite 17.

Pro Person:	230 kcal	15 g Kohlenhydrate
	6 g Protein	2 g Nahrungsfasern
	17 g Fett	157 mg Cholesterin

Schwarzweiße Creme

2 TL (5 g) Maisstärke (Maizena)
300 ml (3 dl) Milchdrink
flüssiger Süßstoff
1 ML Nesvital
1 Vanilleschote
20 g Milchschokolade
1 TL ungezuckertes Kakaopulver

Die Maisstärke unter die Milch mischen und gründlich verrühren. Süßstoff, Nesvital und die aufgeschlitzte Vanilleschote dazugeben. Alles mischen und unter ständigem Rühren bis zum Kochen bringen.

Die Hälfte der Creme in eine Schüssel gießen.

Die Milchschokolade und das Kakaopulver unter die andere Hälfte rühren, bis sich die Schokolade aufgelöst hat. Dann ebenfalls zum Abkühlen in eine Schüssel gießen. Ab und zu rühren, damit sich keine Haut bildet.

Zum Anrichten beide Cremen parallel in Dessertschälchen füllen. Mit einem Zahnstocher oder Holzspieß Muster zeichnen.

Pro Person:	130 kcal	15 g Kohlenhydrate
	6 g Protein	0 g Nahrungsfasern
	5 g Fett	10 mg Cholesterin

Gefüllte Ofenküchlein

Ergibt 6 Stück

Brühteig:
100 ml (1 dl) Wasser
25 g Butter
1 Msp. Salz
45 g Weißmehl
1 großes Ei

Füllung:
170 g Heidelbeeren
200 g Himbeeren
170 g Johannisbeeren
etwas Wasser
Zitronensaft
flüssiger Süßstoff

Das Wasser mit Butter und Salz aufkochen. Von der Herdplatte ziehen, das Mehl im Sturz beigeben und kräftig rühren, bis der Teig sich als zusammenhängender glatter Kloß vom Topfboden löst.

Das Ei verklopfen, unter den Teig rühren, bis der Teig glänzt und in Fetzen von der Kelle reißt.

Ein Blech mit Backpapier belegen. Mit dem Spritzsack den Teig in Häufchen darauf dressieren. Großen Abstand lassen, da die Ofenküchlein aufgehen.

Bei 180 Grad in der Mitte des Ofens 30–40 Minuten backen. Den Ofen während dem Backen nicht öffnen. Die Ofenküchlein am Schluss im ausgeschalteten, leicht geöffneten Ofen etwas austrocknen lassen.

Herausnehmen und noch warm mit einer Schere aufschneiden.

Für die Füllung alle Zutaten mischen und kurz aufkochen. Das Kompott abkühlen lassen und die Ofenküchlein kurz vor dem Servieren füllen.

Anregungen und Tipps

Tiefgekühlte Beerenmischung ohne Zucker verwenden.

Ofenküchlein einmal pikant füllen, z.B. mit Thonmasse (Thunfisch) oder Kräuterquark.

Die gebackenen Küchlein können Sie ohne Füllung etwa einen Monat tiefkühlen.

Pro Person: 110 kcal	10 g Kohlenhydrate
3 g Protein	6 g Nahrungsfasern
5 g Fett	55 mg Cholesterin

Flambierte Äpfel
auf Vanillerahm

100 g Kürbis
2 kleine Äpfel (200 g)
Zitronensaft
flüssiger Süßstoff
10 g Butter
2 EL Calvados (Apfelschnaps)

Vanillerahm:
½ Becher Saucenhalbrahm
10 g Vanillezucker

Den Kürbis schälen und in 5 mm dicke Scheiben schneiden.

Die Äpfel schälen, das Kerngehäuse entfernen und die Früchte ebenfalls in 5 mm dicke Scheiben schneiden.

Apfel- und Kürbisscheiben zusammen mit etwas Zitronensaft und Süßstoff knackig köcheln.

Die Butter in einer Bratpfanne leicht erhitzen, die Apfel- und Kürbisscheiben darin beidseitig anbraten.

Den Calvados beigeben und sofort anzünden. In zwei Dessertschälchen verteilen.

Für den Vanillerahm den Rahm mit dem Vanillezucker steif schlagen. Auf die Apfel- und Kürbisscheiben geben oder separat dazu servieren.

Anregungen und Tipps

Wer aufs Gewicht achtet, befolgt die Tipps auf Seite 17.

Es sollte wenig Flüssigkeit in der Pfanne sein, wenn Sie den Alkohol beifügen. Sonst wird der Alkohol verdünnt und brennt nicht mehr. Das Flambieren soll rasch und zügig gehen, deshalb alles im Voraus bereithalten. Um eine Stichflamme zu vermeiden:
– Abzug ausschalten.
– Alkohol nicht direkt aus der Flasche in die Pfanne gießen.
– Deckel zum Löschen bereithalten.

Pro Person:	250 kcal	15 g Kohlenhydrate
	2 g Protein	1 g Nahrungsfasern
	17 g Fett	45 mg Cholesterin

Beerenroulade

Ergibt 10 Portionenstücke

3 Eier
2–3 EL Wasser
12 g Süßstoffpulver
½ Vanilleschote, ausgekratztes Mark
70 g Mehl
20 g Maisstärke
1 TL Backpulver

Füllung:
3 Blatt Gelatine
200 ml Halbrahm (aus dem Kühlschrank)
100 g Speisequark
½ TL Zitronensaft
½ TL abgeriebene Zitronenschale
½ TL flüssiger Süßstoff
200 g Waldbeeren
2–3 EL kochendes Wasser
1 EL Süßstoffpulver zum Bestreuen

Den Backofen auf 200 Grad vorheizen.

Die Eier trennen. Das Eiweiß mit dem Wasser steif schlagen, das Süßstoffpulver und das Vanillemark beifügen. Die Eigelbe nacheinander beifügen, sorgfältig mischen.

Mehl, Maisstärke und Backpulver mischen, auf die Eimasse sieben und sorgfältig unterheben.

Den Teig etwa 5 mm dick auf ein mit Backpapier belegtes Blech (26 × 32 cm) streichen. Im vorgeheizten Backofen 10–12 Minuten backen.

Das Biskuit auf ein Küchentuch stürzen, das Backpapier sorgfältig ablösen, das Biskuit sofort von der Längsseite her einrollen und auskühlen lassen.

Für die Füllung die Gelatine in kaltem Wasser einweichen.

Den Rahm steif schlagen. Mit Quark, Zitronensaft und -schale sowie dem flüssigen Süßstoff zu einer Creme rühren. Die Beeren vorsichtig darunter ziehen.

Die Gelatine ausdrücken und in wenig kochendem Wasser auflösen, etwas Quarkmasse dazugeben und gut verrühren. Die angerührte Gelatine zur Quarkmasse geben und gut darunter rühren. Kühl stellen, bis die Masse am Rand fest zu werden beginnt.

Das Biskuit wieder ausrollen, etwa 2 cm dick mit der Füllung bestreichen, dabei rundherum einen schmalen Rand lassen und von der schmalen Seite her aufrollen. Die Roulade mit Süßstoffpulver bestreuen.

Anregungen und Tipps

Tiefgekühlte Beeren leicht antauen lassen, bevor man sie unter die Creme zieht.

Ganze Roulade:		
	4 g Protein	
100 g Kohlenhydrate	6 g Fett	
1 Stück (¹⁄₁₀):	10 g Kohlenhydrate	
124 kcal	1 g Nahrungsfasern	
	71 mg Cholesterin	

Lemon Tarte

Für eine Springform von 18 cm Durchmesser
Ergibt 8 Portionenstücke

Mürbeteigboden:

105 g Mehl

3 Prisen Salz

60 g Butter light

70 g geschälte Mandeln, fein gemahlen

30 g Speisequark

1 kleines Ei

flüssiger Süßstoff

Hülsenfrüchte wie Kidneybohnen, Erbsen usw.
zum Blindbacken

1 TL Zitronenkonfitüre für Diabetiker

1 EL heißes Wasser

Creme:

2 Zitronen, Saft und abgeriebene Schale

2 große Eier

10 g Süßstoffpulver

2 Msp. Agar-Agar

15 g Butter

1 TL Aprikosenkonfitüre light

1 EL Wasser

1 kleine Zitrone, ungespritzt, für die Garnitur

Ganze Torte:	6 g Protein
85 g Kohlenhydrate	12 g Fett
1 Stück (⅛):	11 g Kohlenhydrate
186 kcal	2 g Nahrungsfasern
	89 mg Cholesterin

Für den Mürbeteigboden Mehl und Salz mischen, die Butter in Stücke schneiden, dazugeben und mit den Fingern zu einer krümeligen Masse verreiben. Mandeln, Speisequark, Ei und Süßstoff dazugeben. Nur so lange kneten, bis der Teig zusammenhält. 30 Minuten in den Tiefkühler stellen.

Den Backofen auf 180 Grad vorheizen.

Die Hälfte des Teigs zwischen zwei Bogen Backpapier 5 mm dick ausrollen und in die mit Backpapier belegte Form legen. Die andere Hälfte des Teigs zu einer 1 cm dicken Rolle formen und als Teigrand an den Formenrand legen. Leicht mit einer Gabel oder mit den Fingern andrücken und 2 bis 2½ cm hochziehen. Die obere Kante des Teigrands mit einem in Wasser getauchten Messer glätten. Den Boden mit einer Gabel dicht einstechen, kurz kalt stellen.

Den Teigboden mit Backpapier belegen, mit den Hülsenfrüchten beschweren und im vorgeheizten Backofen 25 Minuten backen. Die Hülsenfrüchte entfernen und den Mürbeteigboden auskühlen lassen.

Die Zitronenkonfitüre mit dem Wasser verrühren und mit einem glatten Messer auf den ausgekühlten Teigboden streichen.

Für die Creme in einer weiten Pfanne etwa 200 ml Wasser zum Kochen bringen.

Die abgeriebene Zitronenschale und den Saft in eine Schüssel geben. Eier, Süßstoffpulver und Agar-Agar darunter rühren und die Butter, in kleine Stücke geschnitten, beigeben. Die Schüssel knapp über das kochende Wasser setzen (sie sollte das heiße Wasser nicht berühren) und die Zutaten rühren, bis sich die Butter vollständig aufgelöst hat und die Masse schaumig ist. 15 Minuten abkühlen lassen.

Den Backofen auf 200 Grad vorheizen.

Quarkstrudel

Die Creme auf den Mürbeteigboden gießen und im vorgeheizten Backofen 10 Minuten backen, bis sie in der Mitte fest geworden ist. Herausnehmen und abkühlen lassen.

Die Aprikosenkonfitüre mit dem Wasser verrühren und mit einem Pinsel damit die Oberfläche bestreichen.

Für die Garnitur mit einem Zestenmesser längs Zitronenschalenstreifen abziehen. Die Zitrone längs halbieren und feine Zitronen-Halbmonde schneiden. Mit diesen den Rand der Tarte garnieren. In die Mitte einige Zitronenzesten legen.

Anregungen und Tipps

Zitronenkonfitüre für Diabetiker erhalten Sie bei Hans Pfister, Confiturier, Zürich. Adresse siehe Seite 142.

Den ganzen Teig ausrollen und damit ein Kuchenblech (18 cm Durchmesser) auslegen, den Teig für den Rand einklappen.

Ergibt 14 Portionenstücke

1 rechteckiger Blätterteig, ausgerollt (320 g)
2 EL Sultaninen
½ Ei, verklopft

Füllung:
250 g Halbfettquark
flüssiger Süßstoff
1 Vanilleschote, ausgekratztes Mark
1½ ML pflanzliches Bindemittel (z. B. Nestargel)
½ Zitrone, abgeriebene Schale und Saft
3 EL gemahlene Haselnüsse (20 g)
200 g Apfel

Den Backofen auf 200 Grad vorheizen.

Den Teig der Länge nach halbieren. Auf die eine Hälfte des Teigs die Sultaninen verteilen.

Für die Füllung alle Zutaten mischen, dabei den Apfel fein direkt zur Quarkmasse reiben. Die Masse auf die mit den Sultaninen belegte Teighälfte streichen. Dabei 2 cm Rand frei lassen, den Rand mit Ei bestreichen und die zweite Teighälfte darüber legen. Die Ränder gut andrücken und in den Deckel mit einem Messer oder einem Teigrädchen mit jeweils 1 cm Abstand Schlitze schneiden.

Im vorgeheizten Backofen 30 Minuten backen.

Ganzer Strudel:	4 g Protein
128 g Kohlenhydrate	9 g Fett
1 Stück (¹⁄₁₄):	9 g Kohlenhydrate
136 kcal	1 g Nahrungsfasern
	31 mg Cholesterin

Schwarzwälder Torte

Für eine Springform von 18 cm Durchmesser
Ergibt 8 Portionenstücke

Biskuit:

2 Eigelb

1 EL heißes Wasser

50 g Zucker

2 Eiweiß

1 Prise Salz

45 g Mehl

1 Msp. Backpulver

1 TL Kakaopulver

½ Vanilleschote, ausgekratztes Mark

1 Msp. Butter zum Ausfetten des Tortenrings

½ EL Mehl zum Bestäuben des Tortenrands

Füllung:

75 g rote Weichselkirschen light

2 EL Kirsch

200 ml Vollrahm

2 Tropfen Vanillearoma

50 g Schokoladenspäne

Den Backofen auf 200–210 Grad vorheizen.

Eigelbe und Wasser in einer Schüssel rühren, bis die Masse hell wird. 20 g Zucker dazugeben und die Masse schaumig schlagen.

Die Eiweiße mit dem restlichen Zucker und dem Salz zu sehr steifem Schnee schlagen, ein Drittel des Eischnees unter die Eimasse heben.

Mehl, Backpulver, Kakaopulver und Vanillemark mischen und auf die Eimasse sieben. Den restlichen Eischnee darauf geben und alles vorsichtig mit einem Gummischaber unterheben, so dass eine schaumige, homogene Masse entsteht.

Den Boden der Springform mit Backpapier auslegen, den Ring einfetten, kurz vor dem Backen mit Mehl bestäuben und das Mehl gut abklopfen.

Den Teig in die Form füllen und im unteren Teil des vorgeheizten Backofens 20–25 Minuten backen. Auskühlen lassen.

In der Zwischenzeit die Weichselkirschen mit dem Kirsch marinieren und zugedeckt bereitstellen.

Den Rahm mit dem Vanillearoma mischen und steif schlagen.

Das Biskuit quer in 2 Böden teilen. Die eingelegten Weichselkirschen auf dem ersten Boden verteilen, ein Drittel des Rahms darauf streichen, den zweiten Teigboden auflegen. Die Oberfläche und den Rand der Torte mit dem restlichen Rahm bestreichen. Die Torte mit Schokoladenspänen bestreuen und kühl stellen.

Anregungen und Tipps

Rote Weichselkirschen light führt die Firma Hero (Schwartau) oder in Deutschland von Natreen.

Ganze Torte:	3 g Protein
117 g Kohlenhydrate	11 g Fett
1 Stück (⅛):	15 g Kohlenhydrate
171 kcal	1 g Nahrungsfasern
	72 mg Cholesterin

Nideltörtchen

Ergibt 8 Stück

1 rechteckiger ausgewallter Blätterteig (230 g)

1 TL Aprikosenkonfitüre light (10 g)

2 Eier

flüssiger Süßstoff

½ Zitrone, abgeriebene Schale

1 TL Zitronenkonfitüre für Diabetiker

1 TL Zimt

2 ML Nestargel

1 Prise Salz

100 g Kürbis

130 ml Kaffeerahm

40 g Blanc battu (fettarmer Frischkäse, ersatzweise Speisequark)

80 g Apfel, geschält, Kerngehäuse entfernt

1 EL Calvados

Den Backofen auf 200 Grad vorheizen.

Aus dem Blätterteig 8 Rondellen ausstechen und in runde Backförmchen (8 cm Durchmesser) legen. Den Boden mit einer Gabel einstechen und mit der Aprikosenkonfitüre bestreichen.

Die Eier in einer Schüssel verquirlen, Süßstoff, Zitronenschale, Zitronenkonfitüre, Zimt, Nestargel und Salz dazugeben.

Den Kürbis schälen und fein direkt zur Masse reiben.

Den Kaffeerahm und den Blanc battu darunter heben und alles gut vermischen.

Den Apfel in kleine Würfel schneiden, in wenig Wasser dünsten und den Calvados beigeben. Die Apfelstückchen gleichmäßig auf die Blätterteigböden verteilen. Die Masse in die Förmchen gießen und im vorgeheizten Backofen 25–35 Minuten backen.

Anregungen und Tipps

Für die Blätterteigböden braucht es 170 g Teig. Mit dem restlichen Teig können Sie Prussiens oder einen Obstkuchen zubereiten.

Zitronenkonfitüre für Diabetiker erhalten Sie bei Hans Pfister, Confiturier, Zürich. Adresse siehe Seite 213.

Ganze Menge:	4 g Protein
70 g Kohlenhydrate	10 g Fett
1 Stück:	9 g Kohlenhydrate
142 kcal	1 g Nahrungsfasern
	70 mg Cholesterin

Hefeschnecken

Ergibt 25 Stück

Hefeteig:
250 g Mehl Type 550 (Ruchmehl)
¾ TL Salz
10 g Hefe (¼ Würfel)
30 g Butter
150 ml fettreduzierte Milch
flüssiger Süßstoff

2 EL Haferkleie zum Ausrollen

Füllung:
50 g gemahlene Haselnüsse
2 EL Weizenkleie
60 g Blanc battu (fettarmer Frischkäse, ersatzweise Speisequark)
½ TL flüssiger Süßstoff
½ Zitrone, Saft und abgeriebene Schale
100 g Karotten (2 mittelgroße)
1 kleiner Apfel
1 Msp. Kardamom
1 Msp. Koriander
½ TL Zimt
1 Prise Nelkenpulver

Den Backofen auf 200–220 Grad vorheizen.
Mehl und Salz in einer Schüssel mischen.
Die Hefe mit etwas Milch verrühren.

Butter und Milch zusammen erwärmen. Von der Herdplatte ziehen und auf Zimmertemperatur abkühlen lassen. Mit Süßstoff süßen.

Die Butter-Milch-Mischung und die angerührte Hefe zum Mehl geben und zu einem Teig rühren. Den Teig kneten, bis er glatt und geschmeidig ist. Zugedeckt an der Wärme auf das Doppelte aufgehen lassen.

Den Teig auf Haferkleie zu einem Rechteck ausrollen (ca. 40 × 30 cm).

Alle Zutaten der Füllung mischen, dabei Karotten und Apfel fein dazureiben und sofort darunter mischen.

Die Füllung auf den Teig streichen, dabei 2 cm Rand frei lassen und diesen mit Wasser befeuchten. Den Teig von der Längsseite her aufrollen, in ½ bis 1 cm dicke Scheiben schneiden. Die Schnecken mit Abstand auf ein mit Backpapier belegtes Blech legen.

Im vorgeheizten Backofen 25–35 Minuten backen.

Anregungen und Tipps

Den ganzen Hefewürfel (42 g) verarbeiten, ein Viertel des Teigs für dieses Rezept verwenden, den Rest tiefkühlen oder zu Zöpfen flechten.

Die Butter-Milch-Mischung nicht zu heiß erwärmen. Wenn die Hefe mit zu heißer Flüssigkeit vermischt wird, geht der Teig weniger gut auf.

Falls die Füllung zu flüssig wird, noch etwas gemahlene Haselnüsse darunter mischen.

Wenn man die Schnecken in eine Springform legt, entsteht beim Backen ein Rosenkuchen.

Ganze Menge:	4 g Protein
205 g Kohlenhydrate	4 g Fett
2 Stück (²⁄₂₅):	8 g Kohlenhydrate
130 kcal	3 g Nahrungsfasern
	6 mg Cholesterin

Ofenküchlein mit Nektarinenfüllung

Ergibt 12 Stück

Ofenküchlein:
200 ml Wasser
50 g Butter
½ TL Salz
flüssiger Süßstoff
105 g Mehl
2–3 Eier
3 Tropfen Vanillearoma

Creme:
80 g Blanc battu (fettarmer Frischkäse,
ersatzweise Speisequark)
flüssiger Süßstoff
½ TL Zitronensaft
5 Tropfen Vanillearoma

Füllung:
2 Nektarinen für 200 g Nektarinenkugeln
90 g Heidelbeeren
½ TL Zitronensaft
1 EL Himbeergeist (42 Vol.-%)

Den Backofen auf 180 Grad vorheizen.

Wasser, Butter, Salz und Süßstoff in einem kleinen Topf aufkochen.

Das Mehl im Sturz dazugeben und kräftig so lange rühren, bis sich der Teig vom Topfboden löst und einen zusammenhängenden, glatten Kloß bildet. Leicht auskühlen lassen.

Die Eier einzeln aufschlagen, verklopfen und nacheinander mit dem Vanillearoma unter die Teigmasse rühren, bis der Teig glänzt und in Fetzen vom Kochlöffel reißt.

Den Teig mit 2 Esslöffeln in hohen Häufchen auf ein mit Backpapier belegtes Blech setzen.

In der Mitte des vorgeheizten Backofens 30–40 Minuten backen. Die Ofentür während der Backzeit nicht öffnen! Die Ofenküchlein im ausgeschalteten, leicht geöffneten Backofen etwas trocknen lassen. Herausnehmen und noch warm mit der Schere aufschneiden.

Für die Creme alle Zutaten mischen.

Für die Füllung die Nektarinen schälen und mit einem Kugelausstecher Kugeln formen.

Die Nektarinenkugeln und die Heidelbeeren mit Zitronensaft und Himbeergeist vermischen und etwas ziehen lassen.

Die Ofenküchlein kurz vor dem Servieren zuerst mit Creme, dann mit den Früchten füllen.

Anregungen und Tipps

Mit geschlagenem Rahm servieren.

Die Ofenküchlein können im Voraus gebacken werden.

Ofenküchlein können Sie auch pikant füllen, zum Beispiel mit einem Forellen- oder Schinkenmousse.

Ganze Menge:	3 g Protein
100 g Kohlenhydrate	5 g Fett
1 Stück (¹⁄₁₂):	8 g Kohlenhydrate
93 kcal	1 g Nahrungsfasern
	43 mg Cholesterin

Nussecken

Ergibt 30 Stück

105 g Mehl
45 g gemahlene Mandeln
1 TL Backpulver
8 g Süßstoffpulver
3–4 Tropfen Vanillearoma
1 Prise Salz
1 Ei
50 g kalte Butter
1 EL Aprikosenkonfitüre light
1 TL heißes Wasser

Belag:
100 g Butter light
1 ML Nestargel
30 g Fruchtzucker
1 Prise Salz
2–3 Tropfen Vanillearoma
100 g gemahlene Haselnüsse
100 g ganze Haselnüsse

Glasur:
40 g dunkle Schokolade
4 EL Halbrahm
2–3 EL heißes Wasser

Ganze Menge:	8 g Protein
125 g Kohlenhydrate	26 g Fett
1 Stück (¹⁄₃₀):	12 g Kohlenhydrate
315 kcal	3 g Nahrungsfasern
	47 mg Cholesterin

Den Backofen auf 200 Grad vorheizen.

Mehl, gemahlene Mandeln und Backpulver in einer Schüssel mischen. Süßstoffpulver, Vanillearoma, Salz und Ei beigeben, alles zu einem dicken Brei mischen. Die kalte Butter in Stücken beigeben und alles schnell zu einem glatten Teig kneten. Falls der Teig klebt, kurz kalt stellen. Den Teig zu einem rechteckigen Klotz formen, kurz kalt stellen.

Den Teig zwischen zwei Blättern Backpapier zu einem Rechteck von 15×20 cm und 3 mm Dicke ausrollen. Auf ein mit Backpapier belegtes Blech legen.

Die Aprikosenkonfitüre mit dem Wasser verrühren und den Teig damit bestreichen.

Die Light-Butter bei mittlerer Hitze schmelzen. Nestargel, Fruchtzucker und Salz beigeben und darunter rühren. Die Pfanne von der Herdplatte ziehen und das Vanillearoma darunter mischen.

Die gemahlenen Haselnüsse in einer beschichteten Pfanne ohne Beigabe von Fettstoff anrösten, bis sie fein zu duften beginnen. Die Haselnüsse auf einen Teller geben, abkühlen lassen, dann mit der Buttermischung vermengen.

Die ganzen Haselnüsse im Cutter oder von Hand hacken und ebenfalls unter die Butter-Nuss-Masse mischen. Die Masse kalt stellen.

Die etwas abgekühlte Masse gleichmäßig auf dem Teigrechteck verteilen und mit einem nassen Spachtel oder Teigschaber glatt streichen. Auf der mittleren Rille im vorgeheizten Backofen 20–25 Minuten backen.

Herausnehmen, abkühlen lassen, dann auf dem Blech in Quadrate von 5×5 cm schneiden und diese diagonal noch einmal zerschneiden, so dass Dreiecke entstehen.

Die Schokolade mit kochendem Wasser übergießen, kurz stehen lassen. Mit einem Stäbchen überprüfen, ob die Schokolade weich ist. Das Wasser vorsichtig abgießen. Den Rahm beifügen und ins heiße Wasserbad stellen. Mit 2–3 Esslöffeln heißem Wasser glatt rühren, bis eine dickflüssige Masse entsteht.

Die beiden spitzen Ecken des Gebäcks jeweils mit der Schokoladenglasur bestreichen oder die Ecken in die Glasur tauchen und gut abtropfen lassen.

Anregungen und Tipps

Statt Vanillearoma können Sie auch einen selbstgemachten «Vanillezucker» verwenden. Dazu eine aufgeschlitzte Vanilleschote in ein Glas Süßstoffpulver legen und 14 Tage gut verschlossen lagern.

Die Nüsse nicht zu grob hacken, damit der Belag besser auf der Teigunterlage hält.

Prussiens

Ergibt ca. 40 Stück

1 rechteckig ausgerollter Blätterteig von 320 g
4–5 EL Süßstoffpulver mit Vanillearoma (siehe Tipp)

Den Backofen auf 200 Grad vorheizen.

Den Teig vom Backpapier lösen und auf die Arbeitsfläche legen. Das Backpapier auf dem Blech auslegen.

Den Teig mit der Hälfte des Süßstoffpulvers bestreuen und dieses mit dem Teigroller gut andrücken. Den Teig wenden und das Ganze mit dem restlichen Süßstoffpulver wiederholen.

Den Teig von beiden Längsseiten her eng einrollen, die Rolle in 1 cm breite Scheiben schneiden und diese auf das Blech legen.

Im vorgeheizten Backofen 10 Minuten backen, wenden und nochmals weitere 10 Minuten fertig backen.

Anregungen und Tipps

Für Süßstoffpulver mit Vanillearoma eine aufgeschlitzte Vanilleschote in ein Glas Süßstoffpulver legen und 14 Tage verschlossen lagern.

Je nach Dicke des Teiges und Größe der Prussiens ergibt das Rezept eine unterschiedliche Anzahl; deshalb sind hier die Nährstoffangaben auf Grammgewicht Prussiens angegeben.

Ganze Menge:	6 g Protein
110 g Kohlenhydrate	47 g Fett
45 g Prussiens:	15 g Kohlenhydrate
602 kcal	+ g Nahrungsfasern
	132 mg Cholesterin

Sablés

Ergibt 30–35 Stück

2 Eigelb
8 g Süßstoffpulver
½ Vanilleschote, ausgekratztes Mark
3 Tropfen Vanillearoma
100 g Butter light
150 g Mehl
1 EL Backpulver
1 Prise Salz

Die Eigelbe mit dem Süßstoffpulver, Vanillemark und Vanillearoma auf mittlerer Stufe 1–2 Minuten schaumig rühren. Die Butter darunter rühren, bis sie mit der Eimasse vermischt ist.

Mehl, Backpulver und Salz in einer Schüssel mischen und unter die Eimasse ziehen.

Den Teig zu einer Rolle von 3 cm Durchmesser formen, in Klarsichtfolie einwickeln und 2 Stunden kühl stellen oder kurze Zeit tiefkühlen.

Den Backofen auf 180 Grad vorheizen.

Die Teigrolle in ½ cm dicke Scheiben schneiden, auf ein mit Backpapier belegtes Blech geben und auf der mittleren Rille im vorgeheizten Backofen 10–15 Minuten backen.

Anregungen und Tipps

Statt Light-Butter normale Butter verwenden.

Ganze Menge:	2 g Protein
105 g Kohlenhydrate	5 g Fett
3 Stück (³/₃₀):	11 g Kohlenhydrate
102 kcal	+ g Nahrungsfasern
	63 mg Cholesterin

Mailänderli

Ergibt ca. 40 Stück

50 g Butter
6 g Süßstoffpulver
1 Ei
1 Prise Salz
Zitrone, abgeriebene Schale
105 g Mehl
1 Msp. Backpulver
1 Eigelb zum Bestreichen

Die Butter weich rühren, Süßstoffpulver und Ei beigeben, im warmen Wasserbad schaumig rühren.

Das Salz und die abgeriebene Zitronenschale beigeben und gut darunter mischen.

Mehl und Backpulver dazusieben und zu einem Teig mischen. 1 Stunde kühl stellen.

Den Backofen auf 200 Grad vorheizen.

Den Teig zwischen zwei Blättern Backpapier 5 mm dick ausrollen. Ausstechformen in Mehl tauchen, dieses gut abschütteln, Teigformen ausstechen und auf ein mit Backpapier belegtes Blech legen. Die Mailänderli gleichmäßig mit Eigelb bestreichen und in der Mitte des vorgeheizten Backofens je nach Größe 12–15 Minuten backen.

Anregungen und Tipps

Den Teig rasch zusammenfügen, nicht kneten, sonst wird er zäh. 5–10 Minuten in den Tiefkühler geben, dann weiter verarbeiten.

Ganze Menge:	3 g Protein
75 g Kohlenhydrate	8 g Fett
6 Stück:	11 g Kohlenhydrate
137 kcal	1 g Nahrungsfasern
	94 mg Cholesterin

Spitzbuben

Ergibt 15–20 Stück

50 g Butter

6 g Süßstoffpulver

1 Ei

1 Prise Salz

½ Zitrone, abgeriebene Schale

105 g Mehl

1 Msp. Backpulver

1 Eigelb zum Bestreichen

Füllung:

60 g Himbeergelee light

2 EL heißes Wasser

2 EL Süßstoffpulver zum Bestäuben

Den Backofen auf 200 Grad vorheizen.

Die Butter weich rühren, das Süßstoffpulver und das Ei beigeben und im warmen Wasserbad schaumig rühren.

Das Salz und die abgeriebene Zitronenschale beigeben und gut darunter rühren. Mehl und Backpulver sorgfältig dazusieben und zu einem Teig vermischen.

Den Teig etwa 1 Stunde kühl stellen, dann zwischen zwei Blättern Backpapier 2–3 mm dick ausrollen. Ausstechformen in Mehl tauchen, Spitzbuben ausstechen, dabei die Hälfte als Deckel mit einem kleineren Ausstecher nochmals ausstechen.

Die Spitzbuben auf ein mit Backpapier belegtes Blech legen und mit Eigelb bestreichen.

In der Mitte des vorgeheizten Backofens je nach Grösse 8–10 Minuten backen.

Das Himbeergelee mit heißem Wasser glatt rühren. Auf die umgedrehten, ausgekühlten Plätzchen verteilen und die Deckel aufsetzen. Mit Süßstoffpulver bestreuen.

Anregungen und Tipps

Den Teig schnell zusammenfügen, nicht kneten, sonst wird er zäh.

Wenn Sie in Zeitnot sind, können Sie den Teig nur 5–10 Minuten in den Tiefkühler stellen und dann weiterverarbeiten.

Zum Bestäuben selbstgemachten »Vanillezucker« verwenden: Eine aufgeschlitzte Vanilleschote in ein Glas Süßstoffpulver legen und 14 Tage verschlossen lagern.

Ganze Menge:	2 g Protein
95 g Kohlenhydrate	6 g Fett
2 Stücke (²⁄₂₀):	9 g Kohlenhydrate
96 kcal	1 g Nahrungsfasern
	63 mg Cholesterin

Vanillekipferl

Ergibt 25 Stück

2 Eier
1 kleine Vanilleschote, ausgekratztes Mark
80 g Butter
40 g Fruchtzucker
50 g gemahlene geschälte Mandeln
100 g Maisstärke
2–3 Tropfen Vanillearoma
1 Prise Salz

Die Eier 8–10 Minuten hart kochen. Gründlich abkühlen, dann schälen, die Eigelbe herauslösen und fein hacken.

Das Eigelb, das Vanillemark, die in Flocken geschnittene Butter und den Fruchtzucker in eine Rührschüssel geben und mit dem Mixer verrühren. Nach und nach die Mandeln, Maisstärke, Vanillearoma und Salz dazugeben und mit den Händen zu einem geschmeidigen Teig kneten. Den Teig 1 Stunde im Kühlschrank kühl stellen.

Den Backofen auf 200 Grad vorheizen.

Zum Formen der Kipferl den Teig kühl halten, portionenweise zu fingerdicken Rollen formen, diese in etwa 2 cm lange Stücke schneiden und daraus bleistiftdünne Röllchen drehen. Zu Kipferl formen und auf ein mit Backpapier belegtes Blech legen.

Im vorgeheizten Backofen 10–15 Minuten backen. Sorgfältig vom Blech lösen und auskühlen lassen.

Ganze Menge:	2 g Protein
140 g Kohlenhydrate	8 g Fett
2 Stück (²⁄₂₅):	11 g Kohlenhydrate
123 kcal	1 g Nahrungsfasern
	46 mg Cholesterin

Mokkapralinés

Ergibt ca. 15 Stück

20 ml Rahm
1½ TL löslicher Kaffee
100 g dunkle Schokolade
1 Msp. Kardamom
1 EL Cognac
1 TL gehackte Pistazien zum Verzieren

Für das Wasserbad in einem Topf Wasser aufkochen, von der Herdplatte ziehen und eine Schüssel darauf stellen. Den Rahm hineingießen und das Kaffeepulver darin auflösen.

Die Schokolade fein hacken und beigeben, sorgfältig rühren, bis die Schokolade geschmolzen ist.

Kardamom und Cognac beigeben und ebenfalls verrühren.

Die Masse in einen Spritzsack füllen und leicht fest werden lassen. Dann in farbige Papier-Pralinenförmchen dressieren und mit den Pistazien garnieren. Vollständig fest werden lassen.

Anregungen und Tipps

3 EL (30 g) gemahlene Nüsse darunter mischen, dann mit 2 Teelöffeln formen.

Ganze Menge:	2 g Protein
50 g Kohlenhydrate	8 g Fett
3 Stück:	10 g Kohlenhydrate
128 kcal	+ g Nahrungsfasern
	5 mg Cholesterin

Zimtsterne

Ergibt 25 Stück

5 g Süßstoffpulver
15 g Fruchtzucker
½ Vanilleschote, ausgekratztes Mark
200 g gemahlene Mandeln
1 EL Zimt
1 Msp. Nelkenpulver
1 EL Kirsch
2 Eiweiß (60 g)
1 Prise Salz

Glasur:
25 g Eiweiß
50 g Puderzucker

Den Backofen auf 150 Grad vorheizen.

Das Süßstoffpulver, den Fruchtzucker, das Vanillemark, die Mandeln, die Gewürze und den Kirsch mischen.

Die Eiweiße mit dem Salz sehr steif schlagen und sorgfältig unter die Masse heben.

Den Teig zwischen zwei Blättern Backpapier 1 cm dick ausrollen. Sterne ausstechen.

Für die Glasur das Eiweiß steif schlagen, den Puderzucker dazusieben, sorgfältig mischen und damit die Sterne bestreichen.

Im vorgeheizten Backofen 12–15 Minuten backen.

Anregungen und Tipps

Vor dem Formen den Teig kurz kühl stellen.

Die Glasur mit einem flachen Messer auf die Sterne verstreichen und mit einem Holzspießchen sorgfältig in die Ecken ziehen.

Ganze Menge:	8 g Protein
69 g Kohlenhydrate	17 g Fett
4 Stück (⁴⁄₂₅):	11 g Kohlenhydrate
237 kcal	5 g Nahrungsfasern
	0 mg Cholesterin

Amaretti

Ergibt 50 Stück

125 g geschälte weiße Mandeln
50 g Zucker
5 EL Süßstoffpulver
½ Vanilleschote, ausgekratztes Mark
1 Msp. Nelkenpulver
6 Tropfen Bittermandelaroma
2 Eiweiß
1 Prise Salz

Den Backofen auf 180 Grad vorheizen.

Die Mandeln in einer Pfanne rösten, bis sie gut duften. In einer Schüssel auskühlen lassen und dann fein mahlen.

Zucker, Süßstoffpulver, Vanillemark, Nelkenpulver und Mandelaroma unter die gemahlenen Mandeln mischen.

Die Eiweiße mit dem Salz steif schlagen, sorgfältig unter die Mandelmischung heben.

Die Masse in einen Spritzsack füllen und auf ein mit Backpapier belegtes Blech kleine Häufchen spritzen.

Im vorgeheizten Backofen 10 Minuten backen. Frisch aus dem Backofen sind die Amaretti noch etwas weich, sie erhalten erst beim Trocknen die richtige Konsistenz.

Anregungen und Tipps

Wenn die Masse zu flüssig wird, weil die Eier etwas größer waren, geben Sie noch mehr gemahlene Mandeln hinzu, bis sie die richtige Konsistenz hat.

Mit der Auswahl der Tülle des Spritzsacks können Sie die Form der Amaretti verändern. Es empfiehlt sich jedoch, eine eher große Tülle zu wählen, da die Masse grobkörnig ist.

Ganze Menge:	5 g Protein
55 g Kohlenhydrate	12 g Fett
9 Stück:	10 g Kohlenhydrate
175 kcal	3 g Nahrungsfasern
	0 mg Cholesterin

Schokoladentaler

Ergibt ca. 25 Stück

50 g Butter

6 g Süßstoffpulver

1 Ei

1 Prise Salz

½ Zitrone, abgeriebene Schale

105 g Mehl

1 Msp. Backpulver

1 TL ungesüßtes Kakaopulver

1 EL Rum

Glasur:

40 g dunkle Schokolade

1 EL Rum

2 EL Kaffeerahm

2 EL gemahlene Mandeln zum Bestreuen

Den Backofen auf 200 Grad vorheizen.

Die Butter weich rühren, das Süßstoffpulver und das Ei beigeben und im warmen Wasserbad schaumig rühren. Das Salz und die abgeriebene Zitronenschale dazugeben und mischen.

Das Mehl und das Backpulver sorgfältig dazusieben und zu einem Teig zusammenfügen. Zu einer Rolle formen und dies etwa 1 Stunde kühl stellen.

Die Teigrolle in 6–7 mm dicke Taler schneiden, diese mit den Fingern schön rund formen und auf ein mit Backpapier belegtes Blech legen.

In der Mitte des vorgeheizten Backofens je nach Grösse 12–15 Minuten backen, auskühlen lassen.

Für die Glasur die Schokolade mit kochendem Wasser übergießen, so dass sie vollständig bedeckt ist. Stehen lassen, bis die Schokolade weich ist (mit Messer oder Nadel einstechen und prüfen), dann das Wasser sorgfältig abgießen, sofort weiterverarbeiten. Den Rum und den Kaffeerahm darunter rühren, die Glasur mit einem Pinsel auf die ausgekühlten Taler streichen. Mit den gemahlenen Mandeln bestreuen. Trocknen lassen.

Anregungen und Tipps

Wenn Sie in Zeitnot sind, können Sie den Teig auch nur 5–10 Minuten in den Tiefkühler stellen und dann weiterverarbeiten.

Die Rolle lässt sich gut formen, wenn Sie den Teig portionenweise auf Klarsichtfolie verteilen und dann einrollen. Direkt in der Folie tiefkühlen.

Ganze Menge:	3 g Protein
95 g Kohlenhydrate	9 g Fett
3 Stück:	11 g Kohlenhydrate
141 kcal	1 g Nahrungsfasern
	35 mg Cholesterin

Orangenküchlein

Ergibt 10 Stück

100 g Mehl
50 g Haferkleie
2 TL Backpulver
5 g Süßstoffpulver
1 Msp. Nelkenpulver
1 Msp. Koriander
1 TL Zimt
40 g Milchschokolade
40 g Pinienkerne
170 g Orange (mit Schale)
½ Zitrone
5 Tropfen Orangenaroma
200 g Blanc battu (fettarmer Frischkäse,
ersatzweise Speisequark)
1 Eiweiß
1 Prise Salz
1 Msp. Butter zum Einfetten

Glasur:
40 g Milchschokolade
1 EL Rum
3 Tropfen Orangenaroma

1 Scheibe Orange

Den Backofen auf 180 Grad vorheizen.

Das Mehl und die Haferkleie mit Backpulver, Süßstoffpulver und Gewürzen in einer Schüssel mischen.

Die Schokolade in kleine Würfelchen schneiden und beigeben. Die Pinienkerne in einer beschichteten Pfanne rösten, bis sie gut duften, kurz abkühlen lassen und beigeben.

Orangen- und Zitronenschale abreiben und beigeben. Die Orange schälen und in Würfelchen schneiden, dazugeben. Den Zitronensaft auspressen und dazugießen. Orangenaroma und Blanc battu beifügen und alles gut mischen.

Das Eiweiß mit dem Salz steif schlagen und vorsichtig darunter heben.

Ein Muffinblech mit Papierförmchen auslegen, die Förmchen mit Öl ausfetten und die Masse gleichmäßig einfüllen.

Im vorgeheizten Backofen auf der mittleren Rille 30 Minuten backen. In den Förmchen auskühlen lassen.

Für die Glasur die Schokolade im heißen, aber nicht kochenden Wasserbad schmelzen, den Rum und das Orangenaroma darunter rühren und die Küchlein damit glasieren.

Eine Orangenscheibe in 10 Stücke schneiden und dekorativ auf die Küchlein legen.

Ganze Menge:	6 g Protein
126 Kohlenhydrate	5 g Fett
1 Stück:	13 g Kohlenhydrate
143 kcal	2 g Nahrungsfasern
	1 mg Cholesterin

Hirsehäufchen

Ergibt 30 Stück

100 g Butter light
5 EL Süßstoffpulver
30 g Fruchtzucker
2 Eier
½ Vanilleschote, ausgekratztes Mark
2 Prisen Salz
½ Orange, abgeriebene Schale
150 g Hirseflocken
50 g gemahlene Mandeln
1 TL Backpulver
2 ML Nestargel

Den Backofen auf 180 Grad vorheizen.

Die Light-Butter mit Süßstoffpulver und Fruchtzucker in ein Pfännchen geben und bei mittlerer Hitze schmelzen.

In der Zwischenzeit die Eier in eine Schüssel geben und verquirlen. Die Buttermasse beigeben und weiterrühren. Das ausgekratzte Vanillemark, das Salz und die abgeriebene Orangenschale darunter rühren.

Die Hirseflocken und die Mandeln in einer beschichteten Pfanne ohne Zugabe von Fettstoff anrösten, bis die Mandeln duften. Die Hirse-Mandel-Mischung auf einem Teller kurz abkühlen lassen, dann mit dem Backpulver und dem Nestargel unter die Butter-Ei-Masse rühren, bis ein Teig entsteht.

Mit zwei Teelöffeln Häufchen formen und auf ein mit Backpapier belegtes Blech geben.

Im vorgeheizten Backofen auf der mittleren Rille 15 Minuten backen.

Ganze Menge:	4 g Protein
133 g Kohlenhydrate	8 g Fett
3 Stück:	13 g Kohlenhydrate
150 kcal	1 g Nahrungsfasern
	48 mg Cholesterin

Aprikosen-Quark-Gugelhüpfchen

Ergibt 12 Stück

300 g reife Aprikosen

Teig:

100 g Butter light

10 EL Süßstoffpulver

½ Vanilleschote, ausgekratztes Mark

1 Prise Salz

4 Tropfen Bittermandelaroma

3 Eier

150 g Speisequark

1 EL Zitronensaft

150 g Mehl

½ Päckchen Backpulver

3 ML Nestargel

70 g Kürbis

1 Msp. Butter zum Einfetten der Form

Zum Bestreichen:

1–2 TL Aprikosenkonfitüre

2 EL Wasser

1 EL Haferkleie

Den Backofen auf 180 Grad vorheizen.

Die Aprikosen entsteinen und fein schneiden.

Für den Teig die Butter mit Süßstoffpulver, Vanillemark, Salz und Bittermandelroma schaumig rühren. Die Eier dazugeben und weiterrühren, bis die Masse heller wird. Dann den Speisequark und den Zitronensaft darunter rühren. Nach und nach Mehl, Backpulver und Nestargel dazugeben. Den rohen Kürbis fein direkt zum Teig reiben und am Schluss die Aprikosenstücke darunter ziehen.

In einem Blech für Mini-Gugelhupfförmchen die Einbuchtungen einfetten. Den Teig hineinfüllen und glatt streichen.

Im vorgeheizten Backofen 50 Minuten backen. Die Gugelhüpfchen etwa 10 Minuten in der Form auskühlen lassen, erst dann aus der Form stürzen.

Konfitüre und Wasser in einem Pfännchen unter Rühren kurz erwärmen, die Oberfläche der Küchlein damit bestreichen, mit Haferkleie bestreuen und auskühlen lassen.

Anregungen und Tipps

Anstelle von frischen Aprikosen tiefgekühlte Früchte ohne Zucker verwenden.

Ganze Menge:	5 g Protein
143 g Kohlenhydrate	2 g Fett
1 Stück (¹⁄₁₂):	12 g Kohlenhydrate
91 kcal	1 g Nahrungsfasern
	53 mg Cholesterin

Erdbeerhufeisen

Ergibt 60 Stück

1 rechteckiger ausgewallter Blätterteig von 320 g
100 g Erdbeerkonfitüre light
½ Ei
25 g Kokosflocken

Den Backofen auf 200 Grad vorheizen.

Den Teig vom Backpapier lösen und auf die Arbeitsfläche legen. Auf 42 × 30 cm Grösse ausrollen und in Rechtecke von etwa 7 × 3 cm schneiden.

Die Rechtecke mit Erdbeerkonfitüre bestreichen, dabei einen Rand lassen. Die Ränder mit Ei bestreichen und die Teigstücke über der Konfitüre zusammenlegen. Die Teigränder gut zusammendrücken. Zu Hufeisen formen.

Mit dem restlichen Ei bestreichen und mit Kokosflocken bestreuen.

Im vorgeheizten Backofen 15–20 Minuten backen.

Orangendreiecke

Ergibt 35 Stück

1 rechteckig ausgewallter Blätterteig von 320 g
40 g Orangenkonfitüre für Diabetiker
1 EL Wasser
½ Ei
25 g Mandelblättchen

Den Backofen auf 220 Grad vorheizen.

Den Teig vom Backpapier lösen und auf die Arbeitsfläche legen. Auf 30 × 42 cm Grösse ausrollen und in Quadrate von etwa 6 × 6 cm schneiden.

Mit einem Pinsel oder einem Teelöffel auf jedes Quadrat etwas Orangenkonfitüre verteilen, die Ränder mit Wasser bestreichen und die Teigstücke über der Konfitüre zu Dreiecken zusammenfalten. Den Rand mit einer Gabel gut andrücken. Die Dreiecke auf ein mit Backpapier belegtes Blech geben. Mit Ei bestreichen und mit Mandelblättchen bestreuen.

Im vorgeheizten Backofen etwa 20 Minuten backen.

Anregungen und Tipps

Orangenkonfitüre für Diabetiker erhalten Sie bei Hans Pfister, Confiturier, Zürich. Adresse siehe Seite 213.

Ganze Menge:	2 g Protein
100 g Kohlenhydrate	12 g Fett
6 Stück:	10 g Kohlenhydrate
163 kcal	1 g Nahrungsfasern
	39 mg Cholesterin

Ganze Menge:	2 g Protein
102 g Kohlenhydrate	14 g Fett
4 Stück:	12 g Kohlenhydrate
180 kcal	1 g Nahrungsfasern
	45 mg Cholesterin

Pfirsichtaler

Ergibt 18 Stück

Hefeteig:
250 g Mehl Typ 550 (Ruchmehl)
¾ TL Salz
30 g Butter
150 ml Milch
flüssiger Süßstoff
10 g Hefe (¼ Würfel)
1 EL Wasser

Belag:
60 g Nektarinenkonfitüre für Diabetiker
½ TL Zitronensaft
120 g Pfirsichkompott ohne Zuckerzusatz
100 ml Pfirsichsaft (vom Kompott aus der Dose)
1 ML Nestargel
2 TL gehackte Pistazien

Den Backofen auf 220 (Umluft 180–190 Grad) vorheizen.

Mehl und Salz in einer Schüssel mischen.

Butter und Milch zusammen erwärmen. Von der Herdplatte ziehen und abkühlen lassen. Mit Süßstoff abschmecken.

Die Hefe mit etwas Wasser flüssig rühren. Die Butter-Milch-Mischung und die angerührte Hefe zum Mehl geben. Alles zu einem Teig mischen und kneten, bis er glatt und geschmeidig ist. Den Teig zugedeckt an der Wärme auf das Doppelte aufgehen lassen.

Den Teig zu etwa 3 cm großen Kugeln formen. Die Teigkugeln auf einer glatten Fläche zwischen zwei Blatt Backpapier dünn ausrollen.

Für die Füllung die Nektarinenkonfitüre mit dem Zitronensaft vermischen und auf die Taler verteilen, dabei einen kleinen Rand frei lassen. Das Pfirsichkompott in feine Streifen schneiden und auf die Konfitüre legen.

Im vorgeheizten Backofen 20–25 Minuten backen.

Inzwischen den Pfirsichsaft mit dem Nestargel vermischen und etwas stehen lassen.

Die leicht abgekühlten Taler mit dem eingedickten Pfirsichsaft bestreichen und mit Pistazien bestreuen.

Anregungen und Tipps

Den ganzen Hefewürfel (42 g) verarbeiten, ein Viertel des Teigs für dieses Rezept verwenden, den Rest tiefkühlen oder zu Zöpfen flechten.

Die Butter-Milch-Mischung nicht zu heiß erwärmen. Wenn die Hefe mit zu heißer Flüssigkeit vermischt wird, geht der Teig weniger gut auf.

Pfisichkonfitüre für Diabetiker erhalten Sie bei Hans Pfister, Confiturier, Zürich, siehe Seite 213.

Pfirsichkompott ohne Zuckerzusatz erhalten Sie beim Grossverteiler (z. B. Migros) oder in Deutschland von Natreen.

Ungesalzene Pistazien erhalten Sie in Delikatessenläden oder in gehackter Form beim Grossverteiler.

Kleingebäck

Ganze Menge:	2 g Protein
218 g Kohlenhydrate	2 g Fett
1 Stück (¹⁄₁₈):	12 g Kohlenhydrate
79 kcal	1 g Nahrungsfasern
	5 mg Cholesterin

Kürbiskrapfen

Ergibt 18 Stück

1 rechteckig ausgerollter Blätterteig von 320 g

Füllung:
30 g gemahlene Mandeln
3 EL Weizenkleie
70 g Kürbis, geschält und fein geraspelt
¼ TL flüssiger Süßstoff
50 g Mangokonfitüre mit Limette für Diabetiker
oder ersatzweise Orangenkonfitüre für Diabetiker
70 g Blanc battu (fettarmer Frischkäse,
ersatzweise Speisequark)
1½ EL Zitronensaft
1 TL abgeriebene Zitronenschale
3 Msp. Kardamom
1 Prise Salz

2 EL Kaffeerahm
1 Msp. Safran oder Kurkuma

Den Backofen auf 220 Grad vorheizen.

Den Blätterteig auf eine Größe von 42 × 27 cm ausrollen.

Alle Zutaten für die Füllung vermischen.

Den Teig in Rechtecke von 7 × 9 cm schneiden. Die Füllung jeweils auf eine Hälfte des Rechtecks geben, die Seitenränder mit etwas Wasser befeuchten, die andere Teighälfte darüber klappen und mit einer Gabel festdrücken.

Den Kaffeerahm mit dem Gewürz mischen und die Oberfläche der Krapfen damit bestreichen.

Im vorgeheizten Backofen 20 Minuten backen.

Anregungen und Tipps

Mangokonfitüre mit Limette für Diabetiker ist erhältlich bei Hans Pfister, Confiturier, Zürich. Adresse siehe Seite 213.

Kleingebäck

Ganze Menge:	2 g Protein
144 g Kohlenhydrate	7 g Fett
1 Stück (¹⁄₁₈):	8 g Kohlenhydrate
93 kcal	1 g Nahrungsfasern
	17 mg Cholesterin

Pecanrhomben

Ergibt 30 Stück

100 g Pecannüsse

30 g Kakaopulver, ungezuckert

1 TL Zimt

100 g Butter, geschmolzen

4 Eigelb

15 g Süßstoffpulver

10 g Fruchtzucker

4 Eiweiß

1 Prise Salz

30 g Mehl

Den Backofen auf 180 Grad vorheizen. Ein Blech (20×25 cm) mit Backpapier belegen.

Die Nüsse in einer Pfanne unter regelmäßigem Schwenken 5–10 Minuten rösten, auskühlen lassen. Die Hälfte der Nüsse im Cutter fein mahlen, die zweite Hälfte grob hacken und bereithalten.

Kakaopulver, Zimt und die geschmolzene Butter gut verrühren, beiseite stellen.

Die Eigelbe mit dem Süßstoffpulver und dem Fruchtzucker mit dem Mixer etwa 3 Minuten zu einer schaumigen Masse schlagen. Die Pecannüsse und die Kakaomasse sorgfältig darunter rühren.

Die Eiweiße mit dem Salz steif schlagen. Dann abwechslungsweise mit dem Mehl unter die Masse ziehen.

Die Masse auf das vorbereitete Blech streichen, mit den grob gehackten Nüssen bestreuen und 25 Minuten im vorgeheizten Backofen backen. 15 Minuten auf dem Blech auskühlen lassen, dann in Stücke schneiden.

Ganze Menge:	6 g Protein
35 g Kohlenhydrate	25 g Fett
4 Stück:	5 g Kohlenhydrate
273 kcal	3 g Nahrungsfasern
	134 mg Cholesterin

Quittenmakronen

Kleingebäck

Ergibt 30–33 Stück

200 g gemahlene Haselnüsse

4 g Süßstoffpulver

15 g Fruchtzucker

½ Zitrone, abgeriebene Schale

½ Orange, abgeriebene Schale

1 cm Ingwer

100 g Apfel

1 EL Quittenschnaps (42 Vol.-%)

2 Eiweiß

1 Prise Salz

120 g Quittenkonfitüre für Diabetiker

Den Backofen auf 180 Grad vorheizen.

Die Haselnüsse mit Süßstoffpulver, Fruchtzucker, Zitronen- und Orangenschale mischen. Den Ingwer schälen, fein reiben und dazugeben. Den Apfel mit der Schale fein dazureiben, den Quittenschnaps darunter mischen.

Die Eiweiße mit dem Salz steif schlagen, vorsichtig unter die Masse heben.

Mit zwei Teelöffeln Makronen formen und auf ein mit Backpapier belegtes Blech legen.

Die Quittenkonfitüre in einen Spritzsack füllen. Mit einem Kochlöffelstiel in jedes Makrönchen eine Vertiefung drücken und diese mit der Hälfte der Quittenkonfitüre füllen.

10 Minuten im vorgeheizten Backofen backen. Mit der restlichen Konfitüre nachfüllen.

Anregungen und Tipps

Quittenkonfitüre für Diabetiker erhalten Sie bei Hans Pfister, Confiturier, Zürich, Adresse siehe Seite 213.

Makronen eignen sich nicht zum Tiefkühlen.

Ganze Menge:	3 g Protein
88 g Kohlenhydrate	12 g Fett
3 Stück (3/30):	9 g Kohlenhydrate
158 kcal	2 g Nahrungsfasern
	0 mg Cholesterin

Schokokugeln

Ergibt ca. 23 Stück

2 Eier
½ TL Süßstoffpulver
10 g Fruchtzucker
150 g gemahlene Haselnüsse
1 EL Kirsch
60 g dunkle Schokolade, fein gehackt
1 Prise Salz
1 ML Nestargel
1 TL Backpulver

Den Backofen auf 180 Grad vorheizen.

Die Eier mit dem Süßstoffpulver und dem Fruchtzucker im warmen Wasserbad schaumig rühren.

Die restlichen Zutaten darunter rühren, zusammenfügen.

Nussgroße Kugeln formen, mit großem Abstand auf ein mit Backpapier belegtes Blech legen.

In der Mitte des vorgeheizten Backofens je nach Grösse 15–20 Minuten backen.

Ganze Menge:	12 g Protein
50 g Kohlenhydrate	22 g Fett
5 Stück:	11 g Kohlenhydrate
297 kcal	4 g Nahrungsfasern
	84 mg Cholesterin

Schokoladen-Knuspergebäck

Ergibt 20 Stück

60 g Pinienkerne
30 g Cornflakes
100 g dunkle Schokolade
2 EL Rapsöl
2–3 Tropfen Vanillearoma

Die Pinienkerne in einer Pfanne leicht anrösten, in eine Schüssel geben und auskühlen lassen.

Die Cornflakes dazugeben, mischen.

Die Schokolade grob hacken und in einer Schüssel im heißen Wasserbad schmelzen. Warten, bis die Schokolade flüssig ist. Das Öl und das Vanillearoma beigeben.

Die Cornflakes und Pinienkerne zur flüssigen Schokolade geben und sorgfältig vermischen.

Mit zwei Teelöffeln gleichmäßige Häufchen abstechen und in Pralinenförmchen füllen. Im Kühlschrank auskühlen und fest werden lassen.

Ganze Menge:	4 g Protein
74 g Kohlenhydrate	12 g Fett
3 Stück:	11 g Kohlenhydrate
174 kcal	1 g Nahrungsfasern
	1 mg Cholesterin

Schoko-Minz-Würfel

Ergibt 48 Stück

200 g Butter

20 g Fruchtzucker

50 g Puderzucker

½ Vanilleschote, ausgekratztes Mark

½ Zitrone, abgeriebene Schale

1 TL Zimt

2 Msp. Nelkenpulver

4 Eier

105 g Mehl

100 g gemahlene Mandeln

1 EL Backpulver

40 g dunkle Milchschokolade

50 g ungesüßtes Kakaopulver

5 Tropfen Pfefferminzöl

Glasur:

50 ml Halbrahm

2 ML Nestargel

5 Tropfen Pfefferminzöl

5 Tropfen flüssiger Süßstoff

grüne Lebensmittelfarbe

Den Backofen auf 200 Grad vorheizen.

Die Butter mit dem Fruchtzucker und dem Puderzucker schaumig rühren.

Das Vanillemark, die Zitronenschale, Zimt und Nelkenpulver darunter mischen. Dann ein Ei nach dem anderen hinzufügen. Mehl, Mandeln und Backpulver mischen und darunter rühren.

Die Schokolade fein reiben und mit dem Schokoladenpulver und dem Pfefferminzöl über dem Teig verteilen und alles zu einem Teig verrühren.

Ein mit Backpapier belegtes Bech (30×25 cm) etwa 1 cm dick mit dem Teig bestreichen.

Im vorgeheizten Backofen 20–25 Minuten backen. Herausnehmen, auf ein Küchentuch oder ein Brett stürzen. Das Backpapier mit kaltem Wasser bestreichen und vorsichtig abziehen. Das ausgekühlte Biskuit in 3×3 cm große Würfel schneiden.

Für die Glasur den Halbrahm mit dem Nestargel aufkochen, 1–2 Minuten köcheln lassen, dann von der Herdplatte nehmen und etwas auskühlen lassen. Das Pfefferminzöl und den Süßstoff darunter rühren. Die Lebensmittelfarbe tropfenweise bis zum gewünschten Farbton darunter rühren. Die Glasur kurz vor dem Servieren auftragen. Frisch essen, die Glasur zieht mit der Zeit etwas ins Gebäck ein.

Anregungen und Tipps

Pfefferminzöl erhalten Sie in der Drogerie oder im Reformhaus.

Kleingebäck

Ganze Menge:	5 g Protein
150 g Kohlenhydrate	20 g Fett
4 Stück (48):	11 g Kohlenhydrate
248 kcal	1 g Nahrungsfasern
	92 mg Cholesterin

Kirschtorte

Für eine Springform von 18 cm Durchmesser
Ergibt 8 Portionenstücke

Biskuit:
2 Eigelb
1 EL heißes Wasser
30 g Zucker
2 Eiweiß
1 Prise Salz
30 g Mehl
1 Msp. Backpulver
1 Msp. Butter zum Ausfetten des Tortenrings
½ EL Mehl zum Bestäuben des Tortenrands

75 g rote Weichselkirschen light (Dose)
5 EL Kirsch zum Marinieren

Füllung:
400 ml Milch
20 g Maisstärke
20 g Fruchtzucker
flüssiger Süßstoff
4 Tropfen Vanillearoma
2–3 Tropfen Zitronensaft
½ TL rote Lebensmittelfarbe
5 EL Kirsch von den Weichselkirschen
100 g Mascarpone
150 ml Vollrahm
1½ ML Nestargel

50 ml Kirsch oder nach Belieben
flüssiger Süßstoff
40 g Himbeergelee light

Garnitur
50 ml Vollrahm
1 ML Nestargel
2–3 frische Kirschen als Garnitur

Den Backofen auf 200–210 Grad vorheizen.

Die Eigelbe mit dem Wasser rühren, bis die Masse hell wird. 20 g Zucker dazugeben und mit der Eimasse schaumig schlagen.

Die Eiweiße mit dem restlichen Zucker und dem Salz zu sehr steifem Schnee schlagen, 3 Esslöffel davon unter die Eimasse heben.

Das Mehl mit dem Backpulver mischen und auf die Teigmasse sieben. Den restlichen Eischnee darauf geben und alles mit dem Gummischaber vorsichtig unterheben, so dass eine schaumige, homogene Masse entsteht.

Den Boden der Springform mit Backpapier auslegen, den Tortenring zuerst einfetten, kurz vor dem Backen mit Mehl bestäuben und das Mehl gut abklopfen. Den Teig einfüllen und im unteren Teil des vorgeheizten Backofens 20–25 Minuten backen. Das Biskuit auskühlen lassen.

In der Zwischenzeit die Weichselkirschen mit dem Kirsch mischen und zugedeckt beiseite stellen.

Für die Füllung 100 ml kalte Milch mit der Maisstärke anrühren. Die restliche Milch mit dem Fruchtzucker und dem Süßstoff in einem Topf aufkochen, die angerührte Maisstärke unter ständigem Rühren beigeben. Die Hitze reduzieren, 1 Minute unter Rühren weiterköcheln lassen. Die Masse in eine Schüssel geben und kurz abkühlen lassen.

Ganze Torte:	5 g Protein
133 g Kohlenhydrate	15 g Fett
1 Stück (⅛):	16 g Kohlenhydrate
629 kcal	+ g Nahrungsfasern
	91 mg Cholesterin

Heidelbeer-Quarktorte

Vanillearoma, Zitronensaft, Lebensmittelfarbe und Kirsch darunter rühren. Den Mascarpone löffelweise dazugeben und untermischen.

Das Nestargel in den Rahm sieben. Den Rahm steif schlagen und vorsichtig unter die Masse heben. ½ Stunde warten, bis die Masse etwas andickt.

Den Kirsch mit Süßstoff süßen.

Das Biskuit in zwei Böden teilen, die untere Hälfte auf eine Platte legen, mit der Hälfte des Kirschs beträufeln. Mit Himbeergelee bestreichen und die marinierten Kirschen darauf verteilen.

Einen verstellbaren Tortenring einen halben Zentimeter größer als das Biskuit einstellen und um den Tortenboden legen, die Hälfte der Creme darauf verteilen, den zweiten Biskuitboden aufsetzen, mit dem restlichen Kirsch tränken und die restliche Creme darauf verteilen.

Die Torte im Kühlschrank 2 Stunden kühl stellen.

Den Rahm mit dem Nestargel steif schlagen, in einen Spritzsack füllen und den Rand der Torte damit garnieren. Die Kirschen in die Mitte legen.

Anregungen und Tipps

Das Biskuit wird besonders luftig, wenn alle Zutaten Zimmertemperatur haben. Das Mehl sieben, damit das Biskuit luftiger wird.

Zucker, Eier und Wasser im heißen Wasserbad zu luftigem Schaum schlagen.

Rote Weichselkirschen light gibt es von der Firma Hero (Schwartau) oder in Deutschland von Natreen.

Für eine Springform von 18 cm Durchmesser
Ergibt 8 Portionenstücke

Biskuit:
60 g Zwieback ohne Zucker
60 g Butter light
2 Prisen Salz

Füllung:
5 Blatt Gelatine
225 g Heidelbeeren
flüssiger Süßstoff
1 EL Kirsch
300 g Speisequark
½ Zitrone, abgeriebene Schale und Saft
125 ml Rahm
Zitronenmelissenblätter zum Garnieren

Den Zwieback zwischen ein zur Hälfte zusammengeschlagenes sauberes Küchentuch legen und mit dem Teigroller zerkrümeln.

Die Butter in einer Pfanne schmelzen. Zwieback und Salz dazugeben und mischen.

Den Boden der Springform mit Backpapier belegen. Die Zwiebackmasse hineingeben und leicht andrücken. 30 Minuten kühl stellen.

Für die Füllung die Gelatine in kaltem Wasser einweichen. Einige Heidelbeeren zum Garnieren beiseite legen. Die Hälfte der restlichen Heidelbeeren mit dem Süßstoff und dem Kirsch pürieren.

Ganze Torte:	
65 g Kohlenhydrate	7 g Protein
	8 g Fett
1 Stück (⅛):	
144 kcal	8 g Kohlenhydrate
	2 g Nahrungsfasern
	25 mg Cholesterin

Erdbeertorte

Den Quark mit der abgeriebenen Zitronenschale, dem Zitronensaft und dem Heidlbeerpüree mischen.

Die Gelatine gut ausdrücken und im heißen Wasserbad auflösen. Etwas Quarkmasse zur Gelatine rühren, dann die Gelatine unter die restliche Quarkmasse mischen und diese etwa 10 Minuten kalt stellen.

Den Rahm steif schlagen. Sobald die Quarkmasse zu gelieren beginnt, die beiseite gelegten Heidelbeeren und den Rahm darunter heben.

Die Quarkmasse auf den vorbereiteten Tortenboden geben und glatt streichen. Mindestens 6 Stunden kalt stellen.

Die Torte mit Heidelbeeren und Zitronenmelissenblättern garnieren.

Für eine Springform von 18 cm Durchmesser
Ergibt 8 Portionenstücke

Biskuit:
2 Eigelb
1 EL heißes Wasser
30 g Zucker
2 Eiweiß
1 Prise Salz
30 g Mehl
1 Msp. Backpulver
1 Msp. Butter zum Fetten des Tortenrings
½ EL Mehl zum Bestäuben des Tortenrings

Creme:
¼ l Milch
½ Beutel Vanillecreme light
1 Msp. Agar-Agar
100 ml Vollrahm
140 g Erdbeeren
1 EL Süßstoffpulver
3–4 Tropfen Zitronensaft

Den Backofen auf 200–210 Grad vorheizen.

Die Eigelbe mit dem Wasser rühren, bis die Masse hell wird. 20 g Zucker beifügen und die Eimasse schaumig schlagen.

Die Eiweiße mit dem restlichen Zucker und dem Salz zu sehr steifem Schnee schlagen, 3 Esslöffel davon unter die Eimasse heben.

Ganze Torte:		3 g Protein
75 g Kohlenhydrate		6 g Fett
1 Stück (⅛):		10 g Kohlenhydrate
113 kcal		1 g Nahrungsfasern
		62 mg Cholesterin

Torten

225

Mehl und Backpulver mischen und auf die Teigmasse sieben. Den restlichen Eischnee auf die Teigmasse geben. Alles vorsichtig mit dem Gummischaber unterheben, so dass eine schaumige, homogene Masse entsteht.

Den Boden der Springform mit Backpapier auslegen. Den Rand einfetten und kurz vor dem Backen mit Mehl bestäuben, das Mehl gut abklopfen. Den Teig einfüllen und im unteren Teil des vorgeheizten Backofens 20–25 Minuten backen.

Mit einem Hölzchen kontrollieren, ob das Biskuit gut gebacken ist. Herausnehmen, in der Form kurz stehen lassen, dann auf ein Küchentuch stürzen und abkühlen lassen.

In der Zwischenzeit die kalte Milch mit dem Vanillecremepulver, Süßstoff und Agar-Agar in eine Pfanne geben, gut verrühren und unter ständigem Rühren 3 Minuten köcheln lassen. In eine Schüssel gießen und etwas erkalten lassen.

Den Rahm steif schlagen und unter die erkaltete Masse heben. Kühl stellen.

Die Erdbeeren putzen, ein Drittel davon in feine Scheiben schneiden, mit dem Süßstoffpulver und dem Zitronensaft vermischen und etwas stehen lassen. Die restlichen Erdbeeren halbieren.

Das Biskuit einmal quer durchschneiden oder mit einem Faden teilen. Die marinierten Erdbeeren auf dem unteren Boden verteilen, knapp die Hälfte der Vanillecreme darauf streichen und den zweiten Teigboden darauf legen. Mit der restlichen Creme bestreichen (die Creme darf an den Seiten etwas nach unten tropfen). Mit den halbierten Erdbeeren belegen.

Anregungen und Tipps

Bei großen Eiern das Wasser weglassen.

Den Rahm nicht zu steif schlagen, sonst wird der Belag grießig.

Die Seitenränder ebenfalls mit Creme bestreichen und mit gerösteten Mandelblättchen bestreuen.

Schokoladenmousse-Torte

Für eine Springform von 18 cm Durchmesser
Ergibt 8 Portionenstücke

Biskuit:
2 Eigelb
1 EL heißes Wasser
30 g Zucker
2 Eiweiß
1 Prise Salz
30 g Mehl
1 Msp. Backpulver
1 Msp. Butter zum Ausfetten des Tortenrings
½ EL Mehl zum Bestäuben des Tortenrings

100 g Zwetschgen, ungezuckert, tiefgekühlt
flüssiger Süßstoff
2–3 EL Rum

Schokoladenmousse:
2 Eiweiß
200 ml Vollrahm
2 ML Nestargel
80 g dunkle Schokolade

20 g dunkle Schokoladenspäne
10 g weiße Schokoladenspäne

Ganze Torte:	4 g Protein
114 g Kohlenhydrate	14 g Fett
1 Stück (⅛):	14 g Kohlenhydrate
210 kcal	1 g Nahrungsfasern
	73 mg Cholesterin

Den Backofen auf 200–210 Grad vorheizen.

Die Eigelbe mit dem Wasser in einer Schüssel verrühren, bis die Masse hell wird.

20 g Zucker dazugeben und die Eimasse schaumig schlagen.

Die Eiweiße mit dem restlichen Zucker und dem Salz zu sehr steifem Schnee schlagen, einen Löffel davon unter die Eigelbmasse heben.

Mehl und Backpulver mischen und auf die Eigelbmasse sieben. Den restlichen Eischnee darauf geben. Alles vorsichtig mit einem Gummischaber unterheben, so dass eine schaumige, homogene Masse entsteht.

Den Boden der Springform mit Backpapier auslegen, den Tortenring zuerst einfetten, kurz vor dem Backen mit Mehl bestäuben, das Mehl gut abklopfen.

Die Teigmasse einfüllen und im unteren Teil des vorgeheizten Backofens 20–25 Minuten backen.

In der Zwischenzeit die Zwetschgen fein pürieren, mit Süßstoff nach Belieben süßen und mit Rum parfümieren. Zugedeckt beiseite stellen.

Für das Schokoladenmousse die Eiweiße steif schlagen. Den Rahm mit dem Nestargel ebenfalls steif schlagen.

Die Schokolade mit kochendem Wasser übergießen, stehen lassen, bis sie weich ist, dann das Wasser vorsichtig abgießen. Die Schokolade kurz etwas abkühlen lassen, dann zum Rahm geben und verrühren.

Den Eischnee vorsichtig darunter ziehen. Die Schokoladenmousse 2 Stunden kalt stellen.

Das Biskuit mit einem Faden in der Mitte teilen, so dass zwei Böden entstehen. Auf den unteren Boden zwei Drittel des Zwetschgenpürees verteilen und darauf etwas weniger als die Hälfte des Schokoladenmousses verstreichen. Den zweiten Boden

darauf setzen, mit dem restlichen Zwetschgenpüree bestreichen und mit Schokoladenmousse bedecken. Ebenso die Ränder.

Mit den dunklen Schokoladenspänen bestreuen und diese an den Rändern mit einem Messer leicht andrücken. Am Schluss die weißen Schokoladenspäne locker darüber streuen. Kühl aufbewahren.

Anregungen und Tipps

Das Biskuit wird besonders luftig, wenn alle Zutaten Zimmertemperatur haben.

Das Mehl dazusieben, damit das Biskuit luftiger wird.

Zucker, Eier und Wasser im heißen Wasserbad zu luftigem Schaum schlagen.

Wer aufs Gewicht achtet, kann das Schokoladenmousse auch mit Halbrahm zubereiten, dann aber 3 ML Nestargel unterrühren.

Die Torte vor dem Aufschneiden eventuell kurz in den Tiefkühler stellen.

Cidretorte

Für eine Springform von 18 cm Durchmesser
Ergibt 8 Portionenstücke

Biskuit:

2 kleine Eier

1 Prise Salz

40 g Puderzucker

2 Tropfen Vanillearoma

30 g Pistazien

30 g Mehl

½ TL Backpulver

1 Msp. Butter zum Ausfetten des Tortenrings

½ EL Mehl zum Bestäuben des Tortenrings

Füllung:

6 Blatt Gelatine

300 ml Apfelwein

1 TL flüssiger Süßstoff

1 EL Calvados

150 g Halbfettquark

85 g grüner Apfel, geschält, Kerngehäuse entfernt

200 ml Halbrahm, kalt

Dekoration:

40 g grüner Apfel, für Dekorkugeln

50 ml Zitronensaft

30 g Pistazien

frische Zitronenmelisse

Ganze Torte:	6 g Protein
105 g Kohlenhydrate	13 g Fett
1 Stück (⅛):	11 g Kohlenhydrate
200 kcal	2 g Nahrungsfasern
	65 mg Cholesterin

Champagnerschaum-Torte

Den Backofen auf 180 Grad vorheizen.

Die Eier trennen. Die Eiweiße zusammen mit dem Salz sehr steif schlagen, den Puderzucker und das Vanillearoma nach und nach dazugeben. Die Eigelbe sorgfältig darunter ziehen.

Die Pistazien fein mahlen, zusammen mit dem Mehl und dem Backpulver auf die Eimasse sieben und sorgfältig darunter ziehen.

Den Boden der Springform mit Backpapier auslegen, den Rand einfetten und mit Mehl bestäuben. Die Biskuitmasse einfüllen und glatt streichen. Im vorgeheizten Backofen 15–20 Minuten backen. Nach dem Backen stürzen und auskühlen lassen.

Die Gelatine in viel kaltem Wasser einweichen.

Den Apfelwein erwärmen, mit dem Süßstoff süßen. Die Gelatine ausdrücken und im heißen Apfelwein auflösen. Kurz etwas abkühlen lassen, dann den Calvados und den Quark dazugeben, den Apfel dazureiben, alles sofort mischen und etwa 45 Minuten kühl stellen, bis die Masse am Rand zu gelieren beginnt.

Den Rahm steif schlagen und darunter ziehen.

Einen Tortenring um den Tortenboden legen. Die Cidrecreme darauf verteilen und glatt streichen. Mindestens 4 Stunden, besser über Nacht kalt stellen.

Aus dem verbleibenden Apfel (40 g) Kugeln ausstechen, diese mit Zitronensaft beträufeln.

Die Pistazien grob hacken und vorsichtig auf den Tortenrand drücken. Die Apfelkugeln locker auf der Torte verteilen und die Torte mit Zitronenmelisse ausgarnieren.

Anregungen und Tipps

Das Biskuit wird besonders luftig, wenn alle Zutaten Zimmertemperatur haben.

Das Mehl sieben, damit das Biskuit luftiger wird.

Für eine Herzform oder eine Springform von 18 cm Durchmesser
Ergibt 8 Portionenstücke

Biskuit:
2 Eigelb
30 g Zucker
2 Eiweiß
1 Prise Salz
30 g Mehl
1 Msp. Backpulver
1 Msp. Butter zum Ausfetten des Tortenrings
½ EL Mehl zum Bestäuben des Tortenrings

Champagnercreme:
7 Blatt Gelatine
400 ml trockener Champagner oder Sekt
20 g Fruchtzucker
flüssiger Süßstoff
2–3 Tropfen Vanillearoma
200 ml Vollrahm

30 g Aprikosenkonfitüre light
40 g Mandelblättchen für den Rand
Blüten von Wiesenschaumkraut oder andere essbare Blüten zum Ausgarnieren

Ganze Torte:	4 g Protein
50 g Kohlenhydrate	12 g Fett
1 Stück (⅛):	10 g Kohlenhydrate
204 kcal	1 g Nahrungsfasern
	12 mg Cholesterin

Den Backofen auf 200–210 Grad vorheizen.

Die Eigelbe mit dem Wasser in einer Schüssel rühren, bis die Masse hell wird. 30 g Zucker dazugeben und die Eimasse schaumig schlagen.

Die Eiweiße mit dem Zucker und dem Salz zu sehr steifem Schnee schlagen, einen Löffel davon unter die Eimasse heben.

Mehl und Backpulver mischen und auf die Teigmasse sieben. Den restlichen Eischnee darauf geben und alles vorsichtig mit einem Gummischaber unterheben, so dass eine schaumige, homogene Masse entsteht.

Den Boden der Backform mit Backpapier auslegen (Herzform auf Backpapier stellen, mit einem Bleistift die Kontur auf das Papier zeichnen, ausschneiden und mit dem Bleistiftstrich nach unten in die Form legen). Den Rand der Form einfetten und kurz vor dem Backen mit Mehl bestäuben. Das Mehl gut abklopfen.

Den Teig in die Form füllen und im unteren Teil des vorgeheizten Backofens 20–30 Minuten backen. Mit einem Holzspieß kontrollieren, ob das Biskuit gut gebacken ist. Die Form herausnehmen, kurz stehen lassen und auf ein Küchentuch stürzen, abkühlen lassen.

Für die Creme die Gelatine in kaltem Wasser einweichen.

Den Champagner oder Sekt mit Fruchtzucker und Süßstoff mischen und erwärmen (nicht ko-chen). Die Gelatine gut ausdrücken und beigeben, kurz rühren, bis sie sich auflöst. Die Flüssigkeit in eine Schüssel umgießen und das Vanillearoma beimischen. Etwa 10 Minuten erkalten lassen.

Den Rahm steif schlagen und unter die Champagnermasse heben.

Die Masse in die Herzform oder Springform füllen und im Kühlschrank mindestens 5 Stunden fest werden lassen.

Das Biskuit mit Aprikosenkonfitüre bestreichen und auf die Champagnermasse legen, nochmals 30 Minuten kühl stellen. Dann die Torte am Rand mit einem Messer lösen und auf eine Platte stürzen.

Die Mandelblättchen in einer beschichteten Pfanne ohne Fettstoff anrösten, bis sie zu duften beginnen. Auf einen Teller geben und leicht befeuchten (z. B. mit einem Wassersprayer). Den Rand der Torte mit den Mandelblättchen belegen. Die Oberfläche mit den Wiesenschaumkraut-Blüten garnieren. Gut gekühlt servieren.

Anregungen und Tipps

Den Rahm nicht zu steif schlagen, sonst wird die Creme grießig.

Je nach Saison andere essbare Blüten(-Blätter) verwenden. Essbare Blüten haben unter anderem: Kapuzinerkresse, Gänseblümchen, Kamille, Beerensträucher/-bäume, Veilchen, Rotklee, Malve, Lavendel.

Johannisbeer-Cassis-Charlotte

Ergibt 10 Portionenstücke

3 Eier
1 Prise Salz
10 g Süßstoffpulver
½ Vanilleschote, ausgekratztes Mark
70 g Mehl
20 g Maisstärke
1 TL Backpulver

60 g Erdbeerkonfitüre light

Füllung:
7 Blatt Gelatine
3 EL Wasser
1 EL Zitronensaft
flüssiger Süßstoff
220 g schwarze Johannisbeeren (Cassis)
80 g Speisequark
80 g nordische Sauermilch (12% F. i. Tr.)
½ Zitrone, abgeriebene Schale und Saft
300 g Johannisbeeren

Den Backofen auf 220 Grad vorheizen.

Die Eier trennen. Die Eiweiße mit dem Salz steif schlagen, Süßstoffpulver und Vanillemark beifügen. Dann die Eigelbe nacheinander beifügen und sorgfältig verrühren.

Mehl, Maisstärke und Backpulver mischen, auf die Eimasse sieben und sorgfältig darunter heben.

Die Teigmasse 3–5 mm dick auf ein mit Backpapier belegtes Blech streichen (26 × 34 cm). Im vorgeheizten Backofen 5–8 Minuten backen.

Das Biskuit auf ein Küchentuch stürzen, das Backpapier sorgfältig ablösen. Die Erdbeerkonfitüre glatt rühren und mit einem Pinsel auf das Biskuit streichen. Das Biskuit sofort von der Längsseite her einrollen und auskühlen lassen.

Für die Füllung die Gelatine in kaltem Wasser einweichen.

Wasser, Zitronensaft, Süßstoff und die schwarzen Johannisbeeren (Cassis) in einer weiten Pfanne aufkochen, bei kleiner Hitze weich köcheln und heiß pürieren.

Die Gelatine gut ausdrücken und sofort unter die heiße Cassismasse rühren. Kühl stellen, bis die Masse am Rand leicht fest wird.

Den Quark und die nordische Sauermilch mit Zitronenschale und -saft mischen. 2–3 Esslöffel der Quarkmischung zur Cassismasse rühren, dann die Cassismasse und die Quarkmasse mischen und gut verrühren. Kühl stellen, bis die Masse zu gelieren beginnt, dann die Johannisbeeren darunter mischen.

Das Biskuit in etwa 1 cm dicke Scheiben schneiden. Eine halbrunde Schüssel dicht mit den Rouladenscheiben auslegen. Die Anschnitte verwenden, um Löcher auszufüllen. Die Beeren-Quark-Masse in die Schüssel füllen, mit einem Spachtel glatt streichen, mit Folie bedecken und rund 5 Stunden kühl stellen.

Zum Servieren die Charlotte mit einem Spachtel am Rand lösen und auf einen Teller stürzen.

Anregungen und Tipps

Andere Beerensorten verwenden.

Ganze Menge:	5 g Protein
135 g Kohlenhydrate	3 g Fett
1 Stück (¹⁄₁₀):	14 g Kohlenhydrate
100 kcal	4 g Nahrungsfasern
	61 mg Cholesterin

Rhabarberkuchen

Für eine Tarteform von 18 cm Durchmesser
Ergibt 8 Portionenstücke

120 g Rhabarber
1 EL Süßstoffpulver
3 Pfefferminzblätter, fein gehackt
60 g Butter
40 g Puderzucker
½ Vanilleschote, ausgekratztes Mark
½ Zitrone, abgeriebene Schale und Saft
1 großes Eigelb
1 großes Eiweiß
1 Prise Salz
60 g Mehl
½ TL Backpulver
1 Msp. Butter zum Einfetten der Form

Garnitur:
1 Eiweiß
15 g Zucker

Den Backofen auf 180 Grad vorheizen. Die Form ausfetten.

Die Fäden von den Rhabarberstangen abziehen, die Stangen in 1 cm breite Stücke schneiden. Mit dem Süßstoffpulver und der fein gehackten Minze vermischen.

Die Butter mit Puderzucker, Vanillemark, Zitronenschale und -saft schaumig schlagen, dann das Eigelb darunter mischen.

Das Eiweiß mit dem Salz zu Schnee schlagen. Abwechslungsweise den Eischnee und das mit dem Backpulver vermengte Mehl unter die Butter-Eigelb-Masse heben. Den Teig in die vorbereitete Form füllen. Die Rhabarberwürfel gleichmäßig darauf verteilen.

Im vorgeheizten Backofen 30 Minuten backen, leicht auskühlen lassen.

Für die Garnitur das Eiweiß mit dem Zucker zu Schnee schlagen. Mit einem Spritzsack mit Sterntülle zum Beispiel ein Gitternetz oder eine andere Dekoration auf den Kuchen spritzen. Bei starker Oberhitze (250 Grad) leicht bräunen. Achtung: Das geht sehr schnell.

Ganzer Kuchen:	2 g Protein
95 g Kohlenhydrate	7 g Fett
1 Stück (⅛):	12 g Kohlenhydrate
214 kcal	1 g Nahrungsfasern
	47 mg Cholesterin

Aprikosenkuchen

Für eine Springform von 18 cm Durchmesser
Ergibt 8 Portionenstücke

100 g Butter

2 kleine Eier

60 g Zucker

1 Prise Salz

½ Zitrone, abgeriebene Schale und Saft

35 g gemahlene Haselnüsse

75 g Mehl

½ TL Backpulver

1 Msp. Butter zum Einfetten der Form

165 g Aprikosen

Den Backofen auf 180 Grad vorheizen.

Die Butter weich rühren, Eier, Zucker und Salz beigeben und weiterrühren, bis die Masse hell wird. Zitronenschale und -saft, Haselnüsse, Mehl und Backpulver beigeben und zu einem Teig verrühren.

Die Springform heiß ausspülen, abtrocknen und mit wenig Rapsöl ausfetten. Den Teig hineinfüllen.

Die Aprikosen halbieren, entsteinen und in feine Schnitze schneiden, diese rosettenartig in den Teig drücken.

Den Kuchen im unteren Teil des vorgeheizten Backofens 35–40 Minuten goldgelb backen.

Ganzer Kuchen:	3 g Protein
125 g Kohlenhydrate	4 g Fett
1 Stück (⅛):	15 g Kohlenhydrate
118 kcal	1 g Nahrungsfasern
	50 mg Cholesterin

Rüeblicake

Für eine Cakeform von 22 cm Länge
Ergibt 11 Portionenstücke

250 g Karotten

250 g Zucchetti

60 g Tofu nature

3 Eier

10 g Süßstoffpulver

1 Zitrone, abgeriebene Schale und Saft

105 g Mehl

1 Päckchen Backpulver

80 g gemahlene Haselnüsse

40 g Pinienkerne

1 EL Zimt

6 Umdrehungen schwarzer Pfeffer

Karotten und Zucchetti schälen und fein reiben. In einem Abtropfsieb stehen lassen.

Den Backofen auf 180 Grad vorheizen.

Den Tofu mit einer Gabel zerdrücken und mit den Eiern, Süßstoffpulver, Zitronenschale und -saft zu einer hellen, schaumigen Masse rühren.

Das Mehl mit dem Backpulver, den Nüssen und Pinienkernen sowie den Gewürzen vermischen.

Die Mehlmischung, die Karotten und Zucchetti zur Eimasse geben und verrühren.

Die Teigmasse in die mit Backpapier ausgelegte Cakeform geben und im vorgeheizten Backofen 40–50 Minuten backen.

Ganzer Cake:	5 g Protein
90 g Kohlenhydrate	8 g Fett
1 Stück (1/11):	8 g Kohlenhydrate
136 kcal	2 g Nahrungsfasern
	54 mg Cholesterin

Kirschenkuchen

Für eine Springform von 18 cm Durchmesser
Ergibt 8 Portionenstücke

Milchreis:
200 ml fettreduzierte Milch
100 ml Wasser
¼ TL Salz
flüssiger Süßstoff
½ Vanilleschote, aufgeschlitzt
45 g Rundkornreis (z. B. Originario, Camolino), roh

Teig:
30 g Butter light
4 g Süßstoffpulver
1 TL abgeriebene Zitronenschale
1 Ei
25 g Maisstärke
½ TL Backpulver
300 g Blanc battu (fettarmer Frischkäse,
ersatzweise Speisequark)
100 g Rhabarber
1 Prise Salz
100 g entsteinte schwarze Kirschen

1 Msp. Butter zum Einfetten der Form
2 TL gehackte Pistazien

Milch und Wasser in einem Topf aufkochen, Salz, Süßstoff, die aufgeschlitzte Vanilleschote und den Reis beigeben und zugedeckt auf kleiner Stufe 20 Minuten köcheln lassen. Die Vanilleschote entfernen.

Den Backofen auf 200 Grad vorheizen. Den Boden der Springform mit Backpapier belegen und den Rand leicht einfetten.

Für den Teig die Butter rühren, bis sich Spitzchen bilden, dann das Süßstoffpulver und die abgeriebene Zitronenschale beigeben und weiterrühren. Das Ei trennen; das Eigelb beigeben und weiterrühren. Maisstärke und Backpulver mischen, dazusieben und alles zu einem Teig verarbeiten.

Das Blanc battu und den Milchreis darunter rühren.

Den Rhabarber schälen und in ½ cm große Stücke schneiden.

Das Eiweiß mit dem Salz steif schlagen, zusammen mit den Rhabarberstücken und den Kirschen unter die Teigmasse ziehen.

Den Teig in die vorbereitete Form füllen, glatt streichen und mit den gehackten Pistazien bestreuen. Im vorgeheizten Backofen 75 Minuten backen. Wenn die Oberfläche zu dunkel wird, den Kuchen nach etwa 45–50 Minuten mit Alufolie abdecken.

Den Kuchen in der Form auskühlen lassen. Warm oder kalt servieren.

Ganzer Kuchen:	6 g Protein
91 g Kohlenhydrate	3 g Fett
1 Stück (⅛):	11 g Kohlenhydrate
101 kcal	1 g Nahrungsfasern
	30 mg Cholesterin

Brombeer-Quarkkuchen

Für eine Springform von 18 cm Durchmesser
Ergibt 8 Portionenstücke

240 g Brombeeren
1 EL Süßstoffpulver
½ Orange, abgeriebene Schale

2 große Eier
300 g Speisequark
30 g Fruchtzucker
flüssiger Süßstoff
½ Vanilleschote, ausgekratztes Mark
45 g Weizengrieß
50 g weiche Butter
½ Zitrone, abgeriebene Schale und Saft
1 Prise Salz
60 g Brombeerkonfitüre light
1 Msp. Butter zum Einfetten der Form
½ TL Puderzucker zum Bestreuen

Den Backofen auf 220 Grad vorheizen.

Die Brombeeren mit Süßstoffpulver und Orangenschale bestreuen und etwas marinieren lassen.

Die Eier trennen, die Eigelbe in eine Schüssel geben und verrühren. Quark, Fruchtzucker, flüssigen Süßstoff, Vanillemark, Weizengrieß und Butter beigeben und verrühren. Die Zitronenschale direkt dazureiben, den Saft auspressen und beigeben.

Die Eiweiße mit dem Salz zu Schnee schlagen und diesen vorsichtig unter die Masse heben.

Die Springform mit Öl ausstreichen. Etwas mehr als die Hälfte der Quarkmasse in die Form füllen.

Die Brombeerkonfitüre und die Hälfte der Brombeeren unter die restliche Quarkmasse ziehen. Diese ebenfalls in die Form füllen. 30–35 Minuten in der Mitte des vorgeheizten Backofens backen.

Den Kuchen mit den restlichen Brombeeren belegen, die Backofentemperatur auf 180–200 Grad zurückschalten und den Kuchen weitere 30 Minuten backen.

Den Backofen ausschalten und den Kuchen noch 15 Minuten darin stehen lassen. Den Kuchen in der Form auskühlen lassen. Kurz vor dem Servieren mit Puderzucker bestreuen.

Anregungen und Tipps

Tiefgekühlte Brombeeren ohne Zucker verwenden. Brombeeren direkt tiefgekühlt verwenden.

Die Butter beim Vorheizen des Backofens kurz im Ofen weich werden lassen.

Ganzer Kuchen:	8 g Protein
90 g Kohlenhydrate	7 g Fett
1 Stück (⅛):	11 g Kohlenhydrate
152 kcal	2 g Nahrungsfasern
	65 mg Cholesterin

Mandarinengugelhupf

Für eine Gugelhupfform von 22 cm Durchmesser
Ergibt 9 Portionenstücke

20 g Hefe

200 ml fettreduzierte Milch

150 g Tofu

150 g Mehl

25 g Süßstoffpulver

1 Zitrone, abgeriebene Schale

2 Eier

4 Tropfen Bittermandelaroma

70 g Mandelblättchen

300 g Mandarinen, ohne Schale und Häutchen

1 Msp. Butter zum Ausfetten der Gugelhupfform

Die Hefe zerbröckeln und in 2 Esslöffeln Milch auflösen.

Den Tofu mit der restlichen Milch fein pürieren.

Das Mehl in eine Schüssel geben, Süßstoffpulver, Zitronenschale, Eier und Aroma beigeben, mit der Hefe und dem pürierten Tofu zu einem glatten Teig verrühren.

Die Mandelblättchen in einer beschichteten Pfanne ohne Beigabe von Fett leicht rösten. Herausnehmen und auskühlen lassen.

Die Mandarinen nach Belieben etwas zerkleinern und zusammen mit den gerösteten Mandelblättchen unter die Masse heben.

Die Gugelhupfform gut ausfetten. Den Teig einfüllen. Mit einem Küchentuch zudecken und 1–2 Stunden an einem warmen Ort auf das Doppelte aufgehen lassen.

Den Backofen auf 200 Grad vorheizen.

Den Gugelhupf im vorgeheizten Backofen 35 Minuten backen. Etwas auskühlen lassen, bevor Sie ihn stürzen.

Ganzer Kuchen:	8 g Protein
140 g Kohlenhydrate	8 g Fett
1 Stück (⅑):	10 g Kohlenhydrate
175 kcal	3 g Nahrungsfasern
	44 mg Cholesterin

Himbeergugelhupf

Für eine Gugelhupfform von 1 Liter Inhalt
Ergibt 12 Portionenstücke

3 Eier

6 g Süßstoffpulver

10 g Fruchtzucker

1 Prise Salz

150 g Butter light, weich

90 g Mehl

40 g Maisstärke

3 ML Nestargel

30 g gemahlene, geschälte Mandeln

3 EL Haferkleie (15 g)

1 TL Zitronensaft

1 Msp. abgeriebene Zitronenschale

1 TL Backpulver

150 g Himbeeren

1 TL Butter zum Einfetten der Form

Den Backofen auf 180 Grad vorheizen. Die Form einfetten.

Die Eier trennen und die Eiweiße steif schlagen. Die Eigelbe mit Süßstoffpulver, Fruchtzucker, Salz und der weichen Butter schaumig schlagen. Den vorbereiteten Eischnee sorgfältig darunter ziehen.

Mehl, Maisstärke, Nestargel, gemahlene Mandeln, Haferkleie, Zitronensaft, Zitronenschale und Backpulver mischen und sorgfältig unter die Eimasse heben.

Die Himbeeren unter den Teig mischen und den Teig in die vorbereitete Form füllen. Im vorgeheizten Backofen 60 Minuten backen, auskühlen lassen.

Anregungen und Tipps

Tiefgekühlte Himbeeren ohne Zucker verwenden und direkt unter den Teig mischen.

Ganzer Kuchen:	4 g Protein
135 g Kohlenhydrate	7 g Fett
1 Stück (¹⁄₁₂):	11 g Kohlenhydrate
135 kcal	2 g Nahrungsfasern
	65 mg Cholesterin

Kokosnuss-Ananas-Kuchen

Für eine Springform von 18 cm Durchmesser
Ergibt 8 Portionenstücke

Mürbeteig:

105 g Mehl

3 Prisen Salz

60 g Butter light, kalt

70 g geschälte Mandeln, fein gemahlen

30 g Speisequark

1 kleines Ei

flüssiger Süßstoff

Füllung:

180 g frische Ananas, Blattrosette und Strunk
entfernt, geschält

50 g weiche Butter

1 Eigelb

flüssiger Süßstoff

½ Zitrone, Saft und abgeriebene Schale

100 g Kokosnussraspel

50 g Tofu, mit einer Gabel fein zerdrückt

1 Eiweiß

1 Prise Salz

30 g Kokosnussraspel zum Garnieren

1 dünne Ananasscheibe

Für den Mürbeteigboden Mehl und Salz mischen,
die Butter in Stücke schneiden, dazugeben und mit

den Fingern zu einer krümeligen Masse verreiben.
Mandeln, Quark, Ei und Süßstoff dazugeben und
alles rasch zu einem Teig zusammenfügen. 30
Minuten in den Tiefkühler stellen.

Die Hälfte des Teigs zwischen zwei Bogen Backpapier 5 mm dick ausrollen und in die mit Backpapier belegte Form legen. Die andere Hälfte des
Teigs zu einer 1 cm dicken Rolle formen und als
Teigrand an den Formenrand legen. Leicht mit
einer Gabel oder mit den Fingern andrücken und
2 bis 2½ cm hochziehen. Die obere Kante des Teigrands mit einem in Wasser getauchten Messer glätten. Den Boden mit einer Gabel dicht einstechen,
kurz kalt stellen.

Den Backofen auf 180–200 Grad vorheizen.

Die Ananas in Stücke schneiden, die Hälfte davon auf dem Mürbeteigboden verteilen, leicht andrücken und 5 Minuten tiefkühlen.

Die Butter schaumig schlagen, Eigelb, Süßstoff,
Zitronensaft und -schale darunter rühren, dann die
Kokosnussraspel, den fein zerdrückten Tofu und
die restlichen Ananasstücke beigeben, mischen.

Das Eiweiß zusammen mit dem Salz steif schlagen, sorgfältig unter die Masse heben.

Die Masse in die vorbereitete Form füllen.

Im vorgeheizten Backofen 40–45 Minuten backen,
bis die Oberfläche goldbraun ist, auskühlen lassen.

Die Oberfläche mit den Kokosraspeln bestreuen, die Ananasscheibe in Stücke schneiden
und den Kuchen damit belegen.

Anregungen und Tipps

Mürbeteig verarbeiten Sie am besten mit kalten
Zutaten und kalten Händen.

Sie können eine Schablone (z. B. Scherenschnitt)
auf den Kuchen legen und dann die Kokosraspel
darüber streuen.

Ganzer Kuchen:	7 g Protein
98 g Kohlenhydrate	25 g Fett
1 Stück (⅛):	12 g Kohlenhydrate
310 kcal	6 g Nahrungsfasern
	70 mg Cholesterin

Warmer Schokoladenkuchen

Für eine Kuchenform von 18 cm Durchmesser
Ergibt 8 Portionenstücke

Mürbeteig:

105 g Mehl

3 Prisen Salz

60 g Butter light

30 g Speisequark

1 kleines Ei

flüssiger Süßstoff

70 g geschälte Mandeln, fein gerieben

Hülsenfrüchte wie Kidneybohnen, Erbsen usw.
zum Blindbacken

Füllung:

100 g bittere schwarze Schokolade mit Zucker

30 g Walnüsse

50 ml Halbrahm

120 ml fettreduzierte Milch

1 kleines Ei

50 g Blanc battu (fettarmer Frischkäse,
ersatzweise Speisequark)

Für den Mürbeteigboden Mehl und Salz mischen, die Butter in Stücke schneiden und alles mit den Fingern zu einer krümeligen Masse verreiben.

Den Quark, das Ei, Süßstoff und die geriebenen Mandeln dazugeben. Rasch zu einem Teig zusammenfügen. Für 30 Minuten in den Tiefkühler stellen.

Ganzer Kuchen:	8 g Protein
115 g Kohlenhydrate	17 g Fett
1 Stück (⅛):	14 g Kohlenhydrate
255 kcal	2 g Nahrungsfasern
	61 mg Cholesterin

Die Hälfte des Teigs zwischen zwei Lagen Backpapier 5 mm dick ausrollen und auf das mit Backpapier belegte Blech legen.

Die zweite Teighälfte zu einer 1 cm dicken Rolle formen und als Teigrand an den Formenrand legen. Leicht mit einer Gabel oder den Fingern andrücken und 2 bis 2½ cm hochziehen. Die obere Kante des Teigrands mit einem in Wasser getauchten Messer glätten. Den Boden mit einer Gabel dicht einstechen. Den Mürbeteigboden kurz kalt stellen.

Den Backofen auf 180 Grad vorheizen.

Den Teigboden mit Backpapier belegen, mit den Hülsenfrüchten beschweren und im vorgeheizten Backofen 25 Minuten backen. Die Hülsenfrüchte entfernen, den Mürbeteigboden auskühlen lassen.

Für die Füllung die Schokolade in feine Würfel schneiden, in eine Schüssel geben.

Die Nüsse grob hacken.

Rahm und Milch in einen kleinen Topf geben, verrühren und langsam erhitzen.

Die heiße Rahm-Milch-Mischung über die Schokolade gießen. 30 Sekunden stehen lassen, damit die Schokolade schmelzen kann. Dann vorsichtig mischen. Etwa 10 Minuten abkühlen lassen.

Das Ei verquirlen und zusammen mit dem Blanc battu unter die Schokoladenmasse rühren, die Walnüsse beifügen und die Füllung auf den Mürbeteigboden geben.

15–20 Minuten im 180 Grad heißen Backofen backen, bis die Füllung am Rand fest wird; in der Mitte sollte sie weich bleiben.

Den Kuchen 10 Minuten auskühlen lassen, dann warm servieren.

Anregungen und Tipps

Den Mürbeteigboden im Voraus vorbereiten.

Espressoring

Für eine Ringform von 1 Liter Inhalt
Ergibt 12 Portionenstücke

150 g weiche Butter

30 g Fruchtzucker

5 g Süßstoffpulver

4 Eier

1 Prise Salz

1 Msp. Korianderpulver

150 ml heißes Wasser

½ TL ungesüßtes Kakaopulver

2–3 EL Instant-Kaffeepulver

flüssiger Süßstoff

150 g Mehl

½ Päckchen Backpulver

125 g gemahlene Haselnüsse

50 g Walnüsse

½ TL Butter zum Einfetten

Den Backofen auf 220 Grad vorheizen.

Die Butter in einer Schüssel weich rühren. Den Fruchtzucker und das Süßstoffpulver beigeben und vermischen.

Die Eier trennen, die Eigelbe eines nach dem anderen zur Buttermischung rühren und schaumig schlagen. Salz und Koriander beigeben.

Das Kakaopulver und das Kaffeepulver im heißen Wasser auflösen. Mit Süßstoff nach Belieben abschmecken. Den Kaffee etwas abkühlen lassen, dann unter die Masse rühren.

Mehl, Backpulver und gemahlene Haselnüsse ebenfalls darunter mischen, die Walnüsse grob hacken und unterrühren.

Die Eiweiße sehr steif schlagen und vorsichtig unter die Masse heben.

Die Form einfetten, die Teigmasse einfüllen und im unteren Teil des vorgeheizten Backofens 30–40 Minuten backen.

Ganzer Kuchen:	5 g Protein
136 g Kohlenhydrate	22 g Fett
1 Stück (¹⁄₁₂):	11 g Kohlenhydrate
270 kcal	2 g Nahrungsfasern
	96 mg Cholesterin

Gewürzcake

Für eine Cakeform von 28 cm Länge
Ergibt ca. 14 Portionenstücke

4 Eigelb
40 g Puderzucker
flüssiger Süßstoff
80 g Tofu
2 EL fettreduzierte Milch
200 ml Rotwein
125 g gemahlene Haselnüsse
50 g Haferkleie
50 g Milchschokolade, gerieben
105 g Mehl
½ Päckchen Backpulver
1 Prise Nelkenpulver
1 Prise Muskatnuss
1 Prise Salz
1 EL Zimt
½ TL Kardamom
½ TL Koriander
4 Eiweiß

Den Backofen auf 200 Grad vorheizen.

Die Eigelbe mit Puderzucker und Süßstoff rühren, bis eine helle schaumige Masse entsteht.

Den Tofu mit der Milch pürieren oder mit einer Gabel zerdrücken, zur Masse geben und zusammen mit den restlichen Zutaten bis und mit den Gewürzen darunter rühren.

Die Eiweiße zu Schnee schlagen und sorgfältig unter die Masse heben.

Die Cakeform mit Backpapier auslegen, die Masse einfüllen und in der Mitte des vorgeheizten Backofens 50 Minuten backen.

Anregungen und Tipps

Die Gewürze durch Lebkuchenmischung ersetzen.

Ganzer Cake:	6 g Protein
142 g Kohlenhydrate	9 g Fett
1 Stück (¹⁄₁₄):	10 g Kohlenhydrate
164 kcal	2 g Nahrungsfasern
	55 mg Cholesterin

Kartoffelcake

Für eine Cakeform von 22 cm Länge
Ergibt ca. 12 Portionenstücke

4 Eigelb

12 g Süßstoffpulver

4 EL Kirsch

½ Zitrone, abgeriebene Schale und Saft

4 Eiweiß

1 Prise Salz

1 Msp. Backpulver

180 g Kartoffeln, in der Schale gekocht, ausgekühlt
und geschält

100 g Zucchetti, geschält

150 g Haselnüsse, gemahlen

50 g Pecannüsse, grob gehackt

40 g dunkle Schokolade

Für das Wasserbad Wasser in einem Topf erhitzen, eine Schüssel mit den Eigelben und dem Süßstoffpulver darauf stellen und über dem warmen Wasserbad schaumig schlagen. Kirsch, Zitronenschale und -saft beigeben und verrühren.

Die Eiweiße mit Salz und Backpulver steif schlagen.

Die Kartoffeln und die Zucchetti fein reiben.

Den Eischnee, die geriebenen Kartoffeln und Zucchetti, Haselnüsse und Pecannüsse auf die Eigelbmasse geben und vorsichtig darunter rühren.

Die Schokolade grob würfeln und ebenfalls darunter ziehen.

Die Cakeform mit Backpapier auslegen. Die Kuchenmasse hineinfüllen und auf der untersten Rille im vorgeheizten Backofen 50–60 Minuten backen.

Anregungen und Tipps
Eignet sich gut zum Tiefkühlen.

Ganzer Cake:	5 g Protein
60 g Kohlenhydrate	13 g Fett
1 Stück (1⁄12):	5 g Kohlenhydrate
162 kcal	2 g Nahrungsfasern
	66 mg Cholesterin

Schokoladen-Kokosnuss-Cake

Für ein Blech von 15 × 20 cm
Ergibt 15 Portionenstücke

Füllung:
150 g bittere schwarze Schokolade, fein gehackt
50 g Milchschokolade, fein gehackt
200 ml Halbrahm

Kokosnuss-Biskuit:
2 große Eier
7 EL Süßstoffpulver
140 g Kokosnussraspel

Garnitur:
40 g Kokosnuss-Chips

Zunächst die Füllung zubereiten: Die fein gehackte Schokolade in eine Schüssel geben. Den Rahm aufkochen, über die Schokolade gießen und mit einem Rührbesen so lange rühren, bis sie sich aufgelöst hat.

Die Schokoladenmasse direkt auf der Oberfläche mit Klarsichtfolie bedecken und kühl stellen (ca. 4 Stunden), bis sie streichfest ist.

Den Backofen auf 180 Grad vorheizen, das Blech vorbereiten (siehe unter Anregungen und Tipps).

Wasser in einem Topf zum Kochen bringen. Die Eier mit dem Süßstoffpulver in eine Schüssel geben und mit dem Mixer über dem heißen, aber nicht mehr kochenden Wasserbad kräftig schaumig schlagen. Das Volumen sollte sich verdoppeln.

Die Kokosnussraspel mit dem Gummischaber sorgfältig darunter mischen. Dann die Masse gleichmäßig auf das vorbereitete Blech streichen, so dass der Teig überall die gleiche Dicke aufweist.

Im vorgeheizten Backofen 20–25 Minuten backen, bis die Oberfläche goldgelb ist. Auf dem Backpapier auskühlen lassen.

Das Biskuit in drei gleich große Rechtecke schneiden (ca. 5 × 20 cm). Eines der Rechtecke sorgfältig auf eine Platte legen. Ein knappes Drittel der Füllung mit einem Spachtel darauf streichen, mit einem zweiten Teigrechteck belegen, wiederum ein knappes Drittel der Füllung darauf verteilen, das letzte Rechteck darauf legen und die restliche Füllung auf den Deckel und die Seiten streichen.

Für die Garnitur den Cake oben und an den Seiten mit Kokosnuss-Chips bestreuen.

Anregungen und Tipps

Sie können Backformen selber herstellen, indem Sie ein Backpapier nach Maß falten. Dabei schneiden Sie die Ecken ein, legen diese übereinander und befestigen sie am Rand oben mit einer Büroklammer. Achten Sie darauf, dass die Ecken dicht sind, so dass kein Teig auslaufen kann.

Bewahren Sie den Kuchen im Kühlschrank auf. Vor dem Servieren jedoch frühzeitig herausnehmen, damit sich das Aroma entfalten kann.

Kokos-Chips sind grob geraspelte Kokosnussflocken. Sie sind in Reformhäusern oder in Delikatessenläden erhältlich.

Ganzer Kuchen:	3 g Protein
102 g Kohlenhydrate	16 g Fett
1 Stück (1/15):	7 g Kohlenhydrate
184 kcal	2 g Nahrungsfasern
	39 mg Cholesterin

Tiramisù-Eiscake

Für eine Kastenform von ca. 20 cm Länge
Ergibt 15 Portionenstücke

100 ml starker Espresso
flüssiger Süßstoff
5 Tropfen Mandelaroma
2 EL Cognac oder Grappa

Mascarponecreme:
3 Eigelb
½ Vanilleschote, ausgekratztes Mark
5 g Süßstoffpulver
½ Zitrone, abgeriebene Schale
350 g Mascarpone
3 Eiweiß
1 Prise Salz

75 g Butterkekse (z. B. Petit Beurre) ohne Zuckerzusatz

1 EL ungesüßtes Kokaopulver

Den Espresso mit Süßstoff, Aroma und Schnaps mischen, zur Seite stellen.

Für die Mascarponecreme die Eigelbe mit dem Vanillemark und dem Süßstoffpulver mit dem Handmixer zu einer schaumigen Masse schlagen. Die abgeriebene Zitronenschale unter den Mascarpone mischen und löffelweise unter die Eigelbmasse rühren.

Die Eiweiße mit dem Salz steif schlagen und sorgfältig unter die Masse heben.

Die Form mit Klarsichtfolie auslegen, ein Drittel der Mascarponecreme in die Form streichen, die Hälfte der Butterkekse darauf legen und diese mit dem Espresso beträufeln. Das zweite Drittel der Creme einfüllen, mit den restlichen Butterkeksen belegen, diese wiederum mit Espresso beträufeln und die restliche Creme darauf verteilen, glatt streichen und etwa 8 Stunden tiefkühlen.

Den Eiscake auf eine Platte stürzen, die Folie abziehen und den Cake mit Kakaopulver bestäuben.

Anregungen und Tipps

Stellen Sie den Eiscake vor dem Garnieren auf eine Cakeplatte und lassen Sie ihn 30–40 Minuten im Kühlschrank antauen. Er lässt sich so leichter schneiden und schmeckt aromatischer.

Ganzer Kuchen:	5 g Protein
45 g Kohlenhydrate	9 g Fett
1 Stück (1/15):	3 g Kohlenhydrate
122 kcal	1 g Nahrungsfasern
	63 mg Cholesterin

Schokoladenkuchen mit Weichselkirschen

Ergibt 15 Stücke

100 g Butter oder Margarine

12 g Süßstoffpulver

3 Eier

1 Prise Salz

125 g Tofu nature

2 EL Wasser

50 g Blanc battu (fettarmer Frischkäse, ersatzweise Speisequark)

100 g gemahlene Haselnüsse

100 g dunkle Diabetiker-Schokolade

1 EL Kirsch

120 g Mehl Typ 550 (Ruchmehl)

2 TL Backpulver

2 EL ungesüsstes Kakaopulver

225 g Weichselkirschen (oder rote Herzkirschen) ohne Stein, light

Die Butter oder Margarine weichrühren.

Das Süßstoffpulver und die Eier beigeben und im warmen Wasserbad schaumig schlagen.

Das Salz beifügen.

Den Tofu klein würfeln und zusammen mit dem Wasser zu einer glatten Masse pürieren. Zusammen mit dem Blanc battu und den gemahlenen Haselnüssen unter die Buttermasse rühren.

Die Schokolade grob hacken und zusammen mit dem Kirsch ebenfalls beigeben.

Eine Cakeform von 26 cm Länge mit Blechreinpapier auslegen. Den Backofen auf 180 Grad vorheizen.

Das Mehl zusammen mit dem Backpulver, dem Kakaopulver und den Kirschen vorsichtig unter die Masse heben.

In der unteren Hälfte des vorgeheizten Ofens rund 50 Minuten backen.

Tipps

Der Kuchen eignet sich gut zum Tiefkühlen.

Sobald das Kakaopulver untergemischt ist, den Kuchen möglichst schnell in den vorgeheizten Ofen schieben, sonst fällt er leicht zusammen.

Ganzer Kuchen:	5 g Protein
160 g Kohlenhydrate	14 g Fett
1 Stück:	10 g Kohlenhydrate
193 kcal	1 g Nahrungsfasern
	64 mg Cholesterin

Baumnuss-Birnen-Küchlein

Für 2 Förmchen à 150 ml (1½ dl)

50 g Butter

70 g Baumnüsse

2 kleine Eier

1 EL Süßstoffpulver

1 Prise Salz

10 g Maisstärke (Maizena)

15 g Weißmehl

100 g Birne

Garnitur nach Belieben:

– gemahlene Haselnüsse

– gemahlene Pistazien

– gemahlene Mandeln

– Kokosflocken

– ungezuckertes Kakaopulver

– verschiedene Nüsse

– Karotten, fein geschnitten

– geschlagener Rahm (zum Sofortessen geeignet)

Zum Befestigen der Garnitur:

100 ml (1 dl) Wasser

1 Msp. Agar-Agar

Die Butter schmelzen. Mit einem Pinsel die Förmchen mit etwas flüssiger Butter ausstreichen.

Die Baumnüsse sehr fein hacken.

Die Eier mit Süßstoffpulver und Salz mischen und etwa 5 Minuten kräftig rühren, bis die Masse hell und schaumig wird.

Mit dem Gummischaber die flüssige Butter, die Baumnüsse, Maisstärke und Mehl darunter ziehen.

Die Birne schälen, halbieren und das Kerngehäuse entfernen. Das Fruchtfleisch sehr fein hacken und ebenfalls unter den Teig rühren.

Den Teig in die Förmchen verteilen und im unteren Teil des 200 Grad heißen Backofens 15–20 Minuten backen. Die Förmchen aus dem Ofen nehmen, den Teig am Rand lösen und rund 3 Minuten stehen lassen. Auf ein Gitterblech stürzen und auskühlen lassen.

In der Zwischenzeit das Wasser in ein Pfännchen geben, Agar-Agar hineinrühren und unter ständigem Rühren aufkochen lassen, 2–3 Minuten köcheln lassen und die noch flüssige Masse in ein Schüsselchen geben.

Die abgekühlten Küchlein dort, wo eine Garnitur vorgesehen ist, mit der Agar-Agar-Lösung bepinseln und die gewünschte Garnitur darauf streuen.

Anregungen und Tipps

Zum Garnieren die Flächen partienweise befeuchten und garnieren.

Früchte je nach Saison variieren.

Wer aufs Gewicht achtet, befolgt die Tipps auf Seite 17.

1 Stück:	565 kcal	15 g Kohlenhydrate
	13 g Protein	4 g Nahrungsfasern
	50 g Fett	260 mg Cholesterin

Mokkatorte

Für eine Springform von 18 cm Durchmesser

Biskuit:
2 Eier
1 EL heißes Wasser
50 g Puderzucker
45 g Weißmehl
1 Msp. Backpulver

Füllung:
200 ml (2 dl) Rahm
2½ EL Nescafépulver
3 EL heißes Wasser
1 Becher Schokoladenflan »light«
1 TL flüssiger Süßstoff
2 ML Nesvital
1 TL ungezuckerter Kakao
1 Prise Salz
1 TL Cognac nach Belieben
½ l QimiQ-Basis (verdickter Rahm, Emmi)

Garnitur:
ungezuckerter Kakao
2 dünne Schokoladenplättchen

Den Ofen auf 150 Grad vorheizen. Den Boden der Springform mit Backpapier auslegen, den Rand mit etwas Butter oder Margarine einfetten.

Eier und Wasser in einer dünnwandigen Schüssel gut verrühren, den Puderzucker beigeben.

Die Schüssel in ein heißes Wasserbad stellen und die Masse 1–2 Minuten kräftig schlagen. Die Schüssel aus dem Wasser nehmen und die Masse so lange weiterschlagen, bis ein fester Schaum entsteht.

Mehl und Backpulver vorsichtig unter die Masse heben. Darauf achten, dass das Mehl gut darunter gemengt ist und keine Mehlklümpchen entstehen.

Die Masse in die vorbereitete Form füllen und das Biskuit auf der untersten Rille im vorgeheizten Backofen 25–30 Minuten backen. Herausnehmen, den Ring der Springform entfernen, das Biskuit auf ein Kuchengitter stürzen, das Backpapier abziehen und das Biskuit über Nacht bei Zimmertemperatur stehen lassen.

Für die Füllung den Rahm steif schlagen.

Das Nescafépulver im heißen Wasser vollständig auflösen und zum Schlagrahm geben. Einen halben Becher Schokoladenflan, Süßstoff, Nesvital, Kakao, Salz und nach Belieben Cognac hinzufügen und den Rahm nochmals kräftig schlagen.

QuimiQ-Basis aufrühren, dazugeben und ebenfalls gut darunter rühren.

Die Masse im Kühlschrank etwa 1 Stunde fest werden lassen.

Unterdessen das Biskuit mit einem Brotmesser quer durchschneiden. Den Boden auf eine Tortenplatte legen. Mit dem restlichen halben Becher Schokoladenflan bestreichen. Einen Viertel der Mokkamasse darauf geben und ebenfalls verstreichen. Den zweiten Biskuitboden darauf setzen. Mit einem weiteren Viertel der Mokkamasse die

Oberfläche und die Seitenränder der Torte mit einem Spachtel glatt streichen.

Die restliche Masse in einen Spritzsack mit Rosettentülle füllen. Die Oberfläche der Torte mit Kakao bestreuen und mit dem Spritzsack acht Rosetten darauf spritzen. Die Schokoladenplättchen mit einem glattkantigen, in heißem Wasser erwärmten Messer vierteln und in die Rosetten stecken.

Die Torte im Kühlschrank kühl stellen, eine Viertelstunde vor dem Servieren in den Tiefkühler stellen, damit sie sich besser schneiden lässt.

Anregungen und Tipps

10 g Puderzucker enthält 10 g Kohlenhydrate. In diesem Rezept verhindert das Fett den blitzschnellen Blutzuckereinstrom.

Biskuit gelingt besser, wenn alle Zutaten Raumtemperatur haben.

9 Schokoladenplättchen enthalten 10 g Kohlenhydrate.

QuimiQ-Basis kann durch Halbrahm und Rahmfestiger oder Halbrahm und Gelatine ersetzt werden.

Wer aufs Gewicht achtet, befolgt die Tipps auf Seite 17.

Für 1 Cakeform von 28 cm Länge, ergibt 12 Stücke

2 große Quitten (300 g gerüstet)
Wasser
180 g Margarine oder Butter
14 g Süßstoffpulver
1 Prise Salz
4 Eier
½ Zitrone, Saft und Schale
100 g gemahlene Mandeln
105 g Weißmehl
1 TL Backpulver
50 g Mandelstifte

Die Quitten schälen, vierteln und das Kerngehäuse entfernen. Die Früchte in Schnitze schneiden und mit wenig Wasser weich kochen, zu Mus pürieren.

Die Margarine oder Butter weich rühren, Süßstoffpulver und Salz beigeben, weiterrühren.

Ein Ei nach dem anderen beigeben und weiterrühren, dann Zitronensaft und -schale, die gemahlenen Mandeln, Mehl, Backpulver, das Quittenmus und die Mandelstifte beigeben und gut vermengen.

Die Masse in eine mit Backpapier ausgelegte Cakeform füllen. Auf der untersten Rille bei 200 Grad 50–60 Minuten backen.

Anregungen und Tipps

Quittenmus portionenweise tiefkühlen. Wer aufs Gewicht achtet, beachtet die Tipps auf Seite 17.

1 Stück	210 kcal	15 g Kohlenhydrate
(⅛ der Torte):	5 g Protein	0 g Nahrungsfasern
	15 g Fett	105 mg Cholesterin
Ganze Torte:	100 g Kohlenhydrate	

1 Stück: (1/12	220 kcal	8 g Kohlenhydrate
des Cakes):	5 g Protein	3 g Nahrungsfasern
	20 g Fett	100 mg Cholesterin3,
Ganzer Cake:	105 g Kohlenhydrate	

Sommerlicher Früchtecake

Für eine Cakeform von 28 cm Länge

200 g Margarine oder Butter
4 Eigelb
14 g Süßstoffpulver
150 g gemahlene Haselnüsse
2–3 Rhabarberstangen (gerüstet ca. 250 g)
150 g Weißmehl
1 TL Backpulver
5 Eiweiß
1 Prise Salz
200 g Himbeeren

Margarine oder Butter weich rühren, die Eigelbe einzeln beigeben und weiterrühren. Das Süßstoffpulver dazugeben und die Masse kräftig rühren. Zuletzt die Haselnüsse darunter mischen.

Die Rhabarberstangen schälen, halbieren und in kleine Würfelchen schneiden. Zusammen mit dem Mehl und dem Backpulver unter die Masse heben.

Das Eiweiß zusammen mit dem Salz steif schlagen. Den Eischnee und die Himbeeren vorsichtig unter die Masse heben.

Die Cakeform mit Backpapier auskleiden. Die Masse hineinfüllen und bei 180 Grad auf der untersten Rille im Backofen 60 Minuten backen. Der Kuchen ergibt 14 Stücke.

Anregungen und Tipps

Tiefgekühlte Himbeeren verwenden.

Den Cake frisch sofort essen oder tiefkühlen.

Wer aufs Gewicht achtet, befolgt die Tipps auf Seite 17.

Die Süßstoffpulvermenge genau einhalten, da es eine große Süßkraft besitzt.

1 Stück (1/14):	250 kcal	10 g Kohlenhydrate
	5 g Protein	3 g Nahrungsfasern
	20 g Fett	100 mg Cholesterin

Ganzer Cake: 135 g Kohlenhydrate

Farbige Party-Taler

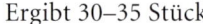

Ergibt 30–35 Stück

50 g Margarine oder Butter

6 g Süßstoffpulver

1 kleines Ei

1 Prise Salz

½ Zitrone, nur abgeriebene Schale

rote und grüne Lebensmittelfarbe

105 g Weißmehl

1 Msp. Backpulver

1 TL Kaffeerahm zur Befestigung der Teigschichten

Die Margarine oder Butter weich rühren, das Süßstoffpulver und das Ei beigeben und alles im warmen Wasserbad schaumig rühren. Das Salz und die Zitronenschale beigeben und gut darunter mischen.

Die Masse halbieren und in zwei Schüsseln geben. Die eine Portion mit roter, die zweite mit grüner Lebensmittelfarbe einfärben.

Mehl und Backpulver mischen, die Hälfte davon zur grünen, die andere Hälfte zur roten Masse geben und jeweils zu einem Teig rühren (nicht zu lange kneten, sonst wird der Teig fettig glänzend).

Die Teige rund 1 Stunde im Kühlschrank ruhen lassen, dann zwischen zwei Blättern Backpapier 3 mm dick zu einem Rechteck auswallen.

Den grünen Teig mit Kaffeerahm bepinseln, den roten darauf legen und den Teig vorsichtig einrollen. Die Teigrolle kurz in den Tiefkühler legen, dann mit einem scharfen Messer 3 mm dicke Taler abschneiden und auf ein Blech legen.

In der Mitte des Backofens bei 200 Grad 10–15 Minuten backen.

Anregungen und Tipps

Andere Farben verwenden.

Eine Teighälfte nature lassen, die andere mit ungezuckertem Kakaopulver einfärben.

Wer aufs Gewicht achtet, befolgt die Tipps auf Seite 17.

1 Stück:	30 kcal	3 g Kohlenhydrate
	+ g Protein	+ g Nahrungsfasern
	2 g Fett	10 mg Cholesterin

Ganzer Teig: 75 g Kohlenhydrate

Roulade mit Kokos-Karotten-Füllung

2 Eigelb
60 g Zucker
1 EL warmes Wasser
2 Eiweiß
1 Prise Salz
45 g Weißmehl

Füllung:
150 g Karotten
40 g Magerquark
flüssiger Süßstoff
90 g nordische Sauermilch (12% F. i. Tr.)
½ Zitrone, nur Saft
75 g Kokosraspel
30 g gemahlene Mandeln

1 TL Aprikosenkonfitüre »light« (kalorienreduziert)
Kokosraspel zum Bestreuen

Eigelbe, Zucker und Wasser in eine Schüssel geben und kräftig rühren, bis die Masse hell und sehr schaumig ist.

Das Eiweiß mit dem Salz steif schlagen, zusammen mit dem Mehl vorsichtig unter die Masse heben.

Die Masse auf ein mit Backpapier belegtes Blech geben und knapp 1 cm dick zu einem Rechteck ausstreichen.

In der Mitte des Backofens bei 220 Grad 8–10 Minuten backen.

In der Zwischenzeit die Füllung zubereiten: Die Karotten schälen und fein reiben. Mit den anderen Zutaten der Füllung gut vermischen.

Das Biskuit aus dem Ofen nehmen, auf ein sauberes Küchentuch stürzen und das Backpapier sofort abziehen. Die Füllung auf dem Biskuit verteilen, mit Hilfe des Küchentuchs locker einrollen, die

Enden sauber abschneiden und die Roulade auskühlen lassen.

Die Aprikosenkonfitüre glatt rühren, die Roulade damit bestreichen und mit Kokosraspeln bestreuen.

Die Roulade ergibt etwa 10 Stücke.

Anregungen und Tipps

10 g Zucker enthalten 10 g Kohlenhydrate. In diesem Rezept verhindern Fett, Eiweiß und Nahrungsfasern die blitzschnelle Erhöhung des Blutzuckers.

Biskuit gelingt besser, wenn alle Zutaten Raumtemperatur haben.

Die Roulade schmeckt am besten frisch gemacht.

Wer aufs Gewicht achtet, befolgt die Tipps auf Seite 17.

1 Stück (¹⁄₁₀):	150 kcal	10 g Kohlenhydrate
	4 g Protein	3 g Nahrungsfasern
	10 g Fett	50 mg Cholesterin

Ganze Roulade: 95 g Kohlenhydrate

Haselnussstängel

Ergibt ca. 30–35 Stück

125 g gemahlene Haselnüsse
60 g Margarine oder Butter
10 g Süßstoffpulver
1 Ei
1 Prise Salz
1 Msp. Zimt
1 Zitrone, nur abgeriebene Schale
120 g Ruchmehl (Mehl Type 550)
½ TL Backpulver
50 ml (½ dl) Milchdrink
½ Packung (60 g) dunkle Schokoladenglasur

Die Haselnüsse in eine beschichteten Pfanne unter ständigem Rühren anrösten, bis sie gut riechen. Abkühlen lassen.

Die Margarine oder Butter weich rühren. Süßstoffpulver, Ei, Salz, Zimt und Zitronenschale beigeben und schaumig rühren. Haselnüsse, Mehl und Backpulver darunter rühren. Die Milch dazugeben und alles gut zu einem Teig zusammenfügen.

Auf ein mit Backpapier belegtes Blech geben und etwa 1 cm dick zu einem Rechteck ausstreichen. In der Mitte des Backofens bei 180 Grad 10–15 Minuten backen. Noch warm in fingerlange Stängelchen schneiden.

Die Schokoladenglasur nach Anleitung zubereiten, die Hälfte davon in ein Glas füllen und in ein warmes Wasserbad stellen. Jeweils ein Ende der Nussstängel in die Schokoladenglasur tauchen, kurz antrocknen lassen, dann auf einem Gitter vollständig trocknen lassen.

Anregungen und Tipps

Reste von Schokoladenglasur abkühlen lassen und gut verschlossen ungekühlt aufbewahren (1½–2 Monate haltbar).

Wer aufs Gewicht achtet, befolgt die Tipps auf Seite 17.

1 Stück:	70 kcal	4 g Kohlenhydrate
	1 g Protein	+ g Nahrungsfasern
	5 g Fett	ca. 16 mg Cholesterin

Ganzer Teig: 130 g Kohlenhydrate

Schokoladengebäck

Ergibt ca. 30 Stück

50 g Margarine oder Butter
6 g Süßstoffpulver
1 kleine Ei
1 Prise Salz
½ Zitrone, nur abgeriebene Schale
105 g Weißmehl
1½ TL ungezuckertes Kakaopulver
1 Msp. Backpulver

Glasur:
20 g Kochschokolade
2 TL Kaffeerahm

Die Margarine oder Butter weich rühren, Süßstoffpulver und Ei beigeben und im warmen Wasserbad schaumig rühren. Das Salz und die Zitronenschale hinzufügen und gut darunter mischen.

Mehl, Kakaopulver und Backpulver mischen, dazugeben und alles zu einem Teig rühren (nicht zu lange kneten, sonst wird der Teig fettig glänzend).

Den Teig rund 1 Stunde im Kühlschrank ruhen lassen. Dann zwischen zwei Blättern Backpapier 5 mm dick auswallen, mit Ausstechförmchen ausstechen und auf ein mit Backpapier belegtes Blech legen.

In der Mitte des Backofens bei 200 Grad etwa 15 Minuten backen, kurz auskühlen lassen.

Für die Glasur die Schokolade mit kochendem Wasser übergießen, kurz warten, das Wasser vorsichtig wieder abgießen und die Schokolade mit dem Kaffeerahm verrühren. Das abgekühlte Gebäck sofort damit bestreichen. Damit die Schokolade flüssig bleibt, in ein warmes Wasserbad stellen.

Anregungen und Tipps

Wer aufs Gewicht achtet, befolgt die Tipps auf Seite 17.

1 Stück:	30 kcal	3 g Kohlenhydrate
	1 g Protein	+ g Nahrungsfasern
	2 g Fett	12 mg Cholesterin

Ganzer Teig: 85 g Kohlenhydrate

Schokoladenring

Kuchen und Cakes

Für eine Ringform von 1 Liter Inhalt, ergibt
12 Stücke

100 g Margarine oder Butter

3 kleine Eier

60 g Zucker

100 g dunkle Schokolade

20 g ungezuckerter Kakao

200 g gemahlene Mandeln

40 g Paniermehl

1 Msp. Backpulver

2 TL Erdbeerkonfitüre »light«

2 EL Mandelblättchen

Die Butter oder Margarine weich rühren, Eier und Zucker beigeben und weiterrühren, bis die Masse hell wird.

Die Schokolade mit kochendem Wasser übergießen, kurz warten, dann das Wasser vorsichtig abgießen und die geschmolzene Schokolade zum Teig geben.

Kakaopulver, gemahlene Mandeln, Paniermehl und Backpulver beigeben und verrühren.

Die Ringform sparsam ausfetten. Den Teig hineinfüllen und im Backofen auf der untersten Rille bei 180 Grad etwa 45 Minuten backen. Den Kuchen aus dem Ofen nehmen und sofort stürzen, auskühlen lassen.

Die Erdbeerkonfitüre glatt rühren, den Kuchen damit bestreichen und mit Mandelblättchen bestreuen.

Anregungen und Tipps

10 g Zucker enthält 10 g Kohlenhydrate. In diesem Rezept verhindern Fett und Eiweiß die blitzschnelle Erhöhung des Blutzuckers.

Wer aufs Gewicht achtet, befolgt die Tipps auf Seite 17.

1 Stück (1/12):	165 kcal	10 g Kohlenhydrate
	7 g Protein	4 g Nahrungsfasern
	20 g Fett	70 mg Cholesterin
Ganzer Ring:	130 g Kohlenhydrate	

Zwetschgenkuchen

Für eine Springform von 18 cm Durchmesser

100 g Margarine oder Butter

2 kleine Eier

60 g Zucker

1 Prise Salz

½ Zitrone, Saft und abgeriebene Schale

35 g gemahlene Haselnüsse

75 g Weißmehl

½ TL Backpulver

120 g Zwetschgen

Die Butter oder Margarine weich rühren, Eier, Zucker und Salz beigeben und weiterrühren, bis die Masse hell wird.

Zitronensaft und -schale, Haselnüsse, Mehl und Backpulver beigeben und alles zu einem Teig rühren.

Die Springform heiß ausspülen, abtrocknen und mit wenig Butter oder Margarine ausfetten. Den Teig hineinfüllen.

Die Zwetschgen halbieren und in feine Schnitze schneiden, diese rosettenartig in den Teig drücken.

Den Kuchen in der unteren Ofenhälfte bei 180 Grad 35–40 Minuten goldgelb backen.

Anregungen und Tipps

10 g Zucker enthält 10 g Kohlenhydrate. In diesem Rezept verhindern Fett, Eiweiß und Nahrungsfasern den blitzschnellen Blutzuckeranstieg.

Früchte nach Saison verwenden.

Wer aufs Gewicht achtet, befolgt die Tipps Seite 17.

1 Stück (⅛):	210 kcal	15 g Kohlenhydrate
	3 g Protein	1 g Nahrungsfasern
	15 g Fett	80 mg Cholesterin
Ganzer Kuchen:	125 g	Kohlenhydrate

Lebensmittelverzeichnis

Aceto balsamico

Ein süss-würziger Rotweinessig

Agar-Agar

Ein pflanzliches Bindemittel aus Meeralgen. Farb- und geruchlos, mit achtmal höherer Bindefähigkeit als Gelatine. Muss erhitzt werden, um Bindefähigkeit zu erreichen.

Blanc battu (0% F. i. Tr.)

Fettarmer Frischkäse. Wie Quark zu verwenden und durch Speisequark ersetzbar.

Butter light (Halbfettbutter)

Butter mit 50% weniger Fett als normale, gestreckt mit Wasser. Erhältlich im Supermarkt.

Calvados

Branntwein aus Äpfeln (37–42 Vol.-%).

Flüssiger Süßstoff

Süßstoff wie Saccharin oder Cyclamat in flüssiger Form. Sehr stark konzentriert, vorsichtige Dosierung nötig. Bei Überdosierung entsteht ein bitterer Geschmack im Gaumen.

Gelatine

Ein Bindemittel aus tierischem Bindegewebe.

Haferkleie

Äußere Randschicht des Haferkorns. Haferkleie ist zu rund 50% verwertbar, enthält lösliche Nahrungsfasern und bremst den Blutzucker nach dem Essen ab.

Hagenbuttenmus

Konfitüre mit hohen Fruchtanteil.

Halbrahm

Rahm mit reduziertem Fettgehalt (mindestens 25%), der sich aber wie Vollrahm steif schlagen läßt und auch durch diesen ersetzbar ist.

Hefewürzpaste

Würzpaste auf Bierhefebasis (Cenovis). Zum Würzen von Gerichten oder als Brotaufstrich.

Himbeergeist

Schnaps aus Himbeeren (42 Vol.-%).

Kokosnusschips

Grobe Kokosnussraspel. In Reformhäusern und Delikatessenabteilungen erhältlich.

Mandelpüree

Pürierte Mandelmasse ohne Zuckerzusatz (z. B. Nuxo). Kühl aufbewahren. Erhältlich in Drogerien und im Reformhaus.

Mehl

Sofern nicht anders angegeben, wird in den Rezepten Weizenmehl Typ 405 (Weißmehl) verwendet.

Milchdrink

Teilentrahmte Milch mit ca. 3% Fett.

Nordische Sauermilch

Angesäuerte Milch mit 12% Fett. Kann als Rahmersatz verwendet werden.

Nestargel

Pflanzliches Bindemittel auf Nahrungsfaserbasis (Johannisbrotkernmehl); enthält keine Kohlenhydrate und keine Energie (Kilokalorien). Erhältlich in Apotheken, Drogerien und Reformhäusern.

Nesvital

Pflanzliches Bindemittel auf Nahrungsfaserbasis (Guar); enthält keine Kohlenhydrate und keine Energie (Kilokalorien). Erhältlich in Drogerien und Reformhandel.

QimiQ

Basis Mit Gelatine eingedickter Halbrahm zum Binden von Speisen. Einfache Handhabung. Erhältlich in Lebensmittelgeschäften.

Quittenschnaps

Schnaps aus Quitten (42 Vol.-%).

Süßstoffpulver

Pulver aus Maltodextrin (Kohlenhydrat), mit Süßstoff vermengt. Geeignet zum Backen von Kuchen, die aufgehen sollen. In 10–12 g Pulver sind 10 g verwertbare Kohlenhydrate enthalten. Genau abwiegen lohnt sich, weil das Pulver sehr leicht ist und gerne überdosiert wird (siehe Seite 28, 29, 38, 39).

Tofu

Quark aus Sojabohnen.

Trinkmilch

Teilentrahmte Milch mit ca. 3% Fett.

Weizenkleie

Äußere Randschicht des Weizenkorns. Enthält nicht wasserlösliche Nahrungsfasern und ist für den Menschen nicht verwertbar.

Yasoya

Tofu, mit Molkepulver vermischt.

Quellen

D.A.CH: Referenzwerte für die Nährstoffzufuhr, Umschau Braus GmbH, Frankfurt am Main, und Deutsche Gesellschaft für Ernährung e.V., Frankfurt am Main 2000.

Christine Römer-Lüthi: Ernährung in der Schweiz, Kommentierte Kurzfassung des Vierten Schweizerischen Ernährungsberichtes, SVE, Bern 1998.

Tobias Lechler: Blutfett – Freie Radikale und Vitamine, Natürliche Prophylaxe gegen Herzinfarkt, Johannes Sonntag Verlagsbuchhandlung, Stuttgart 1999.

Süssstoff – mit Sicherheit von Nutzen, Süssstoff-Verband e.V., Köln. 1998

Obst und Gemüse, Bioaktiver Gesundheitsschutz aus der Natur, aid, Bonn 2001.

Gemüse und Obst für eine gesunde Ernährung, Sekundäre Pflanzenstoffe als Wirkstoffe, aid, Bonn 1998.

5 am Tag, Deutsche Krebsgesellschaft, Frankfurt am Main.

Gröber, Uwe : »Diabetes mellitus aus orthomolekularer Sicht«, in: Ernährung & Medizin, MVS Medizinverlage Stuttgart, 17 (2002) 141–148.

Das ideale Gebäck, hrsg. v. Richemont Fachschule und Versuchslabor des Schweizerischen Bäcker- und Konditormeister-Verbandes Luzern, 1989.

Diabetesernährungsplan, hrsg. v. Stiftung Ernährung und Diabetes Bern, 9. Auflage 2003 (für Kohlenhydratberechnung).

Dr. A. Oetker: Backen macht Freude 2, Das neue Rezeptbuch, Dibona AG, Zürich (für Tortenberechnung).

Betty Bossi: Kuchen, Cakes & Torten, Betty Bossi AG, Zürich 1985 (für Tortenberechnung) (Berechnungsprogramm Prodi 4.5 basis, Stuttgart).

Teuscher, Prof. A.: Handbuch für das Diabetes-Team, Verlag Hans Huber, Bern 1995

Keller, Prof. Dr. med. U.: Die neue Ernährung bei Diabetes, D-Journal, Aug./Sept. Nr. 121/1996

Stellungnahmen der Schweizerischen Diabetes-Gesellschaft: Diabetes mellitus 1996, Hans Marseille Verlag, München 1996

Arens-Azevêdo, Prof. U., Dr. B. Günther und G. Schneider: Ernährungslehre zeitgemäß – praxisnah, Schroedel Verlag, Gehlen 1990

Griffin, T. und R. Mendosa: The Glycemic Index, http://www.Lehigh.edu/li (Internet)

Hermes Süßstoff AG: Wissenswertes über Süßstoffe, Zürich o.J.

Lebensmittelverordnung der Schweiz, 1995

Nährwertberechnungsprogramm von LOBOS Informatik AG

Energie- und Nährwerttabellen, becel 1996 Stiftung Ernährung und Diabetes Bern: Diabetesernährungsplan, 7. Auflage 1993 (für die Kohlenhydratangaben)

Adressen

Toeller, M.: Ernährungsempfehlungen für Diabetiker 2000, Ernährungs-Umschau 47 (2000) Heft 5

Kasper, H.: Ernährungsmedizin und Diätetik, Urban & Schwarzenberg, München/Wien/Baltimore 1996

Kluthe, R. und Kasper, H.: Kohlenhydrate in der Ernährungsmedizin unter besonderer Berücksichtigung des Zuckers, Georg-Thieme-Verlag, Stuttgart 1996

Gulli, D. und Heuberger, M.: Saccharose in der Spitalernährung von Diabetikern, Diplomarbeit, Schule für Ernährungsberatung, Zürich 2000

von Koerber, K., Männle, Th., Leitzmann, C.: Vollwert-Ernährung, Karl F. Haug Verlag, Heidelberg 1993

Krieger, V. und Gallus, U.: Die Vollwert-Bäckerei, AT Verlag, Aarau 1990

Stevia Rebaudiana – Die Süssstoffpflanze, Steviasol AG, Liestal (Broschüre)

Zumbrunn-Loosli, N. und Ferreira-Haller, S.: Diabetes-Kochbuch, Grundlagen, Ernährungsempfehlungen und 100 Rezepte, AT Verlag, Aarau 1998

Stiftung Ernährung und Diabetes Bern: Diabetesernährungsplan, 8. Auflage 1999 (für die Kohlenhydratberechnung)

Berechnungsprogramm Prodi 4.5 basis, Stuttgart

Die erwähnten Konfitüren können Sie bestellen bei:

Délices des îles
Hans Pfister, Confiturier
Malojaweg 1
CH-8048 Zürich
Telefon +41 (0)1 431 99 41
Fax +41 (0)1 431 99 47
E-Mail: hans.pfister@gmx.ch

Adresse der Autorinnen:

Natalie Zumbrunn-Loosli
Ibergstr. 90
CH-8405 Winterthur

Sabine Ferreira-Haller
Nutrisana
Gertrudstr. 24
CH-8400 Winterthur

Rezeptverzeichnis